경제를
아십니
까

경제를 보는 눈

경제를 아십니까
―경제학은 이렇게 말한다

2020년 5월 22일 초판 1쇄

지은이 홍은주

편 집 김희중
디자인 씨디자인
제 작 영신사

펴낸이 장의덕
펴낸곳 도서출판 개마고원
등 록 1989년 9월 4일 제2-877호
주 소 경기도 고양시 일산동구 호수로 662 삼성라끄빌 1018호
전 화 031-907-1012, 1018
팩 스 031-907-1044
이메일 webmaster@kaema.co.kr

ISBN 978-89-5769-465-7 03320
ⓒ 홍은주, 2020. Printed in Korea.

경제를
아십니
까

경 제 를   보 는   눈   경제학은 이렇게 말한다

홍은주 지음

개마고원

혼돈을 응시하는 힘: '사고思考의 기술'

삶은 'B'와 'D' 사이의 'C'라고 한다. 탄생Birth에서 시작하여 죽음Death에 이르기까지 무수히 많은 선택들Choices로 이뤄져 있다는 것이다. 이 가운데 탄생과 죽음은 우리의 통제의지 바깥에 놓여 있으므로 개인 삶의 가능성과 성공, 성취는 결국 수많은 선택을 어떻게 해나가느냐에 달려 있다. 어떤 친구를 만날 것인가? 어떤 전공을 택할 것인가? 어떤 직업에 종사할 것인가? 어떤 배우자를 만날 것인가? 어떤 금융상품을 살 것이며 어떤 자산에 투자할 것인가? 선택의 종류는 극히 다양하다.

또 국가적으로는 글로벌 금융위기나 외환위기, 코로나19 사태 등 극도의 혼돈에 직면했을 때 국가의 장기적 생존을 담보하기 위해 어떤 경제적 선택을 해야 할까? 불확실성 속에서 이뤄지는 수백, 수천, 수만의 선택을 할 때 단순한 기분이나 변덕에 따라 결정하고 싶은 사람은 없을 것이다.

경제학이라는 학문을 생각할 때 막연한 기대 가운데 하나가 "돈을 버는 수단을 가르쳐주는 학문 아니냐?"는 것이다. 여기에 대한 답은 'Yes'이기도 하고 'No'이기도 하다. 경제학은 돈을 벌 수 있는 직접적인 재테크 수단을 가르쳐주지 않는다. 주식이나 부동산이 오르거나 내리는 단기 방향성을 알려주지도 않고, 자산을 사거나 파는 절묘한 타이밍도 가르쳐주지 않는다.(대부분의 노벨경제학상 수상자들이 재테크로 돈을 버는 것이 아니라 강연과 원고 등 힘든 지식노동의 결과로 돈을 번다.) 경제부 기자생활을 20년 훨씬 넘게 하고 경제금융학과 교수를 하고 있다고 하면 주변 사람들이 주식이나 부동산 가격의 전망을 물어보지만, 그들에게 알려줄 내용은 경제학 안에 없다.

대신 경제학은 '사고의 기술'을 가르친다. 혼돈과 불확실성 속에서 성공 가능성이 높은 선택을 알아볼 수 있는 통찰력과 판단력을 길러준다. 최초에 입력된 경제정보에 따라 어떤 선택을 했는데, 그 이후 상황과 정보가 달라질 때 어떻게 행동을 수정해야 하는지에 대한 동태적 사고dynamic thinking를 훈련시켜주기도 한다. 특정 결과를 미리 맞춰내는 '예언의 기술'이 아니라 변화에 맞춰 적절한 대응책을 마련하도록 하는 '합리적 사고'를 가르치는 것이다.

그렇다면 경제학이 가르치는 '합리적 사고'란 무엇일까? 경제학은 돈이든 부동산이든, 인간관계든 시간이든 이 세상에 존재하는 대부분의 자원은 희소하다는 인식에서 출발한다. 따라서 '부족한 자원을 효율적으로 분배하여 최대한의 효과를 얻는 방법'에 대한 원칙을 가르친다. 비용과 편익 분석cost-benefit analysis이 모든 의사결정의 기초라고 가르쳐서 어떤 선택을 하든 투입하는 비용에 비해 결과적 혜택이 과연 더 큰가를 생각하게 만든다. 그리고 기회비용opportunity cost의 개념을 통해 자신이 하는 모든 선택에는 비용과 대가가 따른다는 사실을 각인하도록 가르친다. 따라서 경제학적 사고를 배우면 자신의 선택에 대해 신중해질 수밖에 없다.

경제학은 또 선택을 할 때 막연히 눈먼 우연에 기대지 말라고 가르친다. 교환의 대상에 대해 최대한 정보를 수집하며, 거래의 성격과 과정을 철저하게 분석하고, 사후적 결과까지 종합적으로 따져보라는 '거래비용transaction cost'의 개념을 강조한다.

경제학이 가르치는 합리성은 또한 단선적 사고를 부정하는 능력이다. 상식이라는 이름으로 조작된 오류, 선의라는 이름으로 포장된 무지, 지나치게 명쾌하고 단순한 해결책 등에 대해 의심하고 회의해보는 중층적 사고의 기술을 의미한다. 신념이라는 이름의 독선, 회의 없는 자기과신, 강요된 편견을 넘어 본질을 꿰뚫어보는 통찰력을 의미하기도 한다.

이 때문에 경제학의 합리적 사고로 훈련받은 사람은 단순히 돈과 관련된 재테크 지식 몇 가지를 더 알고 있는 사람보다 복잡한 경제현상 속에서 훨씬 빠른 적응력을 가지며 올바른 대응책을 발견해낸다. 삶이 탄생(B)과 죽음(D) 사이의 선택(C)이라면, 이 선택을 위해서는 경제학Economy이 필수적이다.

이 책은 경제학이 '빵의 크기를 키우고 분배하는 문제'를 해결하는 실질적 학문일 뿐만 아니라 군대·결혼·취업 등 실생활 전반에 걸쳐 평생 동안 응용할 수 있는 합리적 사고와 선택의 기술을 가르치는 학문이라는 점을 강조하기 위해 쓰여졌다. 누구나 쉽게 경제학을 이해할 수 있도록 생활 속 사례들을 많이 사용하려고 했다. 청소년이나 대학생, 취업준비생들에게는 경제학의 핵심 개념을 한눈에 이해하는 데 도움이 될 수 있을 것이며, 직장인의 경우는 자신이 일상적으로 접하고 있는 경제행위가 어떤 인식 틀에 기초하고 있는지를 다시 한 번 확인하고 문제해결의 방법론을 찾는 데 도움이 될 것이라 기대한다.

경제학의 세계는 매우 넓고도 깊지만, 필자의 배움에 한계가 있어 이 책에서 다양한 경제학 사상을 담아내지는 못했다. 경제

학의 가장 기본적이고 표준적인 내용을 바탕으로 설명하고자
했으니, 독자들이 이 책을 경제학의 크나큰 세계로 들어가는 문
으로 삼아주기를 바란다.

경제학이 얼마나 우리에게 가까이에 있고 실생활에 유용한지
를 설명할 수 있도록 기회를 준 도서출판 개마고원에 감사한
다.

2020년 4월

홍은주

차례

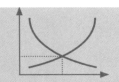

차례

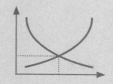

1장

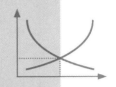

경제라는

기차는

이기심으로

달린다

우리가 경제를 보는 관점을 이야기할 때 핵심 전제는 '경제학은 빵의 크기를 키우고(생산) 나누고(분배) 빵과 치즈를 적정비율로 바꾸어(교환) 만족을 높이고자 하는 물질적 욕망에 관한 내용'이라는 점이다. 소비자는 싼 값에 좋은 상품을 사고 싶어하고, 직장인은 월급을 더 많이 받고 싶어하며, 기업은 이익을 많이 내고 싶어한다. 이런 솔직한 욕망을 숨기려 하지 말고, 도덕적 잣대를 들이대지도 말고, 일단은 있는 그대로 인정하는 정직성에서부터 경제적 분석이 가능해진다고 할 수 있다.

산속에서의 박주산채薄酒山菜가 도시의 산해진미보다 훨씬 맛있다는 'TV 속 자연인'의 생각, 2미터도 채 안 되는 작은 몸을 눕히는 데 무슨 그리 크고 비싼 집이 필요한가를 묻는 진지한 성찰이나 내면을 관조하는 깨달음은 경제학이 아닌 철학적 영역에서 다룰 주제이다. 영겁을 존재하는 우주 속에서 잠깐 스쳐 지나갈 뿐인 우리의 삶, 그 안에서 진정하게 가치 있는 것이 무엇인가에 대한 근본적 의문은 존재론적 사유의 영역이지 경제행위와 그 결과에 대한 실무적 연구와는 전혀 다른 이야기인 것이다. 따라서 경제학을 공부하려면 인간의 물질적 욕구에 대한 이기적 본능을 정직하게 응시하는 것부터 시작해야 한다.

인간 욕망의 확장성과 관련해 미시경제*에서 분석의 기초로

● 미시경제
거시경제가 국민총생산(GDP)과 경제성장, 인플레이션, 실업 등 국민경제의 구조와 운행, 정책과제들을 주로 다루는 데 반해 미시경제는 한 개인, 하나의 가계, 하나의 기업 사이에서 일어나는 경제활동을 주로 다룬다.

가장 많이 쓰이는 용어가 무차별곡선indifference curve이다. 이 무차별곡선은 "시장가격이 주어져 있을 때 같은 만족도를 주는 두 개의 재화 또는 서비스의 배합을 2차원적 재화 평면에 표시한 곡선"으로 정의된다. 가령 청소년이라면 얼마 안 되는 용돈으로 친구들과 극장에 갈까 VR게임방에 갈까를 고민할 텐데, 대개의 경우 용돈을 분산해서 한 달에 극장도 몇 번 가고 게임방도 몇 번 가는 중간을 선택할 것이다. 균형 잡힌 생활을 하는 보통의 사람이라면 중간적 선택이 만족도가 가장 높기 때문이다.

그러나 부모님의 반대로 게임방에 가는 것을 금지당하거나 학교에서 극장에 가는 것을 금하고 있어 어느 한쪽만 선택해야 한다면, 중간적 선택과 동일한 만족도를 얻기 위해 게임방을 적어도 스무 번쯤은 가야 하고 극장에는 열다섯 번쯤 가야 할 것이다. 이처럼 동일한 만족도를 주는 선택집합, 즉 '영화관 3회, 게임방 3회' '영화관 15회, 게임방 0회' '게임방 20회, 영화관 0회'를 잇는 어떤 보이지 않는 선이 있다고 해보자. 이것이 무차별곡선이다. 이 선택집합들 사이에는 개인이 느끼는 주관적 만족도에 '차별성이 없다'는 뜻에서 무차별곡선이라고 하는 것이다.

[도표 1]에서 보는 것처럼 무차별곡선은 x축(게임)과 y축(영화)이 만나는 접점인 0을 시작으로 해서 원점에 대해 볼록하다는 특징이 있다. 무차별곡선이 원점을 향해 볼록하다는 건 청소년들이 둘 중 하나만 하는 것보다는 영화관도 가고 게임방도 가는 두 가지 모두를 선택할 때 더 만족스럽게 느낀다는 의미이

[도표 1] 무차별 곡선

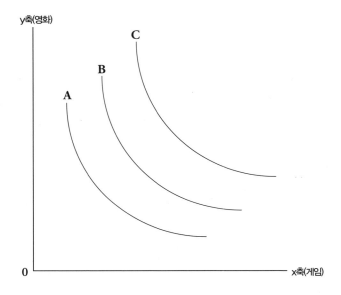

며, 어른이라면 집만 여러 채 갖거나 차만 여러 대 보유하는 것
보다는 집과 차가 동시에 있을 때 더 만족한다는 뜻이다.

또한 무차별곡선은 바깥으로 확장할수록 만족도가 높다는
뜻이 된다. '다다익선' 즉 선호하는 물건들을 더 많이 가지면 가
질수록 사람들이 좋아한다는 단순한 사실을 그래프로 정의한
것이 무차별곡선 A, B, C다. A < B < C의 순으로 만족도가
높아진다.(그냥 다다익선이라고 하면 될 걸 왜 복잡하게 무차별곡선
을 그리느냐 하면, 두 개의 상품공간에 그려진 무차별곡선을 복잡한
다차원적 공간으로 확장시킬 수 있고 선호의 일관성이나 특징을 수학

적으로 증명할 수 있기 때문이다.)

무차별곡선의 확장으로 상징되는 경제적 욕망에 대해 사람들은 대놓고 이야기하기가 왠지 좀 껄끄럽다고 느낄 수 있다. 그러나 역사적 관점으로 시계를 좀 더 넓혀보면, 내면에 숨겨진 '개인적 욕망의 현시화'라는 측면에서 경제적 이기심과 욕구의 표출은 고아한 정신적 영역이라고 생각되는 예술적 욕구의 표출과 별로 다르지 않다.

내적 욕구를 현시적으로 나타내고자 하는 개인주의적 이기심이야말로 중세시대에 억압적인 종교권력과 지배권력으로부터 인간정신을 해방시킨 역사적 동력이며, 영리하고 부유한 시민 계급의 탄생을 불러와 중세와 왕권을 몰락시킨 힘이기 때문이다. 내적 욕구를 표현하고자 하는 강력한 개인주의적 동력이 없었다면 예술은 태어날 수 없었을 것이며, 경제적 발전도 없었을 것이다.

개인을 억누르는 거대한 힘이 존재하던 시대, 종교가 인간의 감정을 억압하고 절대왕권이나 봉건적 질서가 세상을 지배하던 시대에는 진정한 의미의 예술이나 경제가 존재하지 않았다. 가령 초등학생도 알고 있는 미술의 기본원리인 원근법遠近法이 고대나 중세의 강력한 종교적·봉건적 질서 아래에서는 결코 상식이 아니었다. 이집트 벽화나 중세시대 비잔틴 벽화를 보면 원근법이 없다. 화가의 시점에서 파라오가 먼 곳에 앉아 있고 신하가 가까운 데 서 있더라도, 화가는 먼 곳에 있는 왕을 크게 그리고 가까운 데 있는 신하는 작게 묘사했다. 엄격한 계급적 질서의 관점에서 파라오의 위엄은 언제나 신하를 압도해야 하기 때문이다. 황제나 교황의 권위 앞에 화가 개인의 3차원적 감각이나 느낌, 대상에 대한 묘사 기법은 발달할 수 없었다. 중세 1000년 동안 미술은 눈으로 보는 성경에 불과했고 교황이나 황제, 귀족의 행동을 묘사하는 초상화 역할에 그쳤다. 개인적 자아와 세계관을 표출하고 싶어하는 예술가들의 개인적 욕구는 억압적인 고대 질서 속에서 오랜 시간 침묵해야 했다.

봉건제도나 절대권력 아래에서 경제가 발전할 수 없었던 것도 예술이 발전할 수 없었던 것과 똑같은 이유에서였다. 완고한 집단논리와 혈연공동체 의식이 지배했던 농업경제시대나, 생산과 분배가 오로지 특정 권력에 의해 통제되어 있었던 봉건시대에는 개인의 아이디어나 창의성이 별 의미가 없기 때문에 구태의연한 생산방식이 세대를 이어 장기간 계속되었다. 생산성이라는 개념 자체가 존재하지 않았다. 집단화의 억압 속에서 더 많은 생산이나 더 나은 품질을 위한 기술변화나 혁신적인 아이디어를 낼 아무런 개인적 유인incentive이 없었던 것이다.

도시와 시장이 붕괴시킨 봉건질서

경제사적으로 봤을 때 경제활동이 왕성해지는 시점은 개인주의적 세계관이 역사·예술·철학의 표면에 떠오르는 시기와 맥을 같이하고 있다. 구체제적 봉건질서와 신의 권위로부터 벗어나 인간이 개별적 주체성을 회복하는 흐름은 모든 분야에 걸쳐 나타났다.

개인주의는 해상무역을 통한 상업적 활기가 가득찼던 그리스 도시국가들로부터 최초의 싹을 보이기 시작했다. 정신사적으로는 아테네의 자유민이었던 소피스트sophist •라는 새로운 계층이 등장해 '지식에 기초한 인간이 만물의 척도'라고 가르치면서 개인적 합리주의를 전파하게 된다.

바로 이 시기 그리스에서는 토지귀족들의 역할이 축소되었으며, 화폐경제가 활성화되고, 귀족보다 부유한 상인계급이 출현하게 된다. 예술가들 또한 자신만의 시각이나 기법이 살아 있는 그림을 그리거나 조각을 하여 귀족들이나 부유한 상인계급으로부터 경제적 반대급부를 받았다.

그리스에서 시작된 개인주의의 맹아가 보다 근대적 형태의 완성된 개인주의로 바뀌고 이를 바탕으로 한 경제가 본격적으로 꽃을 피우기 시작한 것은 그로부터도 훨씬 더 오랜 시간이 지난 뒤인 중세 말엽부터라고 할 수 있다.

중세가 거의 끝나갈 즈음, 생활의 중심이 토지를 기반으로 한 지방에서 도시로 이동했다. 도시는 이제 개인적 경쟁을 통한 자본 축적의 발화점이자 물품교역의 중심지가 되는 거대한 변화를 수용하게 되었다. 교역과 상거래의 집산지가 된 유럽의 대도시에는 봉건질서의 질곡에 매여 살던 토착농민이 점차 모여들

● 소피스트
기원전 5~4세기에 활동한 그리스의 강연자·문필가·교사를 일컫는 말. 고대 그리스 세계 여기저기를 다니면서 수업료를 받고 광범위한 주제에 대해 가르쳤다. 후기로 가면서 초기의 지적 열정을 잊어버리고 자기의 이익을 강변하기 위해 변론술을 악용했기 때문에 궤변론자라는 오명을 얻게 된다.

21 제1장
경제라는 기차는
이기심으로 달린다

기 시작했고 농노의 일부가 도망쳐서 도시의 최하층 임금노동자가 되었다. 이탈리아의 피렌체·베네치아 등이 그렇게 성장한 대표적인 도시들이었다. 이들 도시에서는 각 나라의 물품과 화폐가 교환되었기 때문에 화폐교환업과 은행업 등도 함께 성행했다.

이렇게 늘어난 임금노동력을 바탕으로 해서 수공업자와 상인이라는 두 개의 확고하고도 통일된 새로운 직업계층이 역사의 지평에 뚜렷한 모습을 드러내게 되었다. 물론 그 이전에도 수공업자나 상인이 없었던 것은 아니지만 필요와 경우에 따른 일시적인 발생이었을 뿐 통합되고 지속적인 집단, 불특정 고객을 대상으로 물건을 사고파는 본격적인 '시장형' 수공업자나 상인의 형태는 아니었다.

당연히 근대적 의미의 '시장경제'도 이 시기에 발생했다. 즉 사는 사람이나 파는 사람이 굳이 서로 잘 아는 사람일 필요가 없는 '비인격적 시장'이 도시에 발달하게 된 것이다. 이전에는 수공업자들이 물건을 만들어 봉건영주에게 납품을 하거나 잘 알고 지내는 친지들하고만 물물교환을 했지만, 이제 시장을 통해 잘 알지 못하는 다수의 사람들과 거래를 하게 되었다. 또 더 많은 물건을 만들어 팔 수 있게 되었기 때문에 생산의 효율성을 높이거나 비용 절감을 위한 분업화나 생산방식의 개선, 기술 개발 등 기술적·제도적 혁신이 점차 나타나기 시작했다.

필요한 분야에는 불확실성을 무릅쓰고 미리 투자를 하는 경

우도 생겨나게 됐고 이자율·회계·부기 등의 개념도 만들어졌다. 효율성과 대량생산에 따른 규모의 경제scale of economy* 효과로 인해 상인과 수공업자들은 서서히 개인 재산을 축적해 나가기 시작했다.

단순한 자급자족에서 벗어나 더 많이 생산하면 더 많은 돈을 벌 수 있는 계기와 제도가 도입되자 개인주의적 이기심이 발동하여 생산과 기술에 혁신을 도입하려는 의욕과 경쟁심이 커진 것이다. 이렇게 시작된 시장경제는 무역업이 발달한 이탈리아 등에서 화려하게 꽃피었고, 근대적 의미의 '영리자본' 탄생으로 이어지게 된다.

현재의 지도에서 보면 유럽의 변방이라 할 수 있는 이탈리아에서 르네상스가 발생한 것은 결코 우연이 아니다. 중동과 아프리카까지 지중해를 통한 왕성한 해양무역으로 상업자본을 축적한 이탈리아의 경제적 풍요 속에서, 예술가들이 후원을 받아 종교의 권위 속에 오랫동안 묻혀 있던 인간의 개성을 그림

● **규모의 경제**
생산량이 늘면서 한 단위의 생산비용이 감소하는 현상. 생산비용에는 원재료비와 인건비처럼 생산량이 늘수록 비례적으로 같이 느는 부분이 있는 한편, 시설투자비와 지대 및 이자처럼 고정된 부분이 있다. 따라서 추가 투자가 필요하지 않은 일정 크기까지는 생산량이 늘수록 이익이 커지게 된다.

과 조각으로 되살려낼 수 있었다. 예술의 수요자가 황제나 교황, 귀족이 아니라 경제력을 확보한 시민계급으로 확장되면서 시민계급의 다양한 선호를 반영하여 예술가들도 비로소 다양한 개인적 시점을 가지게 된 것이다.

영리한 시민계급의 역사적 주도권 획득

도시에서 형성된 화폐·교역 경제는 사회적·정치적으로도 엄청난 변화를 가져오게 된다. 사회적 신분계층상 당시의 농민(반자유민적 농노Villein)보다도 비천하게 여겨졌던 상인과 수공업자들이 13세기 무렵부터는 귀족계층이 결코 무시할 수 없는 정치적 힘을 가진 '특정한 계층'으로 형성되기 시작했다. 신분귀족도 아니고 농민도 아닌 제3의 계급, 즉 상업적 대량생산과 경쟁행위의 결과로 상당한 재산을 축적한 시민계급(부르주아bourgeoise)이 등장하게 된 것이다.

17세기에 세습귀족들은 여전히 토지와 세금 면제권*을 갖고 있었지만, 토지의 생산성보다는 시장을 통해 부를 축적한 시민계급의 경제적 생산성이 훨씬 높았다. 왕들도 법률고문이나 경제전문가·비서·재정담당자들을 혁신적인 시민계급에서 뽑으려 했고, 그 선택기준은 개인적 능력이었다. 무능한 세습귀족들보다 재능 있고 지적인 시민계급이 훨씬 이용가치가 있다는 것은 누가 봐도 명백했다.

● 세금 면제권
전통적으로 대부분의 봉건사회에서 성직자와 귀족은 토지세와 인두세 등 대부분의 세금과 부역을 면제받았다. 세금 부담은 인구의 대부분을 차지하는 평민들에게만 주어졌다.

개인주의의 발현이라는 정신적 토양을 바탕으로 수백 년 동안의 유럽사를 통해 혹은 급격하게 혹은 완만하게 계속되어온 이 같은 변화는 18세기에 이르러 전 유럽에서 화려하게 꽃피게 되었다. 합리성과 지식의 힘을 통해 자본을 축적한 시민계급은 귀족계층에 대항할 정도의 지적 영향력을 갖추게 되면서 정치적 자립을 추구하기 시작했고, 정치·사회·경제 모든 분야에서 귀족계층을 대체하기 시작했다.

문화와 예술 역시 철저하게 시민계급의 개인주의적 취향을 반영하게 된다. 아놀드 하우저는 『문학과 예술의 사회사』에서 "예술과 문화의 역사를 통틀어 한 사회계층에서 다른 사회계층으로의 주도권 이행이 이처럼 완벽하게 이루어진 예는 거의 없었다"고 단언한다.

18세기 시민계급이 역사의 전면으로 등장하면서 더욱더 활기를 띠게 된 왕성한 상업정신과 생산혁신, 다수의 생산자와 소비자를 기반으로 한 시장의 확대, 막대한 부를 다루는 금융과 은행 등을 인식하고 이를 '경제학'이라는 학문적 이론으로 확립한 사람은 애덤 스미스Adam Smith(1723~1790)였다.

"모든 개인은 자유와 행복 추구에 대한 권리를 가지고 태어났다"는 존 로크John Locke(1632~1704)로부터 사상적 세례를 받은 애덤 스미스는 개인의 권리 위에 폭압적으로 군림해온 종교와 국가권력을 신랄하게 비판하는 한편, 국가의 역할을 최소화하고 개인적 자유와 이익을 추구하는 것이 최선의 경제발전을 가

저온다고 믿었다. 그는 "인간의 이기심과 거침없는 개인적 이익의 추구가 경제의 원활한 운용과 일반적 복지의 실현을 위한 최상의 보증"이라고 정의했다. 애덤 스미스의 주장은 고전학파를 거쳐 자유무역으로 이어졌고, 이후 하이에크F. A. Hayek(1899~1992) 등에 의해 이론적 보완을 거쳐 '자유방임주의laissez-faire'로 이념적 완성을 보게 된다.

애덤 스미스 이후 경제학이라는 학문이 본격적으로 등장하고 인간의 경제행위와 시장의 역할, 정부의 역할 등에 관한 수없이 많은 연구가 이뤄졌다. 경제학의 여러 연구결과 역시 개인주의적 이기심이 경제를 활성화시키는 동력이며, 생산효율성과 기술진보를 불러와 슘페터J. A. Schumpeter*(1883~1950)가 말한 창조적 파괴를 통해 경제를 발전시킨다는 것을 확인해주고 있다.

생명과 인권이 재산권과 등가인 이유

개인주의에 바탕을 둔 철저한 이윤 추구의 정신은 부유한 시민계급의 형성을 거쳐 근대국가의 탄생으로 이어진다. 개인주의와 이윤 추구가 근대국가의 형성으로 이어지는 핵심적 연결고리에 '사유재산권의 확립과 보호'라는 개념이 자리 잡고 있다.

재산권은 '개인이 소유한 유형·무형의 재산을 타인이 침해하지 못하도록 하는 배타적 권리'로 정의된다. 오늘날 대부분의 국가에서 "국가는 개인의 생명과 인권, 재산권을 법으로 보호해야 한다"고 헌법에 명시할 만큼 재산권의 보호를 강조한다.

왜 헌법은 재산권의 보호를 개인의 생명이나 인권 등 천부적인 권리와 등가等價로 둘 만큼 중요하다고 간주하는 것일까?

노동과 생산, 상거래를 통해 개인이 열심히 부를 축적해놓아도 만약 권력기관이나 권력자가 이들의 재산을 노릴 경우 하루아침에 모든 걸 빼앗기고 길바닥에 나앉을 수 있으며, 심지어 목숨도 위협받을 수 있다. 노력하여 쌓아올린 부를 타인에게 빼앗기지 않아도 되는 권리, 개인의 부를 위협하는 국가권력을 걱정하지 않아도 되는 권리는 단순한 경제적 이슈가 아니라 개인의 생명권 및 인권과 맞닿은 근원적 문제인 것이다.

존 로크가 "인간은 타인으로부터의 공격에 맞서 자신의 생명과 자유, 재산을 지킬 천부적 권리가 있으며 사람들이 모여 사회계약을 맺고 국가를 이루는 목적은 자신의 재산을 지키기 위해서다"라고 주장했을 때, 그 재산권의 보호란 일부 권력층이나 부유층에게만 해당되는 게 아니다. 국가를 구성하는 모든 개인들에게 공평하게 적용되어야 한다는 뜻이다.

실제 영국에서 18세기까지는 재산권을 보호하는 법이 일부 부유층에게만 적용되었다. 애덤 스미스는 『국부론the Wealth of Nations 』에서 이를 두고 "국가는 모든 이의 재산권을 보호하도록 설계되어 있으나 현실에서는 일부 기득권층과 부유층만을 보호하는 제도로 전락했다"고 강하게 비판하기도 했다.

애덤 스미스가 생각한 개인 재산권의 보호는 왕이나 귀족 등 권력층이 국민들에게 세금이나 서비스 요금을 멋대로 부과하는 문제뿐만 아니라 기업주가 노동자에게 정당한 노동의 대가를 지급하지 않는 문제, 강자가 약자의 거래를 마음대로 편취하는 문제 등 당시 영국 사회가 가진 모순을 다양하게 포함하고 있었다.

재산권을 둘러싼 정치적 논쟁을 거치며 영국은 명예혁명을 통해 정부가 세금을 부과할 때는 반드시 의회의 승인을 받도록 함으로써 사유재산권 제도를 확립했고, 이는 눈부신 경제발전으로 이어져 산업혁명을 탄생시키는 제도적 동력이 되었다.

이후 근대국가의 발전은 사유재산권에 대한 법적 보호와 장기적 지속성, 집행과정에서의 공정성을 토대로 이루어지게 된다. 국가가 재산권의 보호를 헌법으로 명시하고 각종 계약법이나 상법, 공정거래법, 노동법을 제정하는 이유도 바로 여기에 있다.

경제학에서는 이 같은 법의 완결성과 집행의 공정성을 '사회적 자본social capital'이라고 하여 '화폐적 자본'과 함께 경제발전을 이끄는 양대 축으로 본다. 오늘날 선진국으로 불리는 국가들은 사회적 자본을 확고하게 보유한 국가들이라는 공통점이 있다.

재산권은 유형적인 것뿐만 아니라 눈에 보이지 않는 것에도 미친다. 현대 국가에서 가장 전형적인 무형 재산권의 사례가 발명특허권과 지식재산권 등이다. 여기서 간단한 질문을 던져보자. 어떤 사람이 오랜 시간과 노력 끝에 발명에 성공했다면, 그 발명으로 인해 얻어지는 상업적·경제적 대가는 배타적으로 보호받아야 할까, 아닐까?

재산권에 대해 이미 살펴봤으니 이 질문에 대부분 "당연히 보호받아야 한다"고 답할 것이다. 그렇다면 좀 더 깊은 다음 질문으로 옮겨가보자. 가령 거대 제약회사들이 악성 관절염 치료제, AIDS 치료제, 항암제, 바이러스 백신 등을 개발해서 서민들은 엄두도 못 낼 비싼 가격으로 독점 공급하고 판매한다면, 이 제약회사들은 당연한 권리를 행사하고 있는 걸까, 아닐까?

논리적으로는 맞는 것 같은데, 즉시 그렇다고 답변하기에는 뭔가 마음이 불편하고 꺼림칙하다고 느낄 것이다. 만약 특허권을 제한하여 고가 판매를 통한 천문학적인 이윤을 보장해주지 않으면 아무도 엄청난 시간과 노력과 자본을 투자하고 실패의 위험까지 감수하면서 항암제나 고혈압·당뇨병 치료제를 개발하려 하지 않을 것이다. 결국 인류를 질병에서 구원해낼 수 있는 좋은 치료제 개발이 늦어지거나 영영 불가능해질 것이 분명하다.

지식재산권이 주어지지 않는다고 해도 인류를 위해 도움이 되는 발명이나 개발에 헌신하고 몰두할 사람들은 분명히 있다. 인류사에 이 같은 사례가 적지 않게 있었고 앞으로도 있을 것이다. 그러나 그 숫자가 경제라는 거대한 기관차를 움직일 수 있는 동력을 공급하기에 충분치 않기 때문에 인간의 개인적 이기심을 최대한 법적으로 보호해줘야 한다고 보는 것이다. 그것이 자본주의나 국가라는 계약시스템을 유지하는 근간이라는 것이다.

거대 다국적 제약회사가 항암제를 개발하고 비싼 값에 독점 판매하는 데 따르는 사회적 문제에 국가가 어떤 경제논리로 대응해야 하는지에 대해서는 이 책의 마지막 장에서 분배의 문제를 다룰 때 다시 언급하도록 하자. 생명의 무게와 재산권을 어떻게 해야 같은 저울에 달 수 있는가에 대한 지혜는 수많은 역사적 경험 속에서 적지 않은 비용을 치른 후에 잉태한 것이기 때문이다.

디지털의 황제와 성자 사이

자본주의 시스템이 이기심이라는 경제성장의 동력을 법으로 철저히 보호해주는 덕분에 자리를 굳힌 세계적인 독점기업들이 바로 마이크로소프트, 구글, 수많은 다국적 제약회사들이다.

마이크로소프트사의 설립자인 빌 게이츠의 행보는 그와는 정반대의 길을 걸어온 리처드 스톨먼의 공유共有철학과 대비돼 개인주의적 이기심과 욕망이 현실자본주의 경제 시스템에서 갖는 시사점을 극명하게 드러내 보이고 있다.

빌 게이츠와 리처드 스톨먼, 두 사람은 연령이나 교육과정, 천재성 측면에서 유사점이 많다. 빌 게이츠는 1955년생이고 리처드 스톨먼은 1953년생, 둘 다 비슷한 세대이고 하버드대학교 동문이다. 두 사람 모두 오늘날의 놀라운 디지털 신세계를 연 시대의 거장으로 한 사람은 '디지털 시대의 황제', 다른 한 사람은 '디지털 시대의 성자'라고 불렸다.

대조적 칭호만큼이나 이들은 경제이념이나 실천에서 극단의 대조를 보이고 있다. 우선 빌 게이츠는 디지털 시대의 카피라이트copy right, 즉 저작권과 지식재산권, 특허권을 대표하는 인물이다. 반대로 스톨먼은 소프트웨어의 공유 철학을 주창한 사람이다. 누구든지 마음대로 프로그램을 복사해 나눠줄 수 있고 얼마든지 수정할 수 있는 이른바 카피레프트copy left 운동의 대표적 인물인 것이다. 빗질도 하지 않은 긴 머리에 텁수룩한 수염, 인도의 요가 수련자를 연상케 하는 외모를 한 그는 카피레프트 운동의 성자로 추앙받고 있다.

이 두 사람으로 대표되는 디지털 지식기반 공유 논쟁은 '지식이 가진 공공재로서의 성격'과 '인간의 이기심이 경제혁신에 미치는 폭발적 힘'이라는 모순적인 상황을 동시에 반영하고 있다. 잘 알려진 대로 지식은 일종의 공공재public goods 이다. 지식은 아

제1장
경제라는 기차는
이기심으로 달린다

무리 많은 사람들에게 나눠줘도 늘어나기만 할 뿐 줄어들지 않는 비경합적nonrival 특징이 있다. 따라서 가능한 한 많은 사람들과 나누는 것이 사회와 경제, 국가 전체를 위해 훨씬 효율적일 것이다. 출판업 등 지식산업이 낮은 세율을 적용받는 이유도 지식의 공공재적 성격 때문이다.(상업적 성격이 있는 재화나 서비스는 한 사람이 이를 소비하면 다른 사람이 소비할 기회를 줄이는 경합적 관계이며, 배제적 속성이 있다. 반면에 공공재는 사람들이 소비를 위해 경합할 필요가 없는 비경쟁적·비배제적 속성 가운데 하나를 가지거나 혹은 두 가지 속성을 모두 가지는 경우가 많다. 가령 공영 교육방송인 EBS의 경우 아무리 많은 사람들이 보더라도 경쟁성이 없으며 배제를 할 필요도 없다.)

그런데 동시에 지식이 법적·경제적 권리를 보호받지 못하면 그것이 지식으로만 그칠 뿐 상업적 응용이나 기술혁신으로 잘 연결되지 않는다. 디지털 기술은 공공재로서의 가치와 상업적 성과물로서의 가치라는 이율배반적인 성격을 가장 잘 반영하는 사례다.

여기서 말하려는 것은 디지털 기술의 이중적 측면에 관한 논쟁이 아니다. 경제의 성장, 파괴를 통한 창조, 기술의 기발한 상업화와 혁신을 위해서는 이기심의 극단을 달리는 '부의 황제'의 역할도 필요하다는 것이다.

정신적으로나 인격적으로 성자가 더 훌륭하다는 것은 말할 나위가 없다. 지식을 베푸는 삶이야말로 인류의 양심이 궁극적으로 추구해나가야 할 방향인 것도 사실이다. 그러나 양심이나 도덕적 잣대를 빼놓고 개인적인 욕심을 정직하게 물어보자. 당신은 빌 게이츠를 부러워하지 않는가? 미국은 물론 한국·중국·인도 등 세계 각 나라에서 수많은 사람들이 빌 게이츠를 선망하고 제2, 제3의 MS와 구글을 만들어내기 위해 치열한 고민과 노력으로 벤처산업과 4차 산업혁명 기술을 꽃피우고 있다.

한도가 없는 꿈과 욕망의 집합체가 미국의 실리콘밸리이며 실리콘밸리에 청춘을 묻은 수많은 개인의 노력이 차곡차곡 쌓여 기술혁신과 생산혁신이 일어나고, 궁극적으로는 사회 전체 빵의 크기가 커지는 '생산적 파괴'가 일어난다. 미국이 4차 산업혁명 시대에 그 어떤 나라보다도 앞서고 있는 것은 개인적 욕망의 무한한 확장을 제도적으로 용인하기 때문이다.

돈으로 양심을 사들인 최초의 빅딜

"개인적 욕망을 정직하게 있는 그대로 인정하자"는 주장이 그러나 "욕망을 무제한 추구하고 확대해도 괜찮다"는 주장과 동의어인 것은 결코 아니다. 제어되지 않은 욕망은 그 끝을 모르고 계속 확장되다가 종국에는 파멸에 이르기 때문이다.

이익에 대한 인간의 과도한 집착에 대해 통찰하고 경고한 사람 가운데 아리스토텔레스가 있다. 그는 『정치학Politics』에서 "이윤을 목표로 하는 사업은 인간의 속성상 도저히 만족시킬 수 없는 욕구에 의해 계속 이끌리게 된다. 상인은 더 많은 이윤 창출을 위해 무절제한 것을 자꾸 사회에 들여오게 되고 끝없이 부를 쌓으려는 욕구로 주의를 돌리게 된다"고 했다.(해리 버로우즈 액튼,『시장의 도덕』) 아리스토텔레스의 경고대로 경제사는 절제를 모르는 욕망 때문에 인류가 파멸에 이르는 과정을 여러 차례 분명하게 보여주고 있다.

인류의 욕망이 무한 확장으로 커지게 되는 결정적인 사건이 15세기 중반 무렵 유럽에서 있었다. 당시 유럽 경제를 완전히 좌지우지했고 그 돈의 힘으로 교황 다음의 권력을 누렸던 가문이 이탈리아 피렌체의 메디치가家였다. 이 메디치가를 전성기로 이끈 코시모 데 메디치 Cosimo De Medici 는 돈의 힘으로 교회와 교황의 막강한 권위를 무너뜨리고 "돈으로 양심을 사들인 최초의 빅딜"을 한 사람으로 역사에 기록되고 있다.(하워드 민즈,『머니 & 파워』)

당시 유럽에서 꽃피기 시작한 자본주의는 시민계급에 정치적 안정성과 참여권한을 부여했지만 종교적 권위를 넘어설 정도는 아직 아니었다. 특히 로마 가톨릭의 막강한 영향 아래 있었던 이탈리아에서는 고리대금업을 철저히 금하고 있었다. 대출을 해주는 것은 좋지만 상환받을 때 절대로 화폐로 이자를 받아서는 안 된다는 것이다. 대금업에 대한 기독교의 혐오감은 뿌리가 깊다. 성경을 보면, 예수가 성전에서 내쫓은 사람들이 바로 대금업자와 환전상들이었다. 대금업자들은 땀 흘리고 부지런히

노동을 해서 돈을 번 사람들을 가만히 앉아 착취하는 양심 없는 사람들로 간주되었다. 이 때문에 단테의 『신곡』에는 고리대금업자들이 제7지옥에서 살인자들 바로 옆에서 고문당하는 모습으로 그려졌고, 대금업자는 창녀와 비슷한 정도의 사회적 기피대상이었다. 그 정도로 현대의 은행업이라 할 수 있는 대금업은 교회법상 중죄에 해당했던 것이다.

그런데 문제는 당시 이탈리아 경제가 무역업을 기반으로 하고 있었다는 점이다. 13세기 말에서 14세기에 이르러 마르코 폴로의 여행으로 인해 피렌체·시에나·제노바·밀라노·베네치아 등 이탈리아 도시국가들의 무역이 활발해졌고, 비단·향료·금·은 등의 중개무역을 하기 위해서는 대금업과 환전업이 교역 활성화와 보험 차원에서 필수불가결한 업종이었다.

이탈리아의 메디치가는 바로 이 고리대금업으로 재산을 축적해 은행왕국을 세워 전 유럽에 걸쳐 전성기를 누린 가문이었다. 특히 1389년에 태어난 코시모 데 메디치는 은행업을 혐오하는 사회적 분위기와 메디치가의 은행왕국을 무너뜨리려는 정적들과의 오랜 싸움에서 불사조처럼 살아남았다. 고리대금업에 대한 뿌리 깊은 혐오에도 불구하고 은행업에 대한 경제적 필요가 더 컸던 것이다.

정적과의 오랜 싸움에서 확고한 승기를 굳힌 코시모는 교회법과의 충돌을 피하기 위해 교황과 결정적인 담판을 하게 된다. 피렌체 산마르코 수도원의 재건 비용을 코시모가 대는 대신, 교황은 메디치가의 모든 고리대금 행위에 대해 대사면령을 내리기로 한 것이다.

한 번 무너진 원칙은 언제든지 다시 무너질 수 있는 법이다. 교황청의 재정을 담당한 메디치가에 대해서만 예외적으로 '돈놀이 사면령'을 내렸던 교회는 여기서 한 발짝 더 나가 1571년에는 "대출에 대해 받는 적절한 이자는 죄가 아니다"라고 공식적으로 선언한다. 전세계 추기경과 주교, 신학자들을 소집한 공의회Council에서 대부금에 대해 5%의 이자를 허용한 것이다.

경쟁을 허락하지 않는 독점사업 길드의 형성

이 사건 이후 역사 속에서 종교적 부담을 완전히 털어버린 경제적 이기심과 욕망은 '무한한 자기확장'을 계속하게 된다. 자신의 이익을 늘리기 위해 온갖 사회적·경제적 제도를 동원하고 정치적 규제, 진입장벽, 계급적 배타성을 강화하기 시작했다.

12, 13세기까지만 해도 자신들의 물질적·사회적 생존기반을 위해 귀족계급과 싸웠던 도시의 시민계급은, 이제 자신들이 누리는 기득권을 지키기 위해 그들과 똑같은 개인적 욕망과 경쟁적 동기를 갖고 도시로 진입해 들어오는 농촌의 새로운 유동인구를 적대시했다.

또 영리자본의 축적으로 부유층이 된 시민계급과 신흥 자본가들은 권력층과의 영합을 통해 신분 상승을 꾀하며 기존 권력의 그늘에 기생했다. 귀족들에게 뇌물과 정치자금을 제공하면서 배타적 독점과 정치적 압력을 행사하기 시작한 것이다. 시장에서 치열하게 경쟁하는 것보다 권력을 앞세워 기득권을 보호하는 것이 훨씬 손쉽게 경제적 이익을 챙기는 방법이기 때문이었다.(이를 경제학 용어로 '지대 추구 행위rent seeking behavior'라고 한다.) 경쟁을 포기한 채 기득권 보호에 열을 올리게 된 이들은 경제발전의 동력을 후퇴시키는 또 다른 세력으로 자리 잡았다.

역사적으로 대표적인 독점유지 제도가 길드guild이다. 길드는 수공업자들이 원료를 공동구매하거나 적절한 가격을 결정하고 제품의 품질관리를 도모하려는 목적으로 설립되었지만, 점차 정치적·독점적 이익을 확고하게 하기 위한 조직으로 확대되기 시작했다. 외부로부터 자신들의 독점이익을 보호하기 시작한

● 조합강제
일정 범위 내의 지역에서
동일 상품 생산을 금지하
던 수공업자 길드의 규
정.

길드는 외부인에 대해서는 철저하게 배타적인 속성을 보였다. 조합강제Zunftzwang*를 통해 조합에 소속되지 않은 수공업자는 절대로 해당 지역에서 물건을 만들 수 없도록 한 것이다.

외부뿐만 아니라 내부 조직도 서로의 영역을 넘볼 수 없도록 철저하게 통제했다. 도제를 비롯한 고용자의 수를 제한하거나 수공업 생산을 통제해 영업 규모를 일정 규모로 제한하는가 하면 절대로 다른 업종을 넘볼 수 없도록 했다. 가령 일반 목수는 나무못과 아교만 사용하도록 규제하고, 집짓는 목수는 망치와 못만을 사용하도록 해서 서로의 영역에 칸막이를 세웠다. 같은 나무로 통을 만들어도 포도주 통을 만드는 사람은 포도주 통만, 작은 통을 만드는 사람은 작은 통만 만들어야 했으며, 같은 가죽 소재라도 혁대를 만드는 사람은 절대로 안장을 만들 수 없도록 했다.(길드조직의 배타성은 최영순의『경제사 오디세이』를 참조)

길드조직은 또한 점차 정치화되기 시작했다. 도시 당국은 길드를 통해 자금을 조달하거나 과세했고, 이에 따라 길드는 정치적 독점권을 강화해 나갔다. 도시의 신흥 부유층들은 길드조직이 동원할 수 있는 모든 수단과 방법을 동원해 소수를 위한 배타적 이익 확보에 열을 올렸다.

이렇게 정치세력화한 길드조직의 철저한 배타성은 새로운 부를 찾아 농촌에서 도시로 밀려든 사람들에게는 '넘사벽'이었다. 길드 등 조직의 보호를 받아 이익을 축적한 도시의 신흥 부유

층은 그렇지 못한 사람들의 노동력을 이용해 자신들의 이익을 극대화했다. 생계유지조차 어려운 극단적 궁핍 상태로 내몰린 사람들이 조금이라도 집단적 반항을 하면 국가에 대한 혁명행위로 낙인찍혀 중죄인이 되는 상황이었다.

농촌을 떠나 도시로 진입한 농민 출신들이 갈수록 늘어나 노동공급이 노동수요를 크게 넘어선 것도 문제였다. 시장에서 값싼 단순 노동력이 과잉 상태가 되었던 점이 이 같은 자본의 지배-피지배 현상을 심화시켰다.

이 때문에 14세기 이후 수백 년 동안 유럽 사회는 기존의 권력층과 유착한 시민계급과, 길드 밖으로 밀려난 소상인 및 임금노동자 사이에 일어난 수많은 갈등으로 점철되었다. 길드에 진입하지 못한 소규모 상인들은 점차 경제의 주변부로 쫓겨나기 시작했다. 재산 축적과 사회적 상승의 길이 완전히 차단되고 단절된 새로운 빈민층이 생겨난 것이다. 밑바닥 저임금노동자의 비참한 삶에서 벗어나지 못한 채 죽어가는 인구도 급격히 증가했다.

이윽고 봉건질서에 대항하는 하나의 통일적인 계급이었던 시민계급 내부에서 급격한 계급분열이 발생하기 시작했다. 대상인과 소상인, 장인匠人과 도제, 자본력을 가진 기업가와 소규모 수공업자, 주인으로 독립한 장인과 영양결핍으로 부실한 몸뚱이 외에는 아무런 생산수단이 없는 저임금노동자 사이의 대립이 점차 거세진 것이다.

프랑스혁명으로 이어진 '고양이 대학살 사건'

사회 저변에서 분열과 대립, 갈등이 들끓기 시작했고 여기에 기름을 부은 사건이 1760년 이후 영국에서 일어난 산업혁명이었다.

사유재산권의 보호 속에 탄생한 산업혁명은 약 2세기에 걸친 점진적 경제변화가 증기기관이라는 기술사적 혁신과 결합해 구시대 경제를 파괴하고 완전히 새로운 경제의 문을 연 사건인 동시에, 유럽사를 관통해온 오랜 계급 혼란의 양상을 일거에 자본가의 승리로 바꾸는 결정적 역할을 하게 된다.

증기기관이라는 새로운 대량생산 양식이 수공업을 대체하게 되자 전통적 기술을 가진 사람들은 서서히 몰락하기 시작했다.

반면 상업자본을 활용하여 대규모 증기기관 설비와 자재, 생산수단을 앞서 확보할 수 있었던 부유한 자본가계급은 예전에는 상상할 수 없었던 어마어마한 부를 축적하게 되었다. 이에 따라 기존의 경제 질서에서는 찾아볼 수 없었던 새로운 형태의 계층이 등장하게 된다. 산업경영자라는 이름의 거대자본 계층이 그들이다.

이들 신흥 부르주아지들은 생산력을 비약적으로 높여주는 기계화와 압도적 자본을 무기로 거침없는 이윤 추구를 계속해 나갔다. 욕망이 욕망을 부르는 광적인 경향, 시장에서의 생산과 교환이 단순한 생계의 수단이 아니라 끝없는 이윤 추구로 이어지고, 이윤 추구의 목적을 쟁취하기 위해서는 어떤 방법을 동원해도 상관없다는 비정한 논리가 당시 유럽의 도시에 퍼져나갔다. 이제 사람들은 기독교의 하나님 대신 탐욕의 신神인 맘몬Mammon을 숭배했고, 성경 대신 현금을 언제나 가지고 다녔다.

반면 처음부터 생산수단에서 배제된 단순노동 계층은 생존을 위한 최소한의 조건도 누리지 못한 채 자본가계급의 노동착취에 내몰렸다. 유럽 대도시 노동자의 생활은 중세의 농노들보다 더 열악한 수준으로 전락했다.

당시 유럽의 시대상황을 엿볼 수 있는 것이 「고양이 대학살」이라는 다소 기이한 제목의 논문이다.(이 논문은 문학과 지성사가 펴낸 같은 제목의 책 속에 실려 있다. 다음 내용은 저자가 『한국경제』에 기고했던 글에서 일부 발췌했다.) 역사학자 로버트 단턴이 쓴

제1장
경제라는 기차는
이기심으로 달린다

이 논문은, 1730년대 파리 생-세브랭가의 한 인쇄소에서 일어난 고양이 학살사건이 어떻게 프랑스대혁명의 전조가 되었는지에 대해 고찰한다.

내용은 이렇다. 당시 파리는 일자리를 찾아 도시로 몰려든 실업자들로 넘쳐났다. 일자리는 많지 않은데 일하겠다는 사람들은 넘치다보니 무급 견습공들이 대부분이었다. 이들은 월급은 커녕 인쇄소 주인 부부가 키우는 고양이들보다도 훨씬 못한 비인격적인 대우를 받는 것이 일상다반사였다. 고양이조차 안 먹는 비위생적인 음식과 열악한 환경에 참다못한 인쇄소 견습공들이 음모를 꾸며 여주인이 애지중지하던 고양이를 포함해 주변의 고양들을 무더기로 죽여버리는 엽기적 사건을 벌였다.

견습공들은 고양이(고양이로 상징되는 주인)를 재판하고 자백을 받아 사형시키는 무언극無言劇을 만들어내 법과 사회 질서 전체에 대한 분노를 나타냈다. 높은 실업률과 빈부격차, 이로 인한 사회적 불안과 불만이 배경에 깔려 있는 이 사건은, 생존의 바닥으로 내몰린 빈곤계층의 집단저항이라고 할 수 있는 프랑스대혁명의 전조이자 징후였다는 것이 논문의 취지이다.

부를 선점한 계층이 한때는 투쟁의 대상이었던 권력의 보호막 안에 숨어들면서 탐욕적 이윤 추구를 계속한 나머지 심각한 사회적 분열과 정치적 위기가 생겨났고, 이 같은 계급적 분열은 시간이 갈수록 더욱 심각해졌다. 자본에 지배당하는 계층의 투쟁은 점점 과격해졌고 사회적 갈등과 긴장은 더욱 높아졌다.

19세기 영국의 역사가인 토마스 칼라일Thomas Carlyle은 『차티즘Chartsim』이나 『과거와 현재Past and Present』 등의 저서에서 "오늘날의 사회는 현금만이 인간관계를 이루는 유일하고 보편적인 요소가 되고 있다"면서 시장경제에 대한 도덕적 비판을 가하는 한편, 저서 『프랑스혁명The French Revolution』에서 "혁명은 지배계급의 악한 정치에 대한 천벌"이라고 선언했다. 원래 미술평론가였던 존 러스킨John Ruskin 역시 산업혁명이 불러온 압도적인 빈부격차와 비참한 노동현실에 경악하여 시장경제의 비도덕성을 맹비난했다.

『자본론』과 공산주의혁명

자본주의에 내재된 끝없는 이기주의, 규율을 잃은 욕망의 분출이 가져오는 사회적·정치적 혼란을 보다 체계적 이론으로 집대성한 사람이 카를 마르크스Karl Marx(1818~1883)이다. 그는 저서 『자본론Das Kapital』에서 자본주의 생성과 발전, 소멸을 필연적인 역사의 과정으로 봤다.

마르크스가 『자본론』을 저술했을 당시는 영국에 산업혁명이 한창일 때였다. 증기기관은 자본을 이미 보유한 사람들에게 훨씬 유리한 '자본사용적 기술진보'를 불러왔다. 자본을 소유한 사람들이 대규모 공장시설을 통해 대량생산을 시작하면서 경제는 크게 발전했지만, 기존의 수공업적 일자리가 사라지고 빈부격차가 심화되며 공동체적 유대가 철저하게 해체되었다. 그는 글래스고와 런던 등에서 자본으로부터 소외된 저임금 계층의 처절한 삶과 야만적인 노동조건을 목격하고 분노하여 이를 비판하는 책들을 저술하기 시작했다.

마르크스 정치경제철학을 집대성한 『자본론』은 '유물사관 historical materialism'으로 불리는 이데올로기적 역사관과 노동가치설에 입각한 경제관(노동 투입량만큼 가치가 증가한다고 보는 것), 이렇게 크게 두 가지 토대로 구성되어 있다.

그는 착취나 압제나 계급이 존재하지 않았던 원시공산사회를 벗어난 인류는 노예제도-봉건제도-자본주의에 이르는 역사적 과정에서 계급적 지배체제를 확립하게 되었으며, 그 결과 사회는 언제나 지배계급과 피지배계급으로 나뉘게 되었다고 봤다. 자본주의 사회는 지배계급인 소수의 자본가(부르주아)와 피지배계급인 다수의 노동자(프롤레타리아)로 구성되어 있으며, 이는 과거 노예제나 봉건제와 하등 다른 바가 없다는 것이다.

지배계급과 피지배계급을 나누는 기준은 언제나 생산수단의 소유 유무다. 생산수단이 특정 계층에 독점된 결과에 따라 정치와 법, 경제제도 등이 형성되었다는 것이 마르크스 유물사관의 핵심 주장이었다.

마르크스 자본론을 구성하는 또 다른 핵심은 경제학적 측면에 있다. 그는 고전학파에 영향을 받아 노동가치설을 주장했으며, 동시에 경제가 자주 직면하는 고민인 경기변동과 대공황,

실업 문제에 대해서도 통찰력 있는 견해를 제시했다.

카를 마르크스. 독일의 공산주의자·혁명가·경제학자. 마르크스주의(공산주의)의 창시자로서 프리드리히 엥겔스와 함께 『공산당선언』(1848), 『자본론』(1867, 1885, 1894)을 집필했다.

마르크스에 따르면, 자본주의의 진전에 따라 생산수단이 기계화되고 생산성이 높아진 결과 생산수단을 사적으로 소유한 소수의 자본가계급은 갈수록 높은 부를 축적하게 된다. 반면, 생산에서 소외된 노동자계급은 빈곤해져서 빈부격차가 커지고 계급적 모순은 심화된다. 또한 자본주의가 성숙할수록 생산물은 늘어나지만 상대적 과잉인구가 발생하여 고용이 줄어든다. 결과적으로 대부분의 노동계층이 소비를 할 수 없게 되어 경기가 하락하고 과잉생산으로 인한 경제공황이 발생하며 대량 실업이 야기된다는 것이다.

과잉생산으로 인한 공황을 극복하고자 시장 확장을 위해 전쟁이 발발할 수도 있다. 그리고 이 전쟁에 강제동원되는 사람들 역시 노동자들이다. 공황이든 전쟁이든 결국 희생되는 건 노동자인 것이다.

특권 계층에 의한 부의 독점을 비판하고 빈부격차가 적은 사회를 꿈꾼 것은 마르크스가 처음은 아니었다. 플라톤의 『공화국』은 사회정의가 실현되는 정의로운 국가에서의 개인 삶에 대해 기술했고, 토머스 모어는 유토피아적 사회를 꿈꾸었으며, 로버트 오웬은 사람들이 공동체를 꾸려 인간답게 살아가는 공상적 사회주의를 주장했다. 프랑스의 에티엔 카베Etienne Cabet는 한 단계 더 나아가, 노동의 조직화와 교육의 평등화 등 현대사회가 자본주의의 시장 실패를 보완하기 위하여 도입하고 있는 각종 제도들을 주장하기도 했다.

이에 대해 엥겔스는 "과거의 관념론이나 공상론 등은 사회주의로 향하는 구체적인 방법론을 담보하지 못하고 있다"고 비판했다. 엥겔스의 영향을 받은 마르크스는 공산주의 계급갈등이론과 사적유물론을 결합하여 자본주의의 필연적 붕괴를 예견하는 한편, 이를 실현시키기 위한 피지배계층의 행동을 촉구하는 『공산당 선언』을 발표했다.(1948년 2월, 마르크스와 엥겔스는 독일공산주의자동맹의 의뢰에 따라 런던에서 이를 발표한다.)

마르크스는 지배와 피지배의 이분법적인 역사에 대한 인식, 계급간의 마찰적 갈등에 대한 노동계층의 자각이 높아지면 필연적 귀결로서 사회주의 혁명이 발생한다고 봤다. 그에 따르면 혁명의 결과 자본주의가 전복된 이후 등장하는 첫째 단계는 자본주의에서 막 벗어난 '사회주의'로, 아직 자본주의적 관성이나 유물이 뿌리 깊게 남아 있는 단계이다. 둘째 단계는 사회주의가 완성된 '공산주의' 단계이다. 모든 생산수단은 공유되고, 공업기술의 발전에 따라 경제도 성장하고 물질이 풍요해지며, 모든 사람이 평등하게 함께 발전하며 지배계급이 소멸된 사회가 되는 것이다.

"탐욕의 맹목적인 속성이 각종 제도와 권력을 총동원해 이익을 최대화하는 과정에서 필연적으로 사회적 저항을 불러올 것"이라는 그의 역사적 통찰력은 용암처럼 들끓고 있던 세기말적 정치상황과 맞물려 1900년대 초 레닌 등에 의한 러시아혁명으로 역사적 대폭발을 이루게 된다. '전인민이 평등한 공산주의'라는 혁명이념은 지배계급과 피지배계급 간의 갈등이 심화된 제정 러시아와 중국, 베트남, 쿠바 등의 국가들을 중심으로 들판의 불길처럼 확산되기 시작했다.

비참한 노동현실과 빈부격차에 대한 비판의식이 확산되면서 '능력에 따라 일하고 필요에 따라 분배받는' 공산주의야말로 나아가야 할 미래, 바람직한 역사적 대안으로 비춰졌던 것이다.

공산주의혁명 성공 이후 어떤 일이 일어났을까?

1922년 12월 '모든 민족의 자발적인 국가결합체'로서 소비에트사회주의연방공화국이 탄생했다. 이후 20세기의 역사는 공산주의혁명의 주도권을 쥔 소비에트연방(소련)과 미국을 중심으로 한 자본주의 블록 간 이데올로기 갈등과 정치적 대립으로 얼룩지게 된다. 자본주의와 공산주의 간의 이데올로기 갈등은 미-소 간 패권다툼으로 확대되어 장기적 냉전으로 이어졌고, 냉전의 최대 피해자가 1945년 막 일제로부터 해방된 신생독립국 한국이었다. 독립이 되자마자 남북이 미-소의 지배하에 분단국가로 갈라진 것이다.

엥겔스는 "마치 다윈이 자연의 발전법칙을 발견한 것처럼 마르크스는 인간 역사의 발전법칙을 발견했다"라고 마르크스경제학을 평가했지만, 마르크스가 확신했던 '역사적 필연론'과는 달리 공산주의가 역사의 최종 종착점은 아니었다. 그가 꿈꾸던 공산혁명과 유토피아의 이상은 실현되지 못한 채 역사의 지평에서 점차 모습을 감추게 된다. 1989년 11월 9일 냉전시대에 서베를린과 동베를린을 분리하던 베를린장벽이 붕괴된 것을 시작으로 1990년 이후 공산주의는 몰락하게 된다.

마르크스의 공산주의 이론체계가 '역사적으로 필연적인' 결실을 보지 못한 데는 몇 가지 요인이 존재한다.

우선 마르크스는 인간의 본성에 대해 '성선설'을 믿었다. "인간은 만인 대 만인의 투쟁, 고독과 가난, 더러움과 추잡함, 야만스러움 등 갈등적 요소로 가득찬 이기적인 동물"이라고 정의한 토머스 홉스T. Hobbs (1588~1679)와는 달리, 마르크스는 사람들의 본성은 선량하지만 사회시스템이 억압과 수탈의 구조로 되어 있기 때문에 계급적 갈등이 발생하는 것이므로 생산수단을 공동화하고 노동의 잉여생산에 대한 자본의 수탈구조만 해결해주면 공산주의의 평등한 세상이 올 것이라고 믿었다.

그는 "인간은 천부적으로 선량하고 고상한 존재로 태어났으

● 토머스 홉스
영국의 철학자이자 정치이론가. 초기 자유주의와 절대주의의 중대한 이론적 전제가 되는 개인의 안전과 사회계약에 관한 저서로 유명하다. 저서『리바이어던』(1651)에서 전제군주제를 이상적인 국가형태라고 제시하기도 했다.

며 이성적이고 합리적이기 때문에 탐욕스러운 자들끼리의 투쟁만 없애면 될 것"(카를 마르크스의『정치경제학 비판』내용을 필스딘의『경제사상사』181쪽에서 재인용)이라고 생각했지만, 탐욕과 이기적 욕망의 동기를 제도적으로 거세했을 때 사람들이 나타내는 무기력과 비효율을 예상하지 못했다.

국가 주도의 공동생산과 배급체제 하에서 아무리 열심히 일해도 다른 사람보다 특별히 더 나은 생활이 보장되지 않는다는 현실을 깨달은 사람들이 창조적으로 생각하고 개발하려는 노력을 중단한 것이다. 개인적인 이기심을 확장시킬 수 있는 수단과 방법을 잃게 되자 기술변화나 혁신의 아이디어가 점차 퇴행하기 시작했고 구태의연한 생산방식에 안주하게 된다.

그는 또 견제받지 않는 권력이 장기화될 때 필연적으로 수반되는 부패적 속성에 대해서도 생각하지 못했다. 프롤레타리아 혁명을 통해 공산주의가 실현되고 권력을 가지게 되자, 공산당 고위 당원들은 자신들이 비판하던 탐욕스러운 자본가계급을 대신해 생산과 분배의 수단을 지배하게 되었다. 공산주의나 사회주의의 이데올로기적 외피를 빌렸을 뿐 또 다른 지배계급을 만들어내고 분배의 모순을 불러온 것이다.

마르크스의 진정한 공로는 "공산주의 혁명이 인류 미래의 완결"이라는 역사학자로서의 예측보다는 전근대적 자본주의를 뼈저리게 각성시킨 경제학자로서의 역할이라고 할 수 있다. 19세기 자본주의의 안티테제로 출발한 마르크스의 공산주의가 역사적 대안으로 등장하자 유럽 지식인 사회와 자본주의는 빈부 격차의 심화와 궁핍해진 노동계층의 문제에 주목하기 시작했다. 또 급격한 수요감소 때문에 발생하는 경기변동의 증폭 및 공황의 경제적 파장, 그리고 실업문제에 대해서도 대안적 정책 마련을 고민하게 되었다.

그 결과 정부 차원의 각종 대응책들이 쏟아져 나오고 유럽식 사회주의 혹은 이를 가미한 경제정책이 각 나라에서 발전하기 시작한다. 유럽 국가들은 우선 과세제도를 '응능부담ability-to-pay' 원칙에 따라 누진세제로 정비했다. 소득이 적은 사람에게는 낮은 세율을 부과하되 소득이 높은 사람에게는 세율도 따라 높이는 것이다. 그렇게 과세한 세금으로는 고용보험과 국민연금제도, 의료보험제도, 기초연금제도 등 각종 복지정책을 도입하여 이전소득移轉所得을 통한 부의 재분배를 제도화하기 시작했다.

또 노동조합을 설립할 수 있는 법, 노동쟁의를 할 수 있는 권리를 부여하는 법, 최소한의 근로조건과 기준을 명시한 법 등 노동 관련법을 제정하여 자본가가 아무 때나 일방적이고 가혹하게 해고하지 못하도록 방지했다. 시장에서 누구에게나 공평하게 활동할 수 있도록 공정거래법을 만들었으며, 자본시장을 규율하는 각종 감시제도들도 시간이 지나면서 속속 탄생했다.

나아가 국가가 적극적으로 개입하고 재정 및 금융 정책을 동원하여 경기변동의 진폭도 줄이기 시작했다. 지나친 경기위축이 발생할 때 정부가 각종 SOC사업을 통한 소비진작에 나서거나 중앙은행이 돈을 풀어 경기를 활성화시키는 거시경제정책이 연구되고 도입되기 시작한 것이다.

역사는 작용에 대한 반작용의 연속선상에 있다. 자본주의가 고인 물속에서 썩어가기 시작하자 둑을 터뜨려 다시 물길이 흐르게 하고 자정작용을 고민하게 만든 것이야말로 분명한 마르크스의 공적이라고 할 수 있다.

공유지의 비극─공중화장실이 더러운 이유

사회주의 체제에서 경제라는 기관차를 느리게 만든 또 하나의 원인은 생산수단과 결과물이 공유될 때 발생하는 인간 이기심의 잘못된 작용이었다. 공유자원에 대해 인간의 이기심이 잘못 작용하는 경우를 설명하기 위해 모든 경제학 교과서가 공통적으로 인용하는 유명한 사례가 '공유지의 비극tragedy of common'이다.

목축으로 생계를 잇고 있는 한 마을에 공동으로 이용하는 목초지가 있다. 이 목초지를 아무 조치 없이 그대로 내버려두면 무슨 일이 발생할까? 공유 목초지라면 예외 없이 몇 년 이내에 황무지로 변해버려 마을 주민들은 공동으로 비극적인 상황에 처하기 십상이다. 주민들이 시도 때도 없이 목초지에 양이나 소를 마구 풀어놔서 풀이 자라날 틈이 없기 때문이다.

공동소유권, 혹은 공유자원에서 나타나는 이 같은 비효율을 생물학자 가렛 하딘은 1968년 『사이언스』에 발표한 논문에서 '공유지의 비극'이라고 명명했다. 공유자원의 비극은 우리 생활 곳곳에서 관찰된다. 대표적인 공유자원이라 할 바다의 경우, 적절한 규제를 하지 않으면 버려진 쓰레기로 몸살을 앓을 뿐만 아니라 치어稚魚까지 싹쓸이를 하는 저인망 어선도 기승을 부릴 것이다. 일정한 규제가 없다면 공장주들은 어느 누구도 맑은 공기 따위에는 신경도 쓰지 않을 것이고, 휘발유 대신 값싼 경유를 쓰는 차의 차주들은 검은 매연을 내뿜고도 태연할 것이다. 여러 사람이 공동으로 쓰는 화장실은 더럽기 짝이 없고 화장실 휴지는 종종 통째로 사라진다.

'공유지의 비극'이 시사하는 바는 분명하다. 개인적인 이기심을 사회적 선의로 연결시키는 제도 설계를 해주지 않으면 '대부분의' 사람들은 '언제나' 조심하지도, 노력하지도 않을 것이라는 점이다.

인류가 동물로부터 진화했다는 점을 기억하자. 지구 생명의 역사는 영겁이나 다름없는 38억 년이나 되지만, 인간이 인간다운 유전적 형질을 지니게 된 것은 겨우 약 100만 년 전부터이며, 인류가 자신은 동물과는 뭔가 다른 종種이라는 자각을 하고 욕망과 이기심을 적절하게 제어하는 방법을 배우고 학습해온 기간은 수천 년 전부터고, 이성과 합리주의가 인간 사회에 자리를 잡은 건 겨우 몇백 년에 불과하다.

이 때문에 인간 경제행위의 근본을 들여다보면 동물과 유사한 점이 적지 않다. 동물학자들은 인간의 경쟁적 행위가 동물적 본능에서 왔다는 것을 설명해주는 여러 가지 사례들을 제시한다. 동물학자들은 인간이나 동물이나 자신의 실제 필요 이상으로 자원을 확보하려는 성향이 있다는 점을 들어 '욕망과 이기심'의 본능을 설명한다. 가령 여우와 족제비는 닭장 속에서 자신이 먹을 수 있는 양보다 더 많은 가축을 죽이고, 침팬지는 기회만 닿으면 적정량보다 더 많은 바나나를 챙기려 한다고 알려져 있다. 이는 사람들이 끝도 없이 재화를 모으려는 욕망과 크게 다르지 않다.

그런데도 현실적 자원은 한정되어 있다보니 욕망을 실현하기 위해 동물들은 치열한 경쟁을 벌일 수밖에 없다. 이 치열한 경쟁의 결정판을 뻐꾸기의 행태에서 엿볼 수 있다. 동물학자들에 따르면 뻐꾸기는 다른 새의 둥지에 알을 낳아 '무임승차'를 한다. 뻐꾸기의 이기적인 행태는 여기서 그치지 않고 잔인한 죽음까지 몰고 온다. 뻐꾸기 알의 부화시간이 짧기 때문에, 다른 새의 알이 부화하기 전에 먼저 세상에 나온 새끼 뻐꾸기는 다른 알을 모조리 새 둥지에서 밀어 떨어뜨려버린다. 잠재적 경쟁자인 다른 새끼들을 잔인하게 없애버려 사전에 경쟁을 차단하는 것이다.

동물학자들은 동물의 경쟁에는 같은 종들 사이에 벌어지는 종내경쟁intra-specific competition과 다른 종 간에 벌어지는 종간경쟁inter-specific competition이 있다고 분류한다. 동물들은 암컷을 차지하기 위해 같은 종들끼리 싸움을 벌이기도 하고, 자신의 먹이터를 지키기 위해 혹은 남의 먹이터를 빼앗기 위해 다른 종의 동물과도 싸움을 벌인다. 그런데 경쟁은 종간보다 종내에서, 무척추동물보다는 척추동물에서, 불안정한 생태계보다는 안정된 생태계에서 훨씬 치열하게 일어나는 경향이 있다고 한다.(에드워드 윌슨, 『사회생물학 1, 2』) 이 관찰이 맞다면 가장 안정된 생태계에 사는 척추동물인 인간들끼리의 경쟁이 그 어느 동물보다도 치열하고 장기적이고 복잡한 양태를 보이는 것은 당연한 귀결인 셈이다.

실제로 역사를 되돌아볼 때 욕망을 최대한 실현시키기 위해 잔인한 약탈전쟁을 지치지도 않고 벌여온 종은 인간밖에 없다. 동물은 생존을 위해 자신이 지킬 수 있는 영역만을 관리하지만 사람은 생존의 필요가 없더라도 최대한 영역을 넓히려 한다. 그외에도 욕망의 확장적·공격적 속성을 보여주는 사례는 많다.

이기심이 음습한 그림자를 드리우는 사례는 현대에도 얼마든지 찾아볼 수 있다. 현행법은 신체의 각종 장기를 매매하는 것을 금지하고 있다. 이 때문에 장기는 심각한 공급부족, 수요초과 현상을 일으켜 많은 환자들이 죽음에 이르고 있다. 만약 여기에 대해 신체 장기를 비싼 값으로 매매할 수 있도록 법적으로 허용하면 무슨 일이 벌어질까?

우선 장기공급이 대폭 늘어날 것이 분명하다. 뇌사자가 생명을 건질 수 없게 될 경우 그냥 죽어 매장되기보다는 장기를 매매하는 것이 남은 가족들을 위해 낫다고 생각할 것이기 때문이다. 그렇다 하더라도 장기매매가 죽음의 고비를 넘나드는 수많은 환자들의 목숨을 구하는 결과로만 이어진다면 장기매매를 법적으로 허용하는 제도가 더 나은 것이 아닐까?

그러나 문제는 인간 본성에 내재된 파괴적 이기심이 심각한 살인과 죽음을 불러오는 최악의 결과를 초래할 수도 있다는 점이다. 우선 인신매매 납치범들이 극성을 부리게 될 것이다. 힘없는 어린이나 부녀자를 납치해서 장기를 떼어 파는 엽기적인 사건이 부지기수로 벌어질지도 모른다.

줄기세포 실험이나 유전자 변형 실험의 허용 여부도 마찬가지다. 선량한 의도로만 쓰이면 인류의 생명연장에 획기적으로 기여하겠지만, 이 과정에서 어떤 피해가 벌어질지 모른다. 어떤 괴물이 튀어나오게 될지 모르는 판도라의 상자와 마찬가지다.

결론삼아 다시 강조해본다. 인간의 이기심은 끝없는 창조의 동력이기도 하지만 동시에 욕망의 아메바와도 같다. 적절한 통제와 방향설정을 유도해주지 않으면 남들은 물론 종래에는 자기 자신까지도 삼켜버리는 어두운 심연인 것이다.

2장

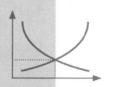

경제행위의
진정한 의미

모든 시대가 보다 아름다운 세계를
동경한다. 혼란스러운 현재에 대한 절망과 고통이 깊을수록 그
그리움은 더욱더 격렬하다. 중세 말기 생활의 기틀은 가혹한 우
울이었다.

―요한 호이징가Johan Huizinga(1872~1945), 『중세의 가을』

호이징가는 끝 무렵에 이른 중세의 세기말적 불안과 극도의
정신적 혼란, 사회적 절망을 이렇게 묘사하고 있다. 중세 말을
사는 사람들을 '가혹한 우울'로 몰아넣은 것은 1000년 중세를
걸쳐 절대로 무너질 것 같지 않았던 봉건적 신분제와 종교적
권위의 붕괴였다. 정신적 질서가 내부로부터 무너지면 혼란이
오고 사람들은 불안을 느껴 이상행동을 벌이게 된다.

'종교의 신'이 통치해온 1000년의 세월이 종식되면서 생겨난
중세 말의 불안감으로부터 사람들을 구원한 것은 르네상스 이
후 생겨난 합리주의였다. 유럽사에서 중세의 완고한 질서가 역
사 속으로 사라지고 합리주의적 세계관이 기존 질서를 대체하
기 시작한 것이다. 이는 일찍이 그리스 문명이나 페니키아 문명
에서 싹을 피웠던 '인본주의의 정신적 힘과 사고'가 유럽의 정
신적·물질적·사회적 제도 안에 본격적으로 파급되기 시작했다
는 의미를 갖는다.

종교적·신분적 권위가 부정되기 시작하고 자연현상에 대한 막연한 공포와 불안감은 과학적 이성과 계몽적 정신으로 극복되기 시작했다. 연금술은 화학이나 물리학으로 변모했으며, 무녀와 점성술사의 예언은 합리적 추론으로 대체됐다. 문자를 통한 지식의 보급이 늘어나고, 과학의 힘이 종교지도자의 절대권위를 무너뜨리며 계획성·목적성·타산성·통제성을 근간으로 하는 합리주의가 유럽의 생활 전체를 지배하는 핵심이 됐다. 그리고 마침내 데카르트는 『방법서설』에서 "인간은 실용적 과학을 통해 자연의 지배자이자 소유자가 될 수 있다"고 선언하게 된다.

인간의 합리성은 왜곡된 현실을 곧게 펴는 힘이며 흩어진 부분을 종합해서 전체를 추론하고 이해하는 능력을 뜻한다. 또 그것은 뚜렷한 목적을 갖고 계획을 세워 이를 실행하기 위한 수단을 선택하는 사고의 힘이기도 하다. 합리적 사고는 또한 진실을 응시할 수 있게 해주는 강력한 힘으로 작용한다.

과학적 진실과 달리 사회적 진실은 대부분 여러 가지 허위의 그림자에 가려 명백하지 않은 경우가 대부분이다. 수많은 허구와 거짓, 과장이 난무하고 있으며 이것들은 때로 상식이나 직관, 과거의 경험, 선의善意 등의 이름으로 위장하고 있다. 다른 대부분의 사회과학에서와 마찬가지로 경제학에서도 합리성이 중요한 이유는, 겉으로 드러난 위장을 뚫고 진실을 응시하기 위해서다.

개인의 내면 깊숙이 자리한 이기적인 본능, 그리고 이런 이기심이 가져오는 사회적 효율성과 파멸의 모순적 성격을 이해하고 나야 비로소 경제적 선택에 대한 올바른 접근이 가능해진다.

앞서 설명한 무차별곡선을 다시 생각해보자. 무차별곡선이 공간에 무한히 많이 그려진다는 건 욕망의 크기는 무한하다는 것을 의미한다. 여기까지는 본능적 욕망의 영역이다. 이 본능이 비로소 사회적으로 의미 있는 경제적 선택과 행위가 되기 위해서는 현실적으로 나에게 예산이 얼마만큼 있는지를 고려한 후 그 예산에 맞게 최고의 효용을 주는 집합을 선택해야 한다.

별것 아닌 것처럼 보이는 다음의 단순한 도표에는 침팬지와 유전자가 99% 동일하다는 인류를 다른 유인원과 차별화하고, 인류를 비로소 인류답게 만드는 하나의 중대한 가정이 들어 있다. 아프리카 세렝게티 초원에서 먹이를 찾아 헤매던 직립원인homo erectus이었던 인류를 경제인간homo economicus으로 변모시키고, 본능적인 이기심과 욕망을 '경제'라는 이성적인 행위로 제어할 수 있도록 만든 그 가정은 바로 한정된 자원의 사용에 대한 '합리성rationality'이다.

[도표 2]에서 보는 것처럼 욕망의 크기를 나타내는 무차별 곡선은 바깥을 향해 얼마든지 팽창하지만, 실제 경제행위인 구매로 이어지는 것은 예산제약선budget line과 만나는 접점 단 하나뿐이다. 걷잡을 수 없이 팽창하는 욕구를 예산이라는 합리성으로 제어한 결과이다.

[도표 2] 예산제약선과 무차별곡선

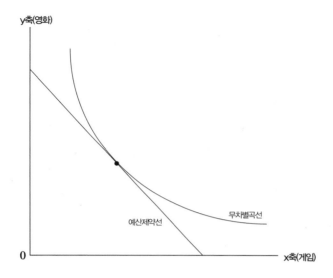

원초적이고 동물적인 '욕망의 충족'이 '경제행위'라는 사회적 제도로 연결되기 위해서는 반드시 '합리성'이 전제되어야 한다. '욕망을 합리성이라는 틀로 제어하는 것'이 진정한 의미의 경제행위인 것이다.

경제적 교환은 철학적 성찰이 아니다

경제학에서 의미하는 합리성은 보다 높은 정신영역에서의 합리성, 즉 이성과 동의어인 철학적이고 비물질적인 가치합리성價値合理性이라기보다는 희소한 자원의 최적 분배라는 목적을 이루기 위해 필요한 방법론적 합리성, 즉 목적합리성目的合理性에 가깝다고 할 수 있다.

경제행위에서 특히 목적합리성이 중요한 이유는 분명하다. 우선 예산제약의 문제가 있다. 여기서 예산이라는 단어는 경제행위의 주체가 누구인가에 따라 자원이나 재원, 돈이라는 단어로 대체해도 무방하다. 국가 전체로 보면 인적·물적 자원이 부족하고, 정부로 보면 1년 동안 쓸 수 있는 예산에 한계가 있으며, 기업은 쓸 수 있는 투자재원에 한계가 있고, 서민들은 자신의 수입이라는 한계에 부딪히게 된다. 시간도 당연히 큰 예산제약에 속한다. 시간의 유한성·희소성에 대해 분명히 인식하지 않으면 결코 효율적이고 합리적인 노력을 할 수 없다.

필요와 욕구는 더할 나위 없이 큰데 사실상 쓸 수 있는 돈이나 자원은 늘 부족하기 때문에 국가든 기업이든 개인이든 희소한 자원이나 돈, 예산을 어떤 우선순위로 배분하고 사용해야 만족도를 최대한 높일 수 있느냐 하는 질문에 부딪히게 된다.

경제적 선택은 또한 상대방이 있는 교환행위이다. 경제를 막연하게 '물질적 부를 더 많이 생산하고 소비하는 활동'으로만 정의하는 것은 올바른 개념이 아니다. 물질적 부가 추가적으로 생산되지 않아도 교환을 통해 만족도가 더 높아지면 이 역시 중요한 경제행위가 된다. 가령 나에게 사과가 두 개 있고 상대방에게 바나나가 두 개 있는데, 서로 하나씩 바꿔서 만족도가 더 높아진다면 교환이 경제적 의미를 가지게 된다.(따라서 자발적인 교환이 일어나는 시장의 서비스는 물건을 많이 생산하는 기업이나 농산물을 생산하는 농부 못지않게 사회적 부가가치를 창출한다.)

물물교환이든 시장에서의 매매든 기업의 생산계약이든, 대부분의 경제행위에는 반드시 상대가 있으며 이 때문에 합리성이 더 중요하다. 내 욕구와 필요뿐만 아니라 상대방의 입장이나 생각, 만족도, 전략까지도 미리 판단하고 의사결정에 반영해야 하기 때문이다.

경제행위에서 합리성이 중요한 또 한 가지 이유는 경제행위가 불확실한 미래예측에 기대고 있기 때문이다. 앞서 '경제는 예산제약을 전제로 교환의 당사자들이 상호 만족도를 높이기 위해 하는 행위'라는 점을 설명했다. 그러나 좀 더 정확한 진술은 '경제는 교환의 당사자들이 상호 만족도를 높일 것이라고 기대expectation하고 하는 교환행위'일 것이다. 만족도가 높아질 것으로 '기대'하는 것이지 실제 만족도가 높아지는 결과가 반드시 나오는 것은 아니며, 실현된 현실이 때로 훨씬 나쁠 수 있다. 따라서 미래의 만족도를 높이기 위해 현재의 확실한 어떤 것을 포기하고 교환을 하려면 최대한 합목적적으로 사고하고 추론하며 예견할 필요가 있다.

'승자의 저주'—직관과 상식의 함정

경제행위의 목적합리성을 성취하기 위해서는 상식이나 경험,

금호그룹은 막대한 빚을 내어 대우건설을 인수했지만, 결국 그것으로 인해 경영 부실에 빠지게 된다. 경쟁에서 이긴 것이 오히려 독이 된 '승자의 저주'의 전형적인 사례다.(국민일보, 2019년 4월 16일)

대우건설 무리한 인수 후 그룹 휘청⋯ '박삼구 오판'이 禍 불렀다

'뒷북은선'이 결국 직영까로 작용
과도한 차입 빛 계열사 동반부실
"경영 참여 일가 동반 책임" 지적

직관에 의존하지 않는 지적 훈련이 필요하다. 그래서 경제학이라는 독립적인 학문이 생겨나고 이를 연구하는 수많은 학자들도 존재하는 것이다.

막연한 직관에 의존할 경우 비합리적 결과를 낳는다는 것을 증명하는 유명한 사례가 '승자의 저주winner's curse' 현상이다.

A정유회사가 도산 위기를 맞아 보유하고 있던 땅을 경쟁입찰을 통해 매각하려고 한다. 상당량의 질 좋은 유정油井이 포함된 것으로 알려진 땅이다. 입찰에 참가할 의사가 있는 B정유사가 알아보니 세 개의 회사가 응찰할 것으로 예상됐다. 이 회사는 응찰가격을 약 10억 달러 정도로 결정하고 입찰에 참여하기로 결정했다. 그런데 막상 응찰 최종일에 가보니 9개 회사가 응찰한 것으로 나타났다. 이때 B정유사는 응찰가격을 어떻게 제시해야 할까?

얼핏 생각해보면 경쟁자들이 늘어났으니까 낙찰을 받기 위해서는 응찰가를 높이는 것이 당연해 보인다. 그러나 실제로는 최초의 평가대로 보수적으로 응찰가를 결정하는 것이 합리적인 대응이다. 경쟁에서 이기기 위해서는 응찰가를 높이는 것이 직관적 대응이지만 단순히 경쟁에 이기기 위해 응찰가를 높이면 큰 손해를 볼 수도 있다. 이런 경쟁입찰에서는 '불확실한 미래를 가장 낙관적으로 보는 응찰자'가 가장 높은 응찰가를 제시해 낙찰받게 된다. 그런데 현실은 절대로 예상처럼 낙관적으로만 풀리지 않는다. 유정을 개발하려고 하는데 지반이 너무 연약하거나 단단해서 예상치 못한 비용이 들기도 하고, 갑자기 셰일가스가 등장하여 기름값이 하루아침에 훅 떨어지기도 한다. 시간을 주재하는 여신은 언제나 변덕쟁이라는 것을 기억하자.

경쟁에서 이겼는데 큰 손해를 보거나 회사의 존망을 결정할 정도로 비극적인 결과로 끝나는 경우를 '승자의 저주'라고 부른다. 지나치게 직관에 의존할 경우 매우 불합리한 결과를 낳을 수 있다는 걸 보여주는 대표적 사례라고 할 수 있다.

경제를 비합리적으로 비틀기 쉬운 또 다른 단어가 '상식'이나 '경험'이라는 말이다. "상식의 눈높이로 경제를 보자"라는 말들을 많이 한다. 얼핏 들어 무리가 없어 보이는 좋은 말이다. 그러나 좋은 말들의 연결이 반드시 좋은 의미의 완결체인 것은 아니며, 그럴듯하게 들리는 말이 반드시 최선의 해결책은 아니다. 그런 말들에 회의와 의문을 가져보는 것이야말로 합리적인 사고의 첫걸음일 수 있다. 또 과거의 일상적 경험에 막연하게 의존하다보면 미래를 추정할 때 과거를 대입하여 해석하는 식의 오류를 범할 수 있다.

상식이나 경험은 내가 속한 집단의 과거에 의존하는 집합적 지혜인 반면, 경제행위는 미래를 결정하는 교환행위이다. 전혀 발생하지 않은 새로운 변수를 해석하는 데는 과거의 상식이 오히려 걸림돌이 되는 경우가 적지 않다. 가령 과거의 일에 지나치게 특별한 의미를 두고 잘못 해석하면 '선행하는 것이 곧 원인post hoc ergo propter hoc'이라는 논리, 즉 어떤 일이 발생했다면 그 원인은 과거에 일어난 일'이라고 막연하게 생각해버리는 오류를 범하게 된다. 과거에 일어난 일과 나중에 일어난 일의 인과관계가 확인되지 않았는데도 지레짐작으로 그럴 것이라 믿어버리는 것이다.

대표적인 사례가 복권당첨의 예이다. "로또복권 당첨자들을 조사해봤더니 토요일에 복권을 산 사람이 많았으니 토요일에 사야 한다"라고 주장하는 것이 옳을까? 물론 잘못된 결론이다. 사람들이 토요일에 로또복권을 많이 샀기 때문에 자연히 당첨자도 많은 것일 뿐이다. 실제 당첨 확률은 언제 어디서 사나 똑같다.

실제로 수많은 훌륭한 학자와 지식인들이 과거의 경험에 의존해 미래를 예측했다가 '바보의 대명사'쯤으로 조롱당한 사례들이 많다. 토머스 맬서스Thomas Malthus•(1766~1834)는 과거의 경험과 상식에 바탕을 두고 "식량은 산술급수적으로 늘어나는데 인

● **토머스 맬서스**
영국의 경제학자·인구통계학자. 인구증가는 언제나 식량공급을 앞지르는 경향이 있으며, 엄격하게 산아제한을 하지 않으면 인류의 운명은 나아질 가능성이 없다는 이론으로 유명하다. 주요 저서로는 『인구론』(1798)이 있다.

구는 기하급수적으로 증가하기 때문에 인류는 대재앙을 맞게 될 것"이라고 예언했다. 기술혁신이 불러오는 혁신적 상황을 전혀 예측하지 못하고 과거의 경험에 의존하여 종말론적 예측을 한 것이다. 이 때문에 그는 '멍청이 맬서스'로 오늘날까지 조롱의 대상이 되고 있다.

"역사라는 기차가 굽이길을 돌 때마다 지식인들은 차 밖으로 튕겨져 나간다"는 마르크스의 말처럼, 과거의 상식과 경험에 지나치게 의존하는 사람은 미래의 흐름을 감지하지 못해 큰 오류를 범할 수 있다.

또한 상대가 있는 교환에서는 상대방의 상식과 내 상식의 잣대가 다를 수 있다. 부자의 상식은 가난한 자의 상식과 다르고, 국민소득 3만 달러인 선진국의 상식은 국민소득 1000달러도 안 되는 제3세계 국가의 상식과 다르다. 문화의 차이도 상식의 차이를 만들어낸다. 프랑스에서는 태양을 뜻하는 단어가 남성형이지만 독일에서는 여성형이다.

이 때문에 상식은 때로 심리적 맹점이나 무지라는 말과 동의어일 수 있으며, "상식의 눈높이로 경제를 보자"는 얼핏 그럴 듯해 보이는 말이지만 "특정 집단이 만들어내는 아집이나 편견, 오류에 불과할 수도 있는 과거 정보로 경제 전체를 판단하라"는 주장일 수도 있다. 과거의 경험이나 상식을 바탕으로 한 성급한 단순화나 일반화는 개인적인 차원에서는 실수로 끝나겠지만, 그것이 정부의 정책 결정권자나 세상을 움직이는 지식인과 학자의 오류일 경우는 나라 경제 전체에 치명적인 독이 될 것이다.

2000년대 초반 미국은 디지털 기술의 확산으로 인한 생산성 향상 때문에 돈을 풀어도 물가가 오르지 않는다고 보고 몇 년 동안 지속적으로 유동성*을 확대했다. 낮은 금리의 자금이 풀리면서 사람들은 은행에서 돈을 빌려 집을 사고 또 사는 '부동산투기 축제'를 벌렸다. '낮은 금리의 유동성 공급은 한없이 계속될 것이고 집값 또한 한없이 계속 오를 것'이라는 잘못된 믿음이 상식이나 경험으로 둔갑하여 사람들을 자극했고 끊임없는 부동산 매입으로 유인한 것이다. 마치 피리 부는 사나이를 뒤쫓아가는 우화가 연상되는 사건이었다.

경제주체들이 동시다발적으로 그렇게 행동한 결과 무슨 일이 벌어졌을까? 잘 알려진 대로 이 사건은 2008년 미국발 글로벌 금융위기로 이어졌으며, 전세계가 아직까지도 그 후유증에서 헤어나지 못하고 있다.

한국에서도 저금리 자금이 늘어나면서 2019년 부동산가격 폭등을 불러일으켰다. 저금리의 빚을 내서 여러 채의 집을 사서 전세를 주고 그 돈으로 또 다른 집을 사는 '갭gap 투자'라는 신조어가 유행하기도 했다. 집값이 잡히지 않아 초조한 정부는 신도시를 자꾸 만들고 아파트를 양산했다.

두 사람이 결혼하여 한 명의 아이를 낳고 있는 전세계 최악의 저출산 추세, 매년 경제활동인구 30만여 명이 사라지는 인구절

● 유동성
경제학에서 유동성은 부동산이나 채권 등의 자산을 현금으로 빠르게 전환할 수 있는 정도를 나타낸다. 유동성이 크다는 건 현금을 확보할 수 있는 가능성이 높다는 의미다.

벽 상황에서 10년, 20년 후에 그 집에는 대체 누가 들어가 살게 될까? 집값이 자꾸 오르는 것에 놀라 초조해지거나 과거의 부동산 불패신화에 연연하여 "저금리시대에는 역시 부동산 투자가 최고"라며 과도한 빚을 내서 집을 산 서민들의 경우 장래 집값이 폭락할 경우 어떻게 빚을 감당할까?

부동산 불패라는 자신의 경험은 굳게 믿으면서 일본 도쿄의 집값이 1990년대 호황기와 비교할 때 지금 1/3이나 1/2수준이라는 이웃나라의 경험이나 상식은 무시되는 것이 현실이다.

경제는 기본적으로 상대방이 있는 교환이며 계약이고 게임이다. 상대방이 있는 게임에서 오류에 불과할지 모르는 '상식'이나 '경험'이나 '직관'에 의존해서 판단한다면 그걸 다 무시한 채 새로운 정보를 수집하고 합리적 사고를 통해서 판단하는, 즉 경제학 훈련을 받아서 깊이 있는 사고를 하는 상대방을 당할 수 없게 된다.

경제학은 사고의 기술이다

왕왕 틀린 경제예측을 하곤 하는 경제학자를 조롱하는 농담들이 있다.

"경제학자와 기상예보관의 공통점은 예측이 틀린다는 것이다. 경제학자와 기상예보관의 차이점은 기상예보관은 그래도 가끔은 정확한 예측을 하는데 경제학자는 정확히 맞히는 적이

별로 없다는 점이다."

경제성장률이나 경기에 대한 경제학자들의 예측이 자주 틀려서 정책 결정이 어려움을 비아냥댈 때 자주 등장하는 말이다. 실제로 태풍이나 기상의 진로가 도중에 발생한 아주 작은 변화로도 엄청나게 바뀌는 것처럼 경제예측 역시 그것을 빗나가게 만드는 수없이 많은 요소와 변수들이 존재한다. 그 수많은 요소와 변수들이 작용하는 방향이나 정도 역시 전혀 다를 수 있다. 오죽하면 "전생에 착한 일을 많이 한 사람은 로켓과학자로 태어나지만 나쁜 일을 많이 하면 경제학자로 태어난다"는 말이 있을까. 일분일초까지도 정밀하게 사전 예측하고 계획할 수 있는 로켓과학자와 달리, 경제학자가 수많은 경제적 요소와 변수의 복잡다단한 상호관계를 모두 추정하고 정확하게 예측하는 것은 거의 불가능하다. 따라서 불쌍한 경제학자는 미로와 혼돈 속에서 불가능한 노력을 하는 시시포스Sisypos*쯤으로 비쳐지는 것이다.

그러나 이 같은 농담이나 기대는 시간에 따라 끊임없이 변화하는 사회현상을 연구하는 경제학을 자연과학으로 착각하는 데서 나온 것이다. 경제학이 가르치는 것은 미리 예측할 수 있는 정확한 해답이 아니라 복잡하고 다양한 불확실성과 의문 속에서 어떻게 최대한 합리적으로 사고할 수 있는가, 거짓을 어떻게 직시할 수 있는가, 상식과 감정이라는 스스로의 편견을 어떻게 극복하고 정답을(혹은 정답에 가까운 해결책을) 찾아

● 시시포스
그리스 신화에 나오는 코린토스의 왕. 그는 교활한 속임수를 써서 신을 속인 죄로, 저승에서 산의 정상에 이르자마자 굴러 떨어지는 무거운 돌을 다시 정상까지 거듭 밀어 올려야 하는 영원한 형벌을 받았다.

넬 수 있는가 하는 사고思考의 방법이다. 그래서 경제학의 거장 존 메이나드 케인스John Maynard Keynes(1883~1946)는 경제학적 사고방식을 이렇게 정의했다. "경제학 이론은 정책에 즉시 적용 가

능한 변치 않는 결론의 집합을 제공하는 것이 아니다. 이는 주장이라기보다는 방법이며 마음의 장치이고 이론을 배운 사람이 올바른 결론을 도출하는 것을 돕는 일종의 '사고의 기술technique of thinking'이다."

경제학적 사고방식은 모든 경우의 수에 대해 언제나 적용할 수 있는 만능의 답을 주는 것이 아니라 답을 찾아내는 이성적 방법을 훈련시켜주는 것이다.

사고의 기술에 대한 훈련은 경제적 현상이나 비용 등에 대한 몇 가지 기본적인 이해로부터 출발한다. 어떤 것들인지 하나씩 알아가보자.

(1) 기회비용 : 세상에 공짜 점심은 없다

합목적적인 경제학적 사고를 위해 가장 먼저 이해해야 하는

것이 바로 숨어 있는 비용인 '기회비용opportunity cost'이다.

일반적으로 '비용費用'이라고 하면 내 주머니에서 바로 빠져나가는 돈을 생각하기 마련이다. 가령 기업이 생산을 하기 위해서는 공장과 땅을 매입해야 하고 직원을 고용해서 월급을 줘야 하고 원자재를 매입해야 한다. 성격이 전혀 다른 온갖 생산요소들을 '화폐'라는 공통분모로 통일해 합산하는 것이 회계적 비용이다. 이런 명시적 비용은 누구라도 한눈에 알 수 있지만 기회비용은 상당한 노력을 의식적으로 기울여야 찾아낼 수 있다.

기회비용은 '어떤 행위를 하기 위해 포기해야 하는 다른 기회의 최대가치'로 정의된다. 가령 토요일 밤 당구장에 가기 위해 영화 보기를 포기했다면 당구를 친 데 든 비용은 당구장에 낸 명시적 비용 이외에 '포기한 영화의 가치'를 포함한 것이 된다. 월드스타인 BTS의 한국공연 공짜표를 누가 준다고 했는데 마침 그 시간에 달리 꼭 해야 할 일이 있었다고 하자. BTS가 누군지도 모르는 사람에게는 그 기회비용이 별것 아니겠지만 BTS의 팬에게는 세상에서 가장 큰 비용을 치러야 하는 셈이다.

또한 당구장에 가기 위해 경제학 강의를 빼먹었는데 이 강의에서 교수가 평생 도움이 될 만한 '기회비용'에 대한 설명을 했다면, 당구장에 갔을 때의 기회비용은 평생에 걸쳐 상상할 수 없을 만큼 클 수도 있다.

그런데 왜 기회비용을 인식하는 것이 평생에 걸쳐 도움이 될 만큼 중요한 걸까? 우리는 유토피아에 살고 있는 것이 아니라 한정된 자원밖에 없는 현실경제에 살고 있기 때문이다. 용돈도 제한되어 있고, 졸업 후 취업을 해서도 얼마 안 되는 월급에 맞춰 살아야 하며, 이것저것 하고 싶은 일은 많은데 시간은 늘 부족하다. 갖고 싶은 것도, 하고 싶은 일도 많은데 자원은 한정되어 있기 때문에 '어떤 것을 하기 위해서는 반드시 다른 어떤 것을 포기해야 한다'는 사실을 인식하는 것이 중요하다. 기회비용은 다시 말해 우리가 살면서 끊임없이 부딪히는 '선택의 비용'인 것이다.

기회비용은 개인뿐 아니라 사회 전체로도 큰 의미를 지닌다. 이를 이해하기 위해 경제학에서 자주 쓰이는 고전적인 사례가 "징병제와 모병제 가운데 어느 것이 더 비용이 적게 드나?"라는 질문이다.

군에 입대한 대한민국 청년 한 사람이 받는 돈은 얼마 되지 않는다. 국방의 의무를 수행하는 것이기 때문이다. 반면 징집제가 아니라 모병제를 채택하고 있는 미국의 경우에는 일반 사병에게도 일반 직장인과 비슷한 수준의 높은 연봉을 지급한다.

그러니 얼핏 봐서는 모병제인 미국이 징병제를 채택하고 있는 한국보다 훨씬 많은 비용을 지불하고 있는 것처럼 보인다. 그런데 정말 그럴까? 미국은 왜 훨씬 높은 임금을 지급해야 하는 모병제를 채택하고 있을까? 회계적으로는 미국이 더 큰 비용을 지불하는 것 같지만 기회비용을 잘 따져보면 선뜻 그런 결론을 내리기 어렵다는 것을 알게 된다.

제2장
경제행위의
진정한 의미

대학 졸업 후 군대에 간 어느 청년이 입대하지 않고 일반 기업에 입사했다면 연봉이 대략 2500만 원 정도가 될 것이다. 군 복무기간을 2년이라고 치면, 그동안 이 청년이 사회에서 벌 수 있는 돈은 5000만 원이다. 즉 이 청년이 군에 복무하면서 포기해야 하는 기회비용은 5000만 원인 것이다. 또 이 청년이 연봉 10만 달러를 받는 외국 금융기관에 입사했다면 이 청년의 군 복무에 대한 기회비용은 20만 달러, 우리 돈으로 약 2억6000만 원이 되고, 군 복무 대신 벤처기업을 차려서 엄청난 성공을 거뒀다고 가정해보면 기회비용은 20억 원으로 커질 수도 있다.

대한민국 수십만 청년들이 군에서 2년 동안 복무할 때 이들이 포기해야 하는 기회비용은 천문학적이 될 것이며, 젊었을 때 성과를 많이 내는 수학이나 물리학 등 고도의 학문을 배우는 청년이 2년을 군대에서 보내게 되면 국가기술의 발전 정도에 막대한 손해가 발생할 수도 있다.

중국의 경우 같은 지원병제인데도 실질적으로 군 입대의 기회는 일부에게만 주어진다. 군인이 받는 경제적 혜택과 사회적 대우가 좋은 반면, 군 입대를 하지 않고 다른 일을 할 때 얻는 혜택이 별로 크지 않기 때문이다. 즉, 군 입대에 따른 사회적 기회비용이 낮은 것이다. 따라서 많은 청년들이 대거 군대에 지원해 경쟁률도 높아질 수밖에 없다.

이 같은 기회비용을 생각해보면 남북 대치상황이라는 역사적 비극 때문에 우리가 지불해야 하는 비용이 단순히 수십조 원의 연간 국방예산에 그치는 것이 아니라는 사실을 알 수 있다. 사회가 해마다 잃고 있는 숨은 비용, 그 기회비용의 합은 명시적 비용보다 훨씬 큰 것이다.

이 기회비용의 개념은 개인적으로나 사회적으로 얼마든지 응용과 확장이 가능하다. 가령 회사에 불만이 있어 때려치우고 싶은 생각이 들 때 내가 이 회사를 다니기 위해 포기한 기회비용이 무엇인지를 생각해볼 필요가 있다. A회사를 다니기 위해 B라는 직장을 포기했다면 B라는 직장이 내 기회비용이다.

회사를 때려치우고 나가서 도넛 가게를 시작해보려 한다면 도넛 가게를 차리는 데 드는 명시적 비용 외에도 회사를 그만두면서 포기해야 하는 봉급과 온갖 의료혜택, 교육비 지원혜택 등 기회비용이 얼마쯤인지를 미리 계산해봐야 한다. 그리고 포기하는 기회비용보다 과연 더 많은 돈을 벌 수 있는지를 생각해야 한다.

정책 당국자들이 거짓말을 하고 있는지 아닌지도 기회비용을 생각해봄으로써 판단할 수 있다. 정부는 예산을 쓰는 사업을 벌이기 전에 그 사업에 들어가는 비용은 축소하고 혜택은 과장하는 경향이 있다. 그러나 내가 세금으로 낸 돈이 그 사업이 아니라 다른 사업에 더 효율적으로 쓰일 수는 없는지 기회비용을 따져봐야 한다.

정책 당국자들의 주장이 개인적이고 정치적인 이해관계에 바탕을 둔 것인지 아닌지를 꿰뚫어보기 위해서라도 기회비용에 대한 이해가 필요하다. 기회비용 개념은 개인적으로나 국가경제 전체적으로나 여러 가지 중요한 일이 겹쳐 있을 때 냉정하게 우선순위가 무엇인지 합리적인 판단을 할 수 있는 기준을 제시하기 때문이다.

치료법이 완전히 다른 당뇨병과 간염을 동시에 앓고 있는 환자를 당뇨병부터 먼저 치료한 후 나중에 간염을 치료할지, 아니면 간염부터 치료하고 나중에 당뇨병을 치료할지를 고민하는 의사처럼, 경제에 여러 가지 시급한 일이 동시에 발생했을 때 무엇이 우선인지를 판단하는 기준은 어느 것의 기회비용이 더 큰가에 달려 있다.

세상에 기회비용이 들지 않는 일은 없다. 따라서 어느 것의 기회비용이 더 낮은지를 판단하는 합리성과 이에 대한 사회적 동의를 얻어내는 일이 경제적 판단에서는 매우 중요하다.

다시 한 번 강조하지만 어떤 개인적·사회적·국가적 차원의 경제적 결정이 합리적인지를 판단할 때는 단순한 명시적 비용뿐 아니라 기회비용까지를 포함해야 한다. 또 어느 사회가 경제적으로 더 효율적으로 설계된 사회인지도 명시적 비용과 기회비용 모두를 합쳐 총체적 비용으로 비교해야 한다.

(2) 매몰비용: 짓다 만 펜션의 비밀

"과거는 흘러갔다"고 유행가 가사는 노래한다. 때로는 정치적·외교적 수사로, 때로는 과거는 돌아보지 말고 오직 미래만을 생각하며 살아야 한다는 삶의 경구로 "과거사가 미래의 발목을 잡아서는 안 된다"고 말한다. 경제학은 '매몰비용sunk cost'이라는 개념을 통해 이 말을 좀 더 과학적으로 설명하고 있다.

매몰비용은 과거에 투자된 비용 가운데 사업을 중단하더라도 회수할 수 없는 비용을 뜻한다. '과거'라는 시간의 흔적 속에 이미 묻혀버렸기 때문에 '미래'를 위한 선택을 할 때 고려해서는 안 되는 비용인 것이다.

예컨대, 교외에 나가 보면 짓다 말고 버려진 흉물스런 건물들이 적지 않다. 펜션 업자들이 짓다가 포기하고 도망가버린 건물들이다. 그 상당수 건물들은 이미 내부 골조와 시멘트 작업이 모두 끝난 채 외장만 갖추면 되는 상태인 경우도 많다. 이 건물들을 보면 의아심이 들게 된다. 저 건물을 짓기 위해 땅도 샀을 것이고 외장만 남겨둔 걸 보면 건설비용도 적지 않게 들어갔을 터인데, 짓다 말고 도망가려면 그동안 투자한 돈이 아깝지 않았을까?

그런데 이 펜션을 짓다 말고 도망가버린 업주는 양심은 없는 사람일지 몰라도 경제적으로는 매몰비용이라는 개념을 본능적으로 이해하고 있는 사람이 분명하다. 건축물에 이미 들어간 비용은 건설을 그만둔다고 해서 회수할 수 있는 비용이 아니다. 따라서 이 업자가 펜션을 완공시킬 것인가 말 것인가 결정할 때는 이미 들어가서 회수가 불가능한 비용이 고려 대상이 되어서는 안 된다. 남은 공사를 마무리하는 데 추가로 들어가게 될 비용과 완공 후 들어올 미래의 이익을 비교해서 추가 비용이 더 크다고 판단되면 건설을 중단하는 것이 합리적이다.

다른 예를 보자. 거리를 지나가다 맛있어 보이는 아이스크림을 1000원에 샀는데 한입 먹어 보자 맛이 영 아닌 경우가 있다. 그러면 남은 걸 미련 없이 쓰레기통에 버리기 십상이다. 이것이 일상생활에서 접할 수 있는 매몰비용의 한 사례이다.

그런데 액수가 1000원이 아니라 수천만 원, 수억 원으로 늘어날 때는 매몰비용이니까 포기해버리는 합리적 결정을 쉽게 내릴 수 없어진다. 이전에 들어간 돈이 크면 클수록 절대로 중간에 투자를 그만두기 어려운 심리적 함정에 빠지는 것이다. 실제로 거액을 들여 공장을 짓는 과정에서 사업성이 좋지 못하다는 것을 뒤늦게 알게 되었다고 하더라도 이미 투자한 돈이 아까워서 무리해서 공장을 완공했다가 누적되는 적자를 견디지 못해 문을 닫는 기업이나 공장이 얼마든지 있다.

정부예산 사업도 마찬가지다. 주요 기간시설에 대한 투자 결정이 나면 거액의 예산을 배정해 건설에 들어가는데, 그 과정에서 경제성이 없는 것으로 판단되더라도 이미 과거에 들어간 엄청난 예산, 즉 매몰비용에 대한 정치적 부담 때문에 일단 건설을 계속하는 경우가 많다. 그러고는 영원히 적자의 늪을 헤매게 되고, 결국 고스란히 국민들의 부담이 된다. 과거의 비용이 아까워서 포기하지 못한 채 사업을 진행했다가 미래를 완전히 저

매몰비용의 덫 … 결국 날개 접은 콩코드機
(이미 지출해 돌이킬 수 없는 비용)

Let's Master
비즈니스 의사결정 ②

매몰비용이란 이미 투입돼 이후 어떤 선택을 해도 돌이킬 수 없는 비용을 말한다. 매몰비용을 의사결정 과정에서 철저히 배제해야 한다는 것은 가장 기초적인 경제 개념 중 하나다. 하지만 기업 현장에서는 매몰비용을 고려해 잘못된 의사결정을 하는 경우가 종종 있다. 일례로 콩코드여객기 개발사업이 그것이다.

프랑스는 1969년 초음속 여객기 개발 계획을 발표했다. 많은 국민과 학자가 천문학적인 비용이 들어가는 콩코드여객기 개발이 경제성이 없다며 우려의 목소리를 높였다. 하지만 당시 프랑스 정부는 이미 지급된 금액이 적지 않은 상황에서 개발을 중단하기를 주저했고, 결국 1976년 콩코드여객기는 완성됐다. 콩코드여객기는 기체 결함과 만성적인 적자에 허덕이다가 2000년대 초반 결국 사업을 중단했다. 이에 매몰비용을 고려한 잘못된

매몰비용을 배제한 의사결정 단기간에는 손실 줄이거나 이익 가져다줄 수 있지만 잘못된 결정 바로잡고 혁신할 기회 지연시킬 수도

없는 시설투자를 감행했을 가능성이 크다. 복사기의 시장가격보다 훨씬 큰 평균 생산비용을 투여해야 하지만 복사기를 생산할 수 있는 시설투자는 애초 잘못된 선택일 가능성이 크다. 이런 상황에서 해당 기업이 추구해야 할 최선의 선택은 잘못된 결정을 신속하게 바로잡고 보다 혁

주체들의 의사결정에 영향을 미치는 요인이기 때문이다. 대표적인 매몰비용인 설비투자의 경우부터 예로 들면, 특정 기업이 대규모 시설 투자를 감행할 경우 다른 기업은 상대 기업의 투자 내용을 바탕으로 해당 기업의 태도와 입장을 판단할 수밖에 없다.

최초의 초음속 여객기였던 콩코드기의 개발은 매몰비용 오류의 전형적인 사례다. 개발 진행중에 탑승인원이 적고 연료비가 비싸 사업성이 없을 거라는 우려가 나왔음에도 이미 투자된 금액이 많다는 이유로 계속 진행되었다. 결국 개발이 끝나 콩코드여객기 사업이 시작되었지만, 우려대로 적자를 거듭 보다가 총 190억 달러의 손해만 남기고 사업은 종료된다.(한국경제, 2015년 6월 19일)

당잡히고 대대손손 사회적 비효율을 낳게 되는 것이다.

매몰비용의 개념이 가르치는 합리성의 교훈은 간단하다. 과거는 과거로 흘려버리라는 것이다. 과거에 일어났던 일은 경험적 교훈은 될지 모르지만, 미래를 위한 결정을 내리는 데 지나치게 큰 요소로 고려해서는 안 된다.

합리적인 사람이라면 경제행위를 할 때 단계별로 두 가지 사항을 미리 염두에 두어야 한다. 첫째, 경제적 의사결정을 할 때는 시작 단계부터 매몰비용이 가능한 한 적도록 설계해야 한다. 둘째, 이미 시작된 이후 다음 단계에서 미래에 대한 의사결정을 내려야 할 때는 과거에 들어간 매몰비용은 완전히 잊어버려야 한다.

이걸 현실생활에 응용하면 이렇다. 첫째, 창업을 위해 카페에 투자할 때는 장사가 안 될 경우에 대비하여 회수하기 불가능한

인테리어에 너무 많은 돈을 써서는 안 된다. 둘째, 카페가 영 안 된다고 판단할 경우는 기왕에 투자된 인테리어 비용을 아깝게 생각하여 시간을 끌지 말고 냉정하게 빠른 결단을 내려야 하는 것이다. 망설이는 데 든 내 노동력과 시간도 큰 기회비용이기 때문이다.

(3) 한계가치 : "나보다 시험이 중요해?"라고 묻는 여자친구에게

경제학적 사고를 훈련하는 데 있어 또 한 가지 핵심적인 내용은 '한계marginal'의 개념을 이해하는 것이라고 할 수 있다. 경제학이 과학적 외피를 지닌 학문으로 자리 잡게 된 것은 한계 개념이 도입되면서부터이다. 얼핏 낯설게 들리는 '한계'라는 개념은 일반적인 언어로 '추가적additional'이라는 개념과 유사하다. 경제적 의사결정이나 교환은 전체의 가치가 아니라 추가적 가치에 의해 결정된다는 것이 이 개념의 핵심이다.

개인이라면 상품의 추가적인 구매의 효용(한계효용)이 추가적 구매에 따른 비용(한계비용)보다 크면 구매를 계속할 것이고, 기업이라면 추가적 생산에 따른 이익(한계이익)이 추가적 비용(한계비용)보다 크면 생산을 계속할 것이다.

말은 복잡해 보이지만 어렵게 생각할 것 없다. 가령 기업이 노동자 한 사람을 추가로 고용하는 데 월 100만 원의 비용이 들고 이 노동자가 물건을 만들어서 월 150만 원의 추가 이익을 낸다면, 이 기업은 노동자를 고용할까? 당연히 고용할 것이다. 노동자 한 명을 추가 고용하는 데 따른 '한계비용'이 추가적으로 얻는 '한계이익'보다 적기 때문이다. 이 기업은 언제 고용을 중단할까? 노동자를 추가 고용하는 데 따른 한계비용이 한계이익과 같아질 때다.(100만 원의 임금으로 고용해서 100만 원의 추가 이득만 거둘 수 있을 때) 따라서 생산자나 소비자 입장에서 선택의 중요한 기준이 되는 것은 총비용보다 한계비용인 셈이다.

그래도 한계라는 개념이 낯선 사람들을 위해 교실에서 자주 인용되는 사례가 있다. 한 학생이 전공은 아니지만 그냥 흥미가 있어서 선택한 생물학 시험이 내일 있어서 오늘 저녁은 벼락치기 공부를 해야 한다.

그래서 저녁시간에 마음을 다잡고 책상에 앉아 있는데 저녁 7시쯤 여자친구에게서 전화가 온다.

"지금 뭐해?"

"내일 생물학 시험이 있어서 공부하고 있어."

"나 지금 기분이 좀 우울하거든? 만날 수 없을까?"

"내일 시험인데…"

"나 정말 기분 우울한데 그렇게 비싸게 굴 거야? 만나서 내 기분 좀 풀어줘."

하소연하는 여자친구의 말에 마음이 점점 약해진다. 그러나 오늘 두세 시간이라도 벼락치기 공부를 하지 않으면 내일 생물학 시험의 결과가 불을 보듯 뻔하기 때문에 약해지는 마음을 다잡고 답변한다.

"오늘 저녁은 정말 안 돼. 공부해야 해."

화가 난 여자친구는 전화기에 대고 소리친다.

"내가 더 중요해, 아니면 전공도 아닌 생물학 시험이 더 중요해?"

이럴 때 뭐라고 답변해야 할까? 당연히 생물학 시험보다는 여자친구의 가치가 높을 것이다. 따라서 경제학적 사고의 훈련을 받지 않은 사람이라면 화를 내는 여자친구에게 마음이 약해져서, "당연히 자기가 더 중요하지…" 하면서 뒷머리를 긁게 될지 모른다. 그러나 경제학의 한계 개념에 익숙해진 학생의 답변은 다음과 같이 달라질 수 있다.

"물론 자기가 생물학 시험보다 훨씬 중요하지. 그렇지만 시험을 앞둔 오늘 저녁의 '추가적인 세 시간'에 한정해서 볼 때는 생물학 시험이 자기보다 더 중요할 수 있어."

화가 난 여자친구가 물은 것은 전체 가치에 대한 것이고 답변을 한 사람은 양자에 대한 추가 시간의 가치, 즉 한계가치에 대해 설명한 것이라고 할 수 있다. 총합계total value 와 한계가치marginal value를 비교하는 것은 당연히 합리적이지 못하다. 그렇게 비교해서 내리는 의사결정은 합리적이거나 올바른 결정이 아니다.(물론 실제로 이렇게 대답한다면 여자친구와 싸우는 걸 피할 수 없을 것이다.)

그런데도 많은 사람들이 사업이나 경제행위를 할 때 한계비용 대신 총비용을 생각해 잘못된 의사결정을 내리는 일이 많다. 경제학적으로 사고하는 것은 평균이나 총비용 대신 한계비용이나 한계효용을 놓고 결정을 내리는 것을 의미한다. 소비자들은 한계효용이 한계비용보다 높을 때 구매를 결정한다. 모든 사물은 아무리 소중해도 많으면 많아질수록 한계효용(만족도)이 떨어진다. 콜라를 아주 좋아하는 사람이라도, 첫번째 두번째 잔까지는 맛있게 마시겠지만 세번째 잔부터는 만족도가 거의 사라질 것이고 네번째 잔을 마시라고 하면 단맛에 물려 고역이라고 느낄 것이다. 이처럼 사물이 흔해질수록 추가적인 획득으로부터 얻는 만족도는 하락한다. 이것이 바로 '한계효용체감의 법칙'이며, 이 사람은 결국 한계효용이 비용보다 높은 두 잔까지만 구매할 것이다.

기업들 역시 한계 개념에 따라 생산량을 결정한다. 추가적으로 생산하는 한 단위로부터 벌어들이는 수익MRP: Marginal Revenue Product이 추가적 한 단위 생산에 드는 비용Marginal Cost 보다 낮으면 생산을 중단하는 것이다. 결국 시장에서의 교환은 양측의 한계가치에 따라 결정된다.

(4) 레몬마켓과 제한적 합리성

앞에서 경제행위는 당사자들이 '상호 만족도를 높이기 위해 예산 제약을 전제로 선택하는 합리적 교환'으로 정의했다. 그런데 불확실성 아래에서 합리성은 제한적이다. 잘못된 정보, 오염된 정보, 거짓 정보나 진술을 바탕으로 내린 의사결정은 아무리 완벽하게 합리적인 추론을 사용했다 하더라도 반드시 잘못된 결론에 이르기 때문이다. 이것이 경제학에서 정의하는 '제한적 합리성bounded rationality'이다.

따라서 불확실성 아래에서 합리성을 갖추기 위해서는 '올바른 정보'라는 요소가 필요하며 그래야 비로소 진정한 합리성에 도달할 수 있다. 경제행위와 합리적 추론을 하는 데 있어 정보의 중요성은 인간의 경제적 본성에 내재된 이기심과 중요한 연결고리를 지닌다. 경제적 교환을 할 때 출발점은 일단 상대방이 나를 속이고자 하는 이기심이 있다는 전제이기 때문이다.

경제적 교환을 할 때 막연히 거래 상대방이 양심적이라고 믿는 것은 ① 오랜 세월, 혹은 잦은 교환을 통해 상대방이 실제로 '그런 사람이라는 정보'를 가지고 있거나, ② 상대방이 그런 사람이기를 바라는 '눈먼 우연'에 의존하고 있거나 둘 중 하나다. 합리적인 사고는 우연성의 요소를 최대한 배제하고 확실성을 최대한 높이기 위한 방법론을 의미하기에 첫번째 경우만이 경제학의 고려 대상이 된다.

다시 한번 강조하지만 사람이 사람을 못 믿는 불행하고 절망적인 사회에 대한 탄식이나 서로 믿는 사회를 만들기 위한 사회운동은 경제학의 관심 대상이 아니다. 경제학은 이기심을 도덕적으로 재단하지 않는다. 고쳐보려고 노력하지도 않는다. 그냥 사람의 성격에 내재된 본성으로 인정할 뿐이다. 따라서 경제적인 합리성의 출발점은 사람들이 장기적으로 언제나 선량한 것은 아니며 최대한 자신에게 유리한 쪽으로 행동하려는 본성을 지니고 있다는 점을 인정하는 것이어야 한다.

문제는 대부분의 경제적 교환에서 자기 물건의 진정한 가치나 선호에 대해서는 잘 알고 있지만 상대방에 대해서는 잘 모른다는 점에 있다. 따라서 내 물건의 가치는 최대한 부풀려서 과장하고 내 선호는 최대한 줄여서 언급하게 된다. 축산업자가 돼지콜레라에 걸렸던 돼지라는 말을 하지 않고 최대한 비싼 값에 팔거나, 우연히 들린 등산객에게 음식점 주인이 중국산 도토리가루로 만든 묵을 한국산이라고 말하는 것처럼 사람들은 가능한 한 자신에게 유리한 방향으로 정보를 조작하려 한다. 하다못해 길거리 가판대에서 물건을 살 때도 최대한 관심이 없는 척, 무심한 척해야 값을 깎을 수 있다.

거래와 교환의 당사자가 자신에 대해서는 잘 알면서 상대방에 대한 정보는 잘 모르는 상태, 이것을 '정보의 비대칭성asymmetric information'이라고 한다.

정보의 비대칭성이 가장 극명하게 나타나는 교환 형태가 중고차 매매일 것이다. 중고차 시장에서 차를 팔려고 하는 차 주인은 그 차가 대형사고가 났던 차인지 아닌지, 어떤 상태인지를 잘 알고 있는 반면 중고차를 사려는 사람은 차에 대한 정보가 없다. 자연히 중고차 딜러는 대형사고가 나서 심각한 결함이 있는 차의 외장을 고치고 색을 다시 칠하고 몇 가지 부품만 고쳐서 마치 사고가 전혀 없었던 차인 것처럼 속여 팔 유인이 생기는 것이다.(물론 중고차 딜러의 도덕성은 일반 국민의 평균적인 양심과 동일할 것이다. 다만 상대를 속이는 것이 이득이 되는 환경에 있다는 것이다.)

정보비대칭이 해소되지 않아 시장에서 서로를 믿지 못하게 될 경우 교환이 줄어들고 결국 사회적 효용 전체가 하락하는 결과로 이어진다. 이런 시장을 레몬마켓lemon market 이라고 한다. 영어로 레몬은 우리말의 개살구처럼 '겉모양만 그럴듯한 불량상품'을 뜻하며 레몬마켓이라는 말은 정보가 없는 시장, 정보공유가 부족하여 합리적이고 효율적인 최적의 교환을 기대하기 어려운 시장을 뜻한다.

정보의 비대칭성과 시장의 레몬마켓화化가 주는 교훈은 함축성이 크다. 정보 불균형이라는 기본적 제약조건 아래에서 경제적 교환의 합리성을 획득하기 위해서는 '눈먼 우연'이나 막연한 낙관, 타인에 대한 근거 없는 선의에 기대서는 안 될 것이다. 최대한 정보를 수집하여 분석하고 거래 상대방의 도덕적 해이를 방지할 수 있는 계약방식을 계속 생각하는 것이 필요하다.

(5) '다른 조건이 같다면'

일단의 학자들을 실은 배가 조난을 당해 무인도에 도착하는 사건이 벌어졌다. 통조림으로 굶주림을 견디면서 구조선을 기다려야 하는데, 정작 문제는 통조림통을 여는 따개가 없다는 사실이었다. 학자들은 머리를 맞대고 통조림통을 따는 방법을 고민했다. 화학자는 통조림통을 소금물에 부식시키는 방법을 제안했고, 물리학자는 유리로 볼록렌즈를 만들어 태양열로 통조림통을 따는 방법을 제안했다. 이것저것 논의를 해보다가 마지막으로 경제학자의 의견을 들어보기로 했다. 경제학자가 고민하다가 무겁게 입을 열었다.

"자, 여기에 통조림통 따개가 있다고 가정해봅시다…."

경제학을 '가정의 학문'이라고 조롱하는 경우가 많다. 가정을 바탕으로 논점을 전개하는 경우가 많다고 해서 이런 농담까지 생겨난 것이다. 그러나 이는 경제학이 복잡한 경제현상에 딱 떨어지는 답을 제시해줄 것이라는 잘못된 기대가 어긋난 데서 생겨난 희화화이다. 다시 말하지만 경제학은 합리적인 사고를 가능케 하는 방법론을 가르칠 뿐 정답을 가르쳐주는 학문이 아니다. 자신의 예측이 늘 정답이라고 우기는 사람이 있다면 그는 경제학자가 아니라 점성술사일 것이다.(반드시 오를 종목이라면서 주식을 추천해주는 사람은 어떤 사람일까?)

경제학에 가정이 많은 것은 경제현상이 수많은 요인들이 복합적으로 얽혀 발생하는 집합적 행위의 결과이기 때문이다. 수없이 많은 요인들이 동시에 작용하다보니 각각의 개별적 요인들이 구체적으로 어떻게 작용하는지에 대한 이해가 어렵기 때문에, 각각의 개별적 요인이 경제에 미치는 영향을 합리적으로 추론하기 위해 가정을 내세우는 것이다.

경제학의 가정 가운데 가장 유명한 것이 바로 '다른 조건이 같다면Ceteris Paribus'이라는 가정이다. 다른 조건들을 모조리 고정시켜놓고 특정 요인만 변경시킬 경우 최종적으로 어떤 결과가 나타나는지 점검하는 방법인 것이다.

이 방법론은 특정한 경제적 요인이 최종 경제현상에 어떻게 어떤 정도의 강도로 영향을 미치는지를 정밀하게 검증할 수 있는 장점이 있다. 가령 자연과학 분야에서 특정 화약약품이나 미생물의 영향을 검증하기 위해 무균상태나 진공상태에서 과학실험을 하는 것과 유사한 방법이다. '다른 조건이 같다면'이라는 가정을 통해 귀납적으로 도달한 논리와 합리적 추론은 경제적 현실을 이해하는 데 큰 역할을 했다.

물론 어느 가정이나 마찬가지로 이 가정을 통해 나온 추론 역시 조심스럽게 다뤄야 하는 것은 당연하다. 합리적 추론과 논리적 완결성이 반드시 현실을 100% 반영하는 것은 아니기 때문이다. 무균상태나 진공상태에서 행해진 과학실험의 결과를 곧바로 현실에서 응용할 수 없는 것과 마찬가지다.

경제학자는 벽난로 앞에서 수학논문을 읽는다

한계 개념을 통해 합리성의 동굴로 들어온 이후부터 경제학의 미로를 안내하는 지표는 수학과 통계학이다. 그를 통해 경제적 주장이 객관적인 논리와 증거를 확보할 수 있게 된다. 수학과 통계학은 상식이라는 이름으로 위장된 오류, 과거에 발생한 일이 나중에 발생한 사건의 원인일 것이라는 지레짐작, 개인적 편견을 전체 집단의 상식으로 착각하는 수많은 사회과학의 오류를 수정해주는 기능을 한다.

그래서 경제학은 수학적이고 통계학적 정밀성을 지향하는 학문이 됐다. 또한 복잡한 내용도 수학적 기호를 동원하면 간명하게 과학적으로 설명할 수 있다. 다음과 같은 긴 문장이 있다고 하자.

"나에게 사과가 있다. 그런데 바나나를 가진 친구가 사과와 바나나를 바꿔 먹으면 어떻겠냐고 제안해왔다. 매우 간단한 교환행위인 것 같지만 우선 사과와 바나나에 대한 각자의 선호가 어떤 것이냐, 나에게 사과가 몇 개나 있느냐 등에 대한 분석이 선행되어야 한다. 바나나를 특별히 싫어하는 것은 아니지만 사과를 대단히 좋아하는데 사과가 2~3개밖에 없다면 바나나 한 개와 바꾸지 않으려고 할 것이다. 그런데 사과가 잔뜩 있다면? 사과의 가치가 많이 떨어져 사과 하나에 바나나 하나 정도로 교환비율이 낮아질 것이다. 사과가 많아질수록 사과의 한계효용이 떨어지기 때문이다. 그런데 지금 나에게는 사과가 10여 개 정도 있기 때문에 바나나 두 개에 사과 한 개의 비율로 교환할 생각이 있다."

이 같은 긴 문장이 수학적으로는 "MRSa,b=MUa/MUb=2"라는 놀랄 만큼 간단한 수식으로 표현될 수 있다. a와 b는 각각 바나나와 사과를 뜻하며, MRSa,b는 사과와 바나나의 한계대체율, MUa는 사과의 한계효용, MUb는 바나나의 한계효용을 의미한다.

실제 대부분의 경제적 개념은 수학적 기호로 간단히 설명할 수 있다. 일상적 언어와 경제학적 언어, 수학적 언어가 어떻게 차이가 나는지를 비교해주는 재미있는 표가 있다.(레오나드 실크의 『풀어쓴 경제학』에 나오는 내용으로 . 한계소비성향을 표현하기 위해 식을 구체화했다.)

수학기호	경제학적 언어	보통의 언어
$C=a+mY$ $0<m<1$	소비는 소득의 증가함수이며 한계소비 성향을 보인다.	우리는 많이 벌수록 돈을 많이 쓴다. 그러나 소득이 올라가면서 씀씀이 증가율은 낮아지고 대신 저축이 늘어난다.

위에서 보는 것처럼 수학에 바탕을 둔 경제학적 언어는 처음 보는 사람에게는 낯설고 어려운 기호처럼 보인다. 쉬운 언어로도 설명이 가능한 것을 굳이 복잡해 보이는 수학적 기호로 나타내는 이유는 무엇일까? 일반인들은 알기 어렵게 하기 위한 오만이나 지적 현학 때문은 결코 아니다.

수학은 논증되어야 할 대상인 명제를 논증의 가정으로 써버리는, 사회과학에서 가장 흔한 종류의 오류를 교정해주는 역할을 한다. 가령 앞에서 예로 든 로또복권 당첨의 경우 "로또복권 당첨자의 40%가 토요일에 복권을 산 사람들이기 때문에 토요일에 복권을 사면 당첨될 가능성이 높다"라는 주장이 제기될 경우, 수학은 로또복권의 당첨 확률은 언제나 똑같다는 걸 계산해서 이 주장이 오류라는 사실을 증명할 수 있다.

통계 역시 경제학의 객관성을 담보하는 중요한 수단이다. 통계는 특정 개인이나 집단의 논리를 전체의 논리로 착각하거나 일반에게 강제하는 오류를 교정해줄 수 있다. 극단에 치우친 개인의 일방적인 편견을 사회 전체의 가치로 착각하는 어리석음을 면하게 해주고 주장에 객관적인 힘을 부여해준다. 이 때문에 모든 경제현상에 수학과 통계학이 도입되었고, 노벨경제학 수상자인 게리 베커Gery Becker*(1931~2014) 같은 학자는 전통이나 사회적 교류, 결혼이나 사랑이라는 현상까지도 경제분석의 대상으로 보고 수학적 방식으로 증명하기도 했다.

수학이나 통계학이 경제학에 많이 쓰이는 또 한 가지 이유는 거시경제학이 경제성장이나 물가·실업률·세금·분배 등과 관련된 현실적인 정책을 모색해야 하기 때문이다. 정부예산을 어느 부문에 우선적으로 집행해야 하는지 논란이 클 때 수학과 통계지표를 이용하면 갈등비용conflict cost을 줄일 수 있는 큰 장점이 있다.

가령 소비항목별로 가중치를 둔 물가의 단일지표, 즉 물가지수가 없다면 대다수 사람들은 평균적으로 물가가 얼마나 올랐

● 게리 베커
미국의 경제학자. 미시경제의 분석영역을 폭넓은 인간행동과 상호작용에까지 확대한 공로로 1992년 노벨경제학상을 수상했다. 1964년에 출판된 대표적 저서인 『인간자본』에서, 인간을 자본으로 규정하고 인간자본의 질을 높이기 위해서는 가정과 국가가 교육과 훈련에 집중적으로 투자해야 한다고 주장했다.

는지 전혀 모른 채 서로 자기주장만 되풀이할 것이다. 노동자는 물가가 많이 올랐으니 월급을 많이 올려달라고 주장할 것이고 사용자는 못 올려준다고 할 것이다. 그러나 적절한 가중치를 부여한 단일 물가지수가 있고 기업의 수익성에 대한 지표가 있기 때문에 "올해 임금상승률은 지난해 소비자물가상승률에 수익성을 감안합시다"라고 합의할 수 있는 것이다.

또한 경제성장률(GDP 성장률)이 있기 때문에 정부의 경제정책의 효율성을 쉽게 알 수 있고, '지니계수Gini's coefficient'를 통해 한 사회의 공평분배 여부를 쉽게 짐작할 수 있게 된다.(지니계수에 대해서는 이 책의 마지막 장에서 자세히 논한다).

모든 사람들이 쉽게 이해하고 납득할 수 있는 이런 단일지표들이 없다면 경제는 등대 없는 캄캄한 바다를 항해하는 것 같을 것이다. 정치적·사회적 입장에 따라 나아가야 할 경제의 방향에 대해 일방적인 주장들이 부딪히며 엄청난 정치적 합의비용을 지불해야 했을 것이다.

경제학을 과학적이고 현실적인 학문으로 끌어올린 데 결정적인 역할을 한 수학과 통계는 그러나 가끔은 경제학의 신뢰성을 해치는 양날의 칼로 작용하기도 한다. 경제학은 철저하게 현실에 기반을 둔 학문이다. 그런데 경제학자들이 수학과 통계학을 너무 사랑하고 수학의 자기완결적 미학에 너무 심취해 경제학이 현실을 설명하지 못하게 되는 사태가 벌어지기도 한다. 현실을 설명하기 위해 수학과 통계를 사용하는 것이 아니라 수학과 통계의 결론에 현실을 거꾸로 꿰어 붙이는 식이 되는 것이다. 경제학이 수학과 통계학을 맹신하는 습관은 자신이 만든 조각상과 사랑에 빠진 피그말리온의 비극과 닮은꼴이다.

유명한 경제학자인 알프레드 마셜Alfred Marshall(1842~1924)은 경제학자이자 뛰어난 수학자였으나 수학의 남용을 언제나 경계한 것으로 알려져 있다. 특히 마셜은 데이비드 리카도David Ricardo [•] (1772~1823)와 제임스 밀James Mill [••] (1773~1836)의 경제학을 미적분이라는 수학적 언어로 표현했지만 수학적 증명을 거쳐 나온 결론만은 쉬운 언어로 전달했다.

마셜은 다음과 같이 주장했다고 한다. "수학은 속기의 수단일 뿐이다. 그 자체에 탐닉해서는 안 된다. 분석을 마칠 때까지는 수학적 내용을 보관하라. 이를 쉬운 언어로 풀어쓰고 일상적 사례로 비유해서 설명하라. 마지막으로 수학적으로 증명한 종이는 태워버려라."

토드 부크홀츠는 『죽은 경제학자의 살아 있는 아이디어』에서 "마셜이 논문들을 주로 벽난로 앞에서 읽었던 이유를 충분히 이해할 수 있다"고 재기 넘치는 논평을 하고 있다. 자신의 주장대로 수학으로 경제적 주장을 증명한 후 빨리 태워버리려면 벽난로 앞이 가장 편했을 테니까!

● 데이비드 리카도
경제이론에 체계적이고도 고전적인 형식을 부여해 19세기 경제학 발전에 기여했다. 그의 자유방임 원리가 전형적으로 드러나 있는 임금철칙론(Iron Law of Wages)에서 리카도는 노동자의 실질소득을 늘리려는 시도는 모두 무익한 것이며 임금은 필연적으로 생존수준에 가깝게 유지된다고 말했다.

●● 제임스 밀
스코틀랜드의 철학자·역사학자·경제학자. 인간 본위로 정치·경제를 다뤄야 한다고 주장했으며, 철학에 과학적 기초가 있어야 한다고 강조한 철학적 급진주의 또는 공리주의의 대표자다. 유명한 존 스튜어트 밀이 그의 장남이다.

3장

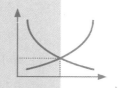

시장의

탄생

자본주의의 가장 핵심적인 요소는
시장의 존재라고 할 수 있다. 여기서의 '시장'은 단순히 '상품이
나 서비스가 거래되는 특정 장소'라는 좁은 의미가 아니다. 보
다 정확하게는 '여러 사람이 참여해 경쟁적으로 생산·소비·분
배·교환을 되풀이하는 과정'이라는 것이 경제학에서 정의하는
시장의 의미에 훨씬 가깝다.

　시장은 크게 최종 생산물이 거래되는 '생산물시장'과 그 생산
물을 만들어내기 위한 각종 요소들이 거래되는 '요소시장'으로
구성된다. 요소시장은 다시 생산물에 필요한 자본이 거래되는
자본시장과 노동이 거래되는 노동시장 등으로 나뉘게 된다. 때
로는 그 대상이 물질적 재화나 요소가 아니더라도 시장이라는
표현을 쓰는 경우가 많다. 가령 '결혼시장'이니 '교육시장'이니
하며 경제와 직접 관련이 없어 보이는 곳에 시장이라는 표현을
붙이는 것도 여기에 '다수가 참여하는 경쟁적 과정'이 존재하기
때문이다.

　따라서 시장을 형성하는 데 있어 가장 핵심적인 요소는 '다수
의 참여자에 의한 경쟁'이 존재하는가의 여부다. 경쟁은 '자원
의 효율적인 배분'이라는 시장경제의 이상을 실현시키는 핵심이
다. 가령 어느 국가에 상품이나 서비스를 거래하는 장소, 즉 좁
은 의미의 시장이 존재하더라도, 참여자들의 경쟁적 교환을 통

해 자연스러운 분배가 이루어지지 않고 정부가 누구에게 어떤 기준으로 분배할 것인지를 결정하는 경우 진정한 시장이라고는 할 수 없다. 시장참여자들은 경쟁에서 이기기 위해 혁신을 하고 기술개발을 한다. 따라서 '경쟁'은 시장의 형성을 결정짓는 데 가장 중요한 요소라고 할 수 있다.

시장이 형성되기 위한 두번째 조건은 정확한 정보의 공유라고 할 수 있다. 시장에서 공정한 경쟁이 제대로 작동하기 위해서는 거래 참여자들에게 정확한 정보가 고루 공개되어야 한다. 정보가 조작되거나 특정인에 의해 조작되는 한 절대로 공정한 경쟁이 이뤄질 수 없으며, 따라서 효율적인 시장이 형성될 수도 없다.

그러므로 ① 정보가 투명하게 공개되고, ② 많은 생산자와 소비자가 참여하며 ③ 서로간에 공정한 경쟁을 벌이는 시장이야말로 자원의 효율적 배분을 기대할 수 있는 진정한 자본주의적 의미의 '시장'이라고 할 수 있다.

경제학적 개념의 시장이 본격적으로 등장한 것은 18세기 전후의 유럽에서부터다. 18세기는 봉건적·절대주의적 질서가 자본주의적·시민적 질서로 넘어가는 과도기였다. 특히 영국에서는 이기심과 부의 무한정한 축적에 기초한 왕성한 상업혼이 꽃필 무렵이었다.

"극도로 이기적인 사람들이 시장에 모여서 사회 전체의 이익보다는 자기 이익만 최대한 추구하는데 어떻게 경제가 전체적으로 잘 돌아가는가?" 이러한 의구심을 갖고 관찰한 끝에 답을 찾은 사람이 18세기를 살았던 애덤 스미스였다. 그는 한정된 자원을 가장 효율적으로 배분하는 것은 놀랍게도 도덕적으로 오류가 없는 종교지도자나 학식이 높은 현자賢者, 혹은 열렬한 박애주의자가 아니라 이기적인 경쟁시스템이 잘 작동하는 시장임을 통찰해냈다. 공정한 경쟁이 잘 작동하는 시장에서는 자원(자본과 노동)이 수익을 낼 가능성이 가장 높은 효율적 생산자에게로 우선 배분되고, 그 결과 소비자들이 싼 가격으로 생산물이나 서비스를 제공받을 수 있게 된다는 사실을 발견한 것이다.

사람들이 보다 싼값에 빵을 먹게 되는 것은 빈곤을 구제하려는 빵가게 주인의 박애주의나 도덕적 양심 때문이 아니라 이윤을 최대화하려는 그의 '경쟁적 이기심' 때문이라는 것이 애덤 스미스의 결론이었다.

이 '경쟁적 이기심'이라는 말을 좀더 부연 설명할 필요가 있다. 우선 빵가게 주인의 이기심은 무엇일까? '최대이윤을 장기적으로 유지하는 것'이다. 그리고 이 주인이 이기심을 극대화하기 위한 방법으로 빵값을 올리지 않고 오히려 내리는 이유는 바로 경쟁의 힘 때문이다. 어떤 마을에 빵가게가 하나 있는데 만약 주인이 빵값을 올려서 이윤을 높이려고 하면 장기적으로 무슨 일이 벌어질까? 주민들은 좀 멀리 걸어서라도 옆 동네 가게에서 빵을 사려고 할 것이므로 매출이 떨어질 것이다. 또 옆집 커피가게가 빵가게로 바뀌거나 아니면 커피와 빵을 같이 팔 수도 있다. 설령 마을에 하나밖에 없는 빵가게라고 하더라도 가격이 너무 오르면 감자나 고구마, 쌀 등 다른 식품으로 주식을 대체하려는 사람들이 늘어나 매출이 점차 줄어들 것이다.

따라서 빵가게 주인은 값을 내려 판매를 늘리는 이른바 박리다매薄利多賣의 전술이 장기적으로 더 유리하다는 것을 알게 된다. 바로 옆집에 새 빵가게가 하나 더 생기면 빵값은 더 내려갈 것이고, 두 가게는 좀 더 맛있는 빵을 만들어 손님을 끌기 위해 노력할 것이다. 결국 이런 경쟁적 이기심 덕분에 사람들은 싼값에 빵을 사먹게 되는 것이다.

경쟁의 결과 어떤 가게가 지속적으로 질 좋은 빵을 더 싼값에 팔 경우, 판매가 늘어나서 자본축적이 가능해지기 때문에 가게 주인은 그 돈으로 제빵기계를 들여놓고 더 많은 빵을 만들어낼 것이다. 수공업에서 기계생산으로 대량화된 결과 빵값은 이전보다 더욱 싸질 것이며 소비자 효용은 더 커질 것이다. 결론적으로 빵집 주인의 이기심을 사회적 효율로 연결시키는 핵심 메커니즘은 바로 경쟁인 것이다.

시장의 신─'보이지 않는 손'

빵가게 주인의 사례에서 보는 것처럼 중세의 수공업자든 현대의 기업이든 중장기적으로 살아남기 위해서는 원가를 절감하여 가격을 낮추거나 질을 높이거나 대량생산이 가능해지도록 노력을 계속해야 한다. 그리고 개개 수공업자나 기업의 원가 절감 노력은 기술개발과 투자, 혁신으로 이어져 국가 전체의 효율성 증진으로 나타나게 된다.(이 같은 원리가 후생경제학의 제1정리이다.) 애덤 스미스는 저서 『국부론』에서 이 같은 시장 현상에 대해 다음과 같이 기술했다.

> 공익을 추구하려는 의도도 없고 자신이 공익에 얼마나 기여하는지도 모른 채 자신의 이익만을 추구하는 사람이 그 과정에서 '보이지 않는 손invisible hand'에 이끌려 의도하지 않았던 부수적 결실(사회적 효율의 최적화)도 얻게 된다.

개인 간의 교환행위는 각자의 만족도를 높이기 위한 이기적인 동기에서 출발하지만, 그 총체적인 집합은 경쟁적 수요와 공급에 의해 가격을 결정하고 '보이지 않는 손'에 의해 시장의 효율이라는 '집단적 가치'로 연결된다는 것이다. 스미스의 이 같은 이익조화론은 이후 자유방임시장 체제에 대한 신념으로 이어졌고, 가격의 순기능에 역점을 두는 고전주의경제학의 출발점이 됐다.

고전주의경제학자들이 경배(?)하는 시장의 신은 '보이지 않는 손'이며, 경쟁적 시장에서의 수급에 따라 결정된 가격이다. 이들은 정부가 아무리 좋은 의도를 가지고 있다고 하더라도 가격이 통제될 경우 경쟁적 시장은 형성되지 않으며, 반드시 중장기적으로는 사회적 비효율로 연결된다고 본다.

예를 들어보자. 시장에는 수많은 참여자들이 모여 온갖 종류의 교환을 한다. 수요자와 공급자가 있고 여기에 정보 중개인까지 끼어들어 복잡한 거래를 하며, 너무나 많은 참여자와 변수가 존재한다.

이처럼 복잡다단한 시장에서 활동하는 개개인, 즉 생산자나 소비자는 어떻게 생산과 소비를 결정하는 것일까? 슈퍼마켓에서 캘리포니아산 오렌지를 사먹는 소비자가 그해 오렌지 농사를 망칠지도 모르는 태양의 흑점현상이나 태풍, 병충해, 그리고 캘리포니아 물류차량 파업, 외환시장의 환율 등에 대해 정보를 부지런히 입수하고 걱정해야 할까?

또 시장에서 면으로 만든 옷 한 벌의 가격은 어떻게 결정되어야 할까? 정부가 국민 복지를 위해 적정가격을 책정하는 것이 가능할까? 그러려면 면화 농부의 면화씨 수입원가 및 농약가격과 농부의 임금 등을 알아야 하고, 면화를 옷감으로 직조한 섬유업체들의 재료비와 노동자들의 임금에 대한 정보를 알아야 하며, 면직물 옷을 만든 수백 개 의류업체의 제조원가와 옷을 파는 도매업체·소매업체의 유통비용을 알아야 한다. 더구나 디자이너의 창의성은 대체 얼마의 값을 물려야 정당한 평가가 되는 것일까?

면직이 부족하면 폴리에스터 옷이나 모직 옷으로 대체해야 하는데 각종 옷감에 대한 개개인의 선호는 국민 한 사람 한 사람이 다 다를 것이다. 국민들의 다양한 선호는 가격에 또 어떻게 반영해야 할까? 아무리 열성적인 정부나 소비자단체라고 하더라도 이 수많은 원가정보를 모두 알아내고 반영하는 것은 현실적으로 가능하지도 않고, 또 가능하다 하더라도 수없이 많은 정보 왜곡과 회계 조작을 밝혀낼 방법이 없다.

그런데 정부가 개입하면 불가능한 일이지만 시장은 마술적으로 이 수천수만 가지 원가정보를 종합해서 아주 간단하게 소비자들에게 알려준다. 바로 '시장가격'이라는 신호를 통해서! 복잡다기한 시장에서 가장 분명한 신호체계는 바로 '가격'이다. 물건을 사는 쪽에서는 시장가격이 오르면 물건을 덜 사고 가격이 떨어지면 더 많이 사는 반면, 생산자 쪽에서는 가격이 오르면 더 많이 생산하고 하락하면 덜 생산한다. 수천수만 가지 상품과 서비스 시장에서 경쟁적 소비와 경쟁적 공급이 만나 서로 연관관계를 가지면서 자연스럽게 가격이 결정되는 것이다.

한국에서도 한때 소비자물가를 안정시킨다는 '선량한 의도'로 정부가 직접 나서서 가격을 억제하려고 한 적이 있었다. 휴대전화는커녕 집 전화도 많지 않던 시절 유일하게 전화를 쓸 수 있으면서 커피도 마시던 장소로 '다방'이 있었는데, 정부가 다방 커피값을 못 올리게 하자 커피가 물처럼 묽어졌다. 또 서민들의 주된 외식이었던 설렁탕 가격을 억제했더니 설렁탕에 들어 있는 소고기가 비계 덩어리로 바뀌었다. 수출에 중요한 원부자재 가격을 못 올리도록 단속했더니 원부자재 공급이 줄어들면서 장기적으로 가격이 오히려 더 높아졌고, 다른 상품이나 서비스 물가에까지 부정적 영향을 미치는 풍선효과가 나타났다.

경제가 커질수록, 복잡해질수록 이 같은 부작용이 커졌기 때문에 결국 정부는 1980년대 이후부터 웬만하면 시장가격에 직접 개입하지 않는 쪽으로 정책을 바꾸게 된다. 정부가 의도적으로 가격에 개입해서 별로 좋은 결과를 낸 적이 없다는 경험에 따른 것이다.

그런데도 끝까지 정부가 '가격'에 개입했다가 국가부도 위기에까지 이르게 된 것이 바로 환율이다. 달러의 수급 상황에 따라 시장에서 결정되어야 할 환율에 정부가 강력하게 개입했다가 달러 유동성 부족이 나타나 외환위기의 한 원인이 되었다. 결국 1997년 외환위기 이후 정부가 환율을 고시하는 고정환율제는 시장변동환율제로 바뀌게 된다.

"보건사회부는 23일 상오 각 시도 중국음식 값을 인하하도록 종용했다. (…) 이에 불응하면 경제기획원과 협의하여 2단계 조치를 취하기로 했다."(경향신문, 1965년 4월 23일) 이 기사에서 보듯 우리나라도 과거엔 음식과 생필품 등의 가격을 강력하게 통제하던 때가 있었지만, 시장경제가 성장함에 따라 부작용이 커지면서 가격통제 정책은 사라지게 된다.

협상의 힘—가격탄력성

시장에서는 이처럼 온갖 상품과 서비스가 '가격'이라는 신호 체계를 매개로 거래되기 때문에, 고전주의경제학자들은 가격의 형성 과정과 역할에 대해 주목했다. 이들은 시장의 모든 구성원들, 즉 특정 물품을 생산하고 판매하는 사람과 그 물품을 구매하려는 사람들의 교환의지에 따른 상호작용의 결과로 가격이 형성된다는 것을 관찰했다.

이들은 또 시장에 참여자들이 많을 경우 개개인이 가격에 영향을 미칠 수 없기 때문에, 사람들은 시장가격을 그대로 받아들이고 이 가격에 따라 공급과 수요를 늘리거나 줄이는 등 행동을 변화시킨다는 사실을 발견했다. 수요자나 공급자나 가격 순응자price taker가 되는 것이다.

그런데 시장의 가격 형성 메커니즘을 좀더 주의 깊게 살펴보면, 이 가격 순응자라는 말을 더 정교하게 표현할 필요가 있다는 것을 알게 된다. 어떤 상품의 경우 생산자나 소비자가 가격에 엄청나게 민감하기도 하지만, 또 다른 상품의 경우에는 가격이 변해도 여간해서 생산이나 소비 패턴이 잘 변하지 않기도 하기 때문이다. 가격에 민감하다면 가격 순응자가 되는 것이 당연하지만, 가격에 민감하지 않은 상품이라면 가격에 완전히 순응할 필요가 없어진다.

가령 어느 사이다 회사가 좀더 돈을 많이 벌 생각으로 여름철에 가격을 높인다면 사람들은 즉각 반응할 것이다. 다른 상표의 사이다를 마시든지, 과일음료를 마시든지, 혹은 콜라를 마시든지 다른 대체상품을 찾아 옮겨갈 것이다. 이 경우 사이다 회사는 가격 순응자가 맞다. 시장에서 형성된 가격을 주어진 것으로 보고 승복할 수밖에 없기 때문이다.

그런데 무더운 여름철 놀이공원에서 똑같은 사이다를 파는 놀이공원 매장은 시장가격을 주어진 것으로 보지 않을 것이다. 이 놀이공원에는 음료수 가게가 하나밖에 없기 때문에 시장가격보다 좀 높은 가격을 불러도 사람들이 여전히 사이다를 사서 마실 것이기 때문이다. 따라서 이 상인은 가격 순응자가 아니라 가격 책정자price searcher가 된다. 가격 순응자가 되느냐 책정자가 되느냐는 해당 상품이나 서비스의 가격에 대한 민감도에 따라 달라진다. 가격에 대한 이 민감도를 경제학에서는 탄력성elasticity, 보다 정확하게는 가격에 대한 수요의 탄력성price elasticity of demand 이라고 한다.

이 탄력성 개념은 경제행위에서 대단히 중요한 개념이라고 할 수 있다. 개인적 차원에서 경제적 선택이나 협상·교환을 할 때, 또 상점이나 기업이 가격을 결정할 때, 정부가 세금을 부과하거나 분배정책을 결정할 때, 사회적 효율을 높일 수 있는 방법을 모색할 때 등등 모든 경우에 탄력성 개념이 응용될 수 있기 때문이다.

시장경제행위는 상대가 있는 교환행위이다. 혼자서 만들어

혼자서 쓰는 행위는 생존행위이지 시장경제행위가 아니다. 그리고 상대가 있는 거래이기 때문에 거래 상품의 가격탄력성을 미리 파악하는 것은 합리적 의사결정을 위해 반드시 필요한 사전작업이 된다. 가령 상대방과 어떤 형태로든 거래를 할 때 탄력성이 높은 경우는 조심하는 것이 좋다. 소득이 없는 학생들은 가격탄력성이 대단히 높기 때문에 학생들을 상대로 영업하는 가게, 학교 앞 술집이나 분식집은 여간해서 가격을 올리지 못한다.

반면 인기 있는 학원강사의 경우 학원 강의료를 높여도 여전히 수강생들이 몰릴 것이다. 이 학원강사의 강의는 단박에 대체할 만한 동일한 성취를 줄 다른 서비스가 별로 없고 가격에 대한 수요의 변동성, 즉 가격탄력성이 매우 낮기 때문이다.

일반적으로 생필품 역시 가격탄력성이 낮다. 당장 생존과 관련이 있기 때문에 가격을 올려도 수요가 줄지 않는다는 뜻이다. 역사상 대부분의 정부가 소금을 독점하거나 거기에 세금을 많이 부과한 이유도 소금이 생필품이어서 가격탄력성이 낮기 때문이다. 애덤 스미스도 『국부론』에서 "소금은 매우 오래전부터 보편적인 과세 대상이었다. (…) 개인이 소비하는 양은 매우 적고 조금씩 구매될 수 있기 때문에, 비록 상당히 무거운 세금이 소금에 부과되더라도 어느 누구도 그것을 느끼지 못할 것으로 생각한 것 같다"고 기술한 바 있다. 정부가 술에 세금을 많이 물리는 이유도 술을 마시는 사람들은 탄력성이 낮아 가격이 올라도 여전히 술 소비를 줄이지 않기 때문이다.

가격탄력성은 시간에 따라 달라질 수 있다. 가령 1980년대 초반 유가파동으로 미국의 기름값이 높아지자 미국인들은 처음에는 기름값이 올라도 어쩔 수가 없다고 생각해 가격인상을 감내했지만, 점차 시간이 흐르면서 기름값을 절약할 수 있는 다른 방법들을 찾아내기 시작했다. 출근할 때 차를 같이 타거나 캐딜락 같은 대형차를 포기하고 휘발유 연비가 좋은 일본 소형차로 바꿔 타기 시작한 것이다. 1980년대 일본 자동차의 대대적인 미국 점령은 미국 소비자들의 휘발유에 대한 가격탄력성 변화 덕을 크게 본 셈이다. 이것은 가격탄력성이 시간에 따라 시장에 어떻게 영향을 미치는가를 극명하게 보여주는 사례라고 할 수 있다.

바가지요금에 대한 오해 —가격차별화

시장에서는 가격탄력성을 이용해 다양한 가격차별화가 이뤄지기도 한다. 그리고 빵가게 주인이 빵값을 내리는 이유는 그가 박애주의자여서가 아니라 이기적으로 행동해서인 것처럼, 가격차별화도 개개인의 도덕성과는 무관하게 이뤄진다.

자, 다음의 질문에 당신은 어떤 답을 내릴까?

① 시골마을의 어느 의사가 동네의 부자들과 유지들에게는 진찰료를 비싸게 받고 가난한 농부들에게는 낮게 받는다면, 동

네 사람들에게 '훌륭한 의사 선생님'이라는 칭송을 듣게 될 것이다. 그걸 보고 "이 의사는 박애주의자가 틀림없다"라고 쉽게 결론 내릴 수 있을까? 또 이 의사가 대도시에 있는 의사였어도 비슷한 진료 할인 혜택을 영세민들에게 줄 수 있었을까?

② 어느 영화관이 학생들에게 할인을 해주고 있다. 이 영화관 주인은 미래의 주역인 학생들을 배려하는 사람일까?

③ 어느 항공사가 몇 달 전에 단체관광을 예약한 주부들에게는 싼 가격으로 표를 주고 내일 당장 출장을 가야 하는 회사원에게는 비싼 항공료를 받는다. 이건 항공사가 여성 우대정책을 펴고 있기 때문일까?

④ 여름철에 숙소 예약 없이 해변에 놀러갔다가 부근에 있는 어느 펜션을 찾았더니 방은 있는데 터무니없이 비싼 값을 내라고 한다. 이 펜션 주인은 바가지요금을 일삼는 악덕업자일까?

우선 ①번에 대한 답을 생각해보자. 이 의사는 박애주의자라기보다는 가격탄력성의 개념을 이해하고 있는 경제인일 가능성이 더 높다. 시골마을의 경우 진료비가 무서워서 아무리 아파도 진찰을 포기하고 마는 가난한 농부들이 많다. 동네가 좁고 사는 사람이 빤해서 누가 잘살고 누가 못사는 사람인지 소득 파악이 쉽다. 따라서 가난한 농부에게 진료비를 대폭 낮춰주면 이전에는 아예 진찰을 포기했던 사람이라도 진찰을 받게 될 것이다. 이 의사는 의료서비스의 가격차별화를 통해 자신의 전체 소득을 높인 것이다. '훌륭한 의사 선생님'이라는 평가는 덤으로 얻어진 부수익이라고 봐야 할 것이다.

영화관이 학생에게 할인혜택을 주는 것도 '미래의 주역'에 대한 영화관 주인의 배려와는 무관하다. 용돈으로 생활하는 학생들은 영화비에 대한 가격탄력성이 높은 계층이기 때문에 할인혜택을 줄 경우 영화를 더 많이 보게 만들 수 있다. 대부분의 영화관들이 조조할인을 해주는 것 역시 가격탄력성 때문이다. 제값에는 영화를 보지 않을 사람들에게 할인혜택을 주면 영화를 보는 사람들이 늘어나 영화관으로서는 훨씬 더 이익인 셈이다.

여기까지 논리가 전개가 되었으니 ③번 질문의 답은 자명해질 것이다. 항공사가 몇 달 전에 예약한 주부들에게 싼값에 비행기표를 제공하는 것은 주부나 서민층이 항공료가 싸져야 비행기를 타는, 가격탄력성이 매우 높은 계층이기 때문이다. 이들로 하여금 비행기를 타도록 하기 위해서는 대폭 할인을 해주어야 한다.

이 항공사가 모든 사람이 아니라 일부에게만 할인혜택을 주기 위해 사용하는 방식은 몇 달 전 사전예약이다. 단체관광 주부들의 경우 반납이 안 되는 비행기표를 아주 오래전에 예약함으로써 자신들이 시간에 대한 기회비용이 낮고 가격탄력성이 높은 계층이라는 것을 '스스로' 드러낸다. 반면 출장이 급한 회사원의 경우 시간의 기회비용이 높고, 비행기 외에는 다른 대체교통수단이 없기 때문에 아무리 비싸도 비행기를 이용한다. 항공사는 이들에게 비즈니스 클래스니 퍼스트 클래스니 하는 이름으로 비싼 요금을 물린다.

이처럼 기업이나 서비스 업종이 겉으로 보기에 사회적 약자인 계층에게 할인혜택을 주는 것은 기업의 박애주의나 시장의 도덕과는 무관하게 이뤄지는 일이다. 가격을 차별화하는 것이 자신들에게 이익이 되기 때문에 실시하는 것일 뿐이다. 그런데 시장의 보이지 않는 손은 이 같은 이기심이 사회 전체로도 이익이 되게 하는 기적을 만들어낸다. 돈이 없는 농부가 진료를 받을 수 있고, 용돈을 타 쓰는 학생이 영화를 볼 수 있고, 주부들이 큰맘 먹고 해외여행을 할 수 있는 이유는 기업들이 자신들의 이익을 최대화하기 위해 실시하는 할인혜택, 가격차별화 정책 덕분인 것이다.

기업이 자신의 이윤을 최대한 높이기 위해 도입하는 이 가격차별화가 사회 전체적인 효율과 효용을 높이는 과정 역시 애덤 스미스가 말한 보이지 않는 손의 작용이라고 할 수 있다. 일반적으로 시장은 일물일가—物—價, 즉 하나의 상품에 하나의 가격체계로 운용되고 있다. 그래야 무위험차익거래*가 나타나지 않는다. 그렇지만 단일가격제의 문제점은 사회적인 효용의 손실이 많다는 것이다. 조금만 싸면 더 많은 사람들이 구매할 상품이나 서비스에 기업이 각종 할인혜택을 준다면, 가격탄력성이 높은 저소득계층까지 구매가능 계층으로 끌어들일 수 있다. 따라서 다양한 가격을 제시하는 것은 사회적 차별이 아니라 효용을 높일 수 있는 방법인 경우가 많다.

● **무위험차익거래**
시세의 차이, 또는 금리의 차이를 이용해 아무 위험 없이 이익을 보는 거래를 의미한다. 예를 들어 A라는 시장에서 1만 원에 팔리는 물건이 B라는 시장에서 2만 원에 팔린다면, 누구나 A에서 사서 B에서 파는 식으로 이익을 볼 수 있다.

가령 택시요금을 일원화하지 말고 기본요금은 낮추는 대신 심야시간대, 출근시간대, 평일의 보통시간대, 택시에 타는 사람 수나 싣는 짐이 많은지 적은지, 택시를 원하는 장소로 부를 수 있는지 없는지에 따라 택시요금을 다양화하는 것이 사회적 효율을 더 높일 수 있다.

KT는 만 12세 이하 스마트폰 구입 고객에 6개월간 이동통신 요금을 할인해 주는 프로모션을 제공한다. KT모델이 요금할인제를 홍보하고 있다.　　　KT 제공

KT "만12세 이하 고객에 6개월간 요금 할인"

우리아이 첫 스마트폰 프로모션

KT가 새해를 맞아 스마트폰을 구매하는 만 12세 이하 고객에게 스마트폰 요금을 할인하는 프로모션을 진행한다. '우리아이 첫 스마트폰 프로모션'을 통해 월 최대 1만1000원씩 6개월간 할인 혜택을 받을 수 있다.

이는 첫 스마트폰을 구입하게 되는 만 12세 이하 고객의 부담을 줄이고, 기계 통신비를 절감하게 마련한 신년 프로모션이다. 가입 기간은 1월2일부터 3월 31일까지다. Y주니어(VAT 포함 1만9800원) 이상 요금제에

신규가입 또는 기기변경으로 스마트폰을 구매한 후 프로모션에 가입하면 할인 혜택을 받을 수 있다.

프로모션 가입을 위해서는 가족 중에 월정액 기준으로 3만13000원 이상의 요금제를 이용하는 KT 고객이 한 사람만 있으면 된다. 부모 또는 가족 회선의 월정액이 6만9000원 이상일 경우 월 1만1000원 할인되며, 3만3000원부터 6만9000원 미만 요금제에 가입한 고객일 경우 월 3300원 할인 받을 수 있다. 요금할인은 프로모션에 가입한 다음달부터 6개월 간 제공된다.

김은지기자 kej

가격차별화에 대해 일반인이 갖기 쉬운 한 가지 오해는 이른바 '바가지요금'이다. ④번 질문처럼 여름철만 되면 많은 이들이 휴가지의 양심 없는 바가지요금을 개탄한다. 그러나 미리 몇 달 전에 예약한 사람과 무계획으로 해수욕장을 찾은 사람에 대해 가격차별화를 하지 않는다면 이것이야말로 잘못이라고 할 수 있다. 지자체들이 해야 할 일은 바가지요금의 현장 단속이 아니라 절차에 따른 가격차별화 시스템의 정착이다.

정당한 가격차별화는 기업들이 이익을 극대화하면서도 소비자들에게 선택의 폭을 넓혀줘서 사회적 효용을 높일 수 있다. 무조건 단일가격으로 규제하고 바가지요금을 단속하는 것은 결코 소비자를 돕고 사회적 효율을 높이는 일이 아닌 것이다.

이동통신사들이 아동 및 청소년들에게는 특별히 저렴한 요금제를 제공하는 이유는 그들이 아동 사랑에 투철하기 때문이 아니라 더 많은 가입자를 확보하여 이윤을 높이기 위해서다. 이런 가격차별화 정책으로 인해 보다 낮은 가격에 서비스를 누릴 수 있는 사람이 늘게 되고 사회 전체의 효용은 증가한다.(디지털타임스, 2020년 1월 3일)

가치의 역설: 사용가치, 교환가치, 과시가치

시장에서의 가격 형성이나 결정시스템과 관련해 한 가지 흥미로운 점은 시장가격과 시장가치가 항상 일치하는 것은 아니라는 사실이다. 일반적으로 시장가격은 상품의 품질을 반영한다. 상품의 가치가 높은 것이 당연히 가격도 높다. 그러나 상품 가치가 높은데도 가격은 싼 '가치의 역설'이 존재하기도 한다. 쇠가 금보다 훨씬 유용한데도 왜 금의 거래가격이 쇠의 거래가격보다 비쌀까? 또 물은 다이아몬드와 비교가 안 될 만큼 유용한데도 왜 다이아몬드의 가격이 압도적으로 비싼 걸까?

여기에 대해 애덤 스미스는 '사용가치'와 '교환가치'라는 두 가지 개념으로 설명했다. 사용가치는 높은데 교환가치는 낮은 재화가 있고, 교환가치는 높은데 사용가치는 낮은 상품이 있다는 것이다. 물은 사용가치는 무한대지만 교환가치가 낮은 전형적인 상품이고 다이아몬드는 사용가치가 낮은데 교환가치는 높은 상품이라고 할 수 있다.

애덤 스미스의 가치론은 그러나 왜 이런 가치의 역설이 발생하는지에 대한 설명은 하지 못했다. 교환가치에 대한 좀더 과학적이고 정교한 설명은 앞서 설명한 한계효용의 개념이 도입되면서부터 가능해졌다.

한계이론을 처음 만든 사람은 프랑스 경제학자 앙투안 쿠르노A. A. Cournot(1801~1877), 헤르만 고센H. H. Gossen(1810~1858) 등이지만 이를 보다 과학적으로 체계화해서 수요공급의 이론으로 확장시킨 사람은 알프레드 마셜이다.

이들이 만들어낸 한계 개념은 한계효용체감의 법칙을 통해 왜 내재가치가 별로 없는 다이아몬드가 본질가치가 무한대나 다름없는 물보다 비싸게 팔리는지, 훨씬 쓰임새가 풍부한 쇠가 왜 시장에서 금보다 더 싸게 거래되는지 가격의 역설을 설명해주는 한 가지 방법이기도 하다.

물은 생명유지에 필수적인 본질가치를 지니고 있지만 너무나 흔해서 한계 개념에 따라 가격이 결정되는 시장에서의 가격이 별로 높지 않다. 반면 다이아몬드는 반짝거리는 본질적 가치보다는 영속성에 대한 상징과 공급의 희소성 때문에 시장에서 비싸게 팔린다.(한때 전세계 다이아몬드의 90%를 공급했던 드 비어스 사는 다이아몬드의 가격을 비싸게 유지하기 위해 시중에 풀리는 다이아몬드의 양을 희소하게 조절하곤 했다.)

가격의 역설을 설명하는 또 한 가지 개념으로 '현시가격'이 있다. 얼핏 육안으로는 잘 구분할 수도 없는데도 다이아몬드가 조금 더 커질수록, 모양이나 색깔이 희귀할수록 가격이 천문학적으로 비싸지는 이유는 무엇일까? 미국의 사회학자인 소스타인 베블런Thorstein Bunde Veblen•(1857~1929)은 남들이 비싸다는 것을 모두 알고 있는 '명품'을 매개로 자신의 사회적 신분과 부를 과시하고자 하는 사람들은, 기꺼이 이런 명품에 천문학적으로 비싼 가격을 낸다는 사실을 관찰했다. 이른바 명품재화의 경우

● **소스타인 베블런**
산업의 정신과 기업의 정신을 구별하여, 전자는 최소의 비용으로 최대의 생산량을 올리는 것이지만, 후자는 이윤의 추구를 목적으로 하기 때문에 판매를 우선시하여 낭비를 초래한다고 비판했다. 그는 『유한계급론』(1899)에서 "상층계급의 두드러진 소비는 사회적 지위를 과시하기 위해 자각 없이 행해진다"고 하는 과시적 소비를 지적했다.

가격이 싸지면 오히려 선호가 떨어지는 역설이 있으며 때문에 좀처럼 할인행사를 하지 않는다.

게임이론—두 공범의 자백을 받아내기

애덤 스미스는 시장이라는 것을 '보이지 않는 손'이 작용하는 일종의 블랙박스로 봤다. 블랙박스 내에서 일어나는 온갖 복잡한 경제현상에 대해 일일이 알려고도 하지 말고 정부가 간섭하지도 말고 내버려두면, 단기적으로는 불균형이 있다 하더라도 장기적으로는 시장이 균형을 되찾는다는 것이 그의 생각이었다.

자, 여기서 슬슬 의문이 생기는 사람이 있을 것이다. 시장은 이기심으로 똘똘 뭉친 수많은 사람들로 가득차 있다. 또 주변의 일상생활을 관찰해보면 이기심을 가진 사람들끼리 경쟁적으로 충돌할 경우 양쪽 다 패배자가 되는 경우가 적지 않다. 그런데 어떻게 해서 개개인의 '이기적인 경쟁'의 집합이 시장에서는 모두가 만족하는 '집단적 선의' 혹은 '집단적 효율'로 끝나게 되는 것일까? 이 같은 의문을 해결해줄 '보이지 않는 손'의 존재를 설명하기 위해서는 시장에서의 경쟁시스템과 동시에 반복적 게임의 결과에 따른 거래비용transaction cost의 문제를 생각해볼 필요가 있다.

이기적 동기의 경쟁적 선택이 효율이 아닌 최악의 결과로 끝나는 경우가 게임이론Game Theory*에 등장하는 유명한 '죄수의 딜레마'이다. 두 죄수가 있다. 이들은 공범이다. 두 사람이 모두 입을 다물고 묵비권을 행사하면 경찰은 범죄 사실을 입증할 방법이 없다. 따라서 경찰은 두 사람의 죄수를 각각 다른 장소에 두고 "공범은 자백을 했는데 당신만 자백을 하지 않으면 중형을 받게 된다. 하지만 당신이 먼저 자백을 하면 가벼운 형으로 끝날 수 있다"고 회유한다. 이 경우 어떤 결과가 도출될까?

여러 차례 실제 실험에서 확인된 것처럼 죄수의 딜레마 상황은 늘 공멸로 끝나고 만다. 혹시라도 상대방이 먼저 자백할 것이 두려워 두 사람 모두 자백을 해서 모두 중형을 받고 마는 것이다. 갈등과 비협력의 결론이다.

이 죄수의 딜레마의 공멸적 결론이 주로 인용되는 분야는 적대적 환경에서의 국제정치다. 의사소통이 되지 않거나 정치적 이유로 의사소통을 하기 어려운 1회성 게임, 가령 냉전시대의 미국과 소련, 남한과 북한에 주로 적용되던 결과였다.

그러나 국가적 체면 때문에 대화가 부족한 국제정치와 달리, 시장에서 일상적으로 일어나는 매매와 교환의 경제행위는 ① 얼마든지 대화와 의사소통이 가능하고 ② 장기적으로 여러 차례 되풀이되는 게임인 경우가 대부분이다. 경제행위가 끝없이 일상적으로 반복되는 상황에서는 교환의 당사자들끼리 어느 쪽이 장기적으로 더 이익인지를 생각하게 된다. 이해가 엇갈리면 서로 설득도 하고 대화도 하고 양보를 해서 단기적으로는

● 게임이론
경쟁 상대가 있는 상황에서 자기의 이익을 효과적으로 달성하기 위해 상대방의 대응을 예상하며 행동을 결정하는 방식을 분석하는 이론. 주로 군사학에 이용되어왔으나 경제학·경영학·정치학·심리학 분야 등에도 널리 적용되고 있다.

다소 손해를 보더라도 장기적으로는 서로에게 이익이 되는 방향으로 뜻을 모으게 된다. 당사자들끼리 자연스러운 갈등조정이 이뤄지는 것이다.

예컨대 매입자가 상품단가를 대폭 깎아달라고 요구할 경우, 생산자는 기대했던 것만큼 이익이 남지 않더라도 장기적이고 안정적인 납품이 가능하다면 가격을 깎아주기도 한다.

중개인의 이득은 부당하다?

시장에서 최종적으로 교환이 성사되고 계약이 이행되기까지 들어가는 모든 비용을 합쳐서 '거래비용transaction cost'이라고 한다. 거래비용을 구성하는 큰 항목 가운데 하나가 갈등조정비용이다. 만약 개인들끼리의 온갖 이해다툼과 갈등을 정부가 일일이 개입해서 해결해야 한다면, 사람들은 번 돈을 모조리 공무원을 고용하는 데 써도 부족할 것이다. 한마디로 시장에서 교환 당사자들끼리의 사익私益에 기초한 자연적인 갈등조정이 정부나 종교지도자, 현자 등이 공익公益에 기초해 행하는 다른 어떤 갈등조정 방식보다 거래비용 측면에서 효율적이기 때문에 애덤 스미스가 관찰한 보이지 않는 손이 작동할 수 있는 것이다. 따라서 가장 효율적인 시장은 교환에 따른 거래비용이 가장 적게 드는 시장이라고도 정의할 수 있다.

거래비용 가운데 가장 큰 비중을 차지하는 것이 교환 상대방에 대한 정보를 얻는 데 따르는 탐색비용search cost 이다. 스튜어트 플래트너의 『경제인류학Economic Anthropology』이라는 책에는 멕시코의 한 보부상 이야기가 등장한다.

먼 지역을 떠돌며 물건을 파는 어느 멕시코 보부상이 북쪽 지역으로 올라가는 도중에 한 농부에게 말을 팔았다. 농부는 지금은 돈이 없으니 먼저 계약금만 받고 북쪽 지역을 돌고 다시 내려오는 길에 남은 돈을 받아가라고 부탁했다. 그렇게 하기로 하고 길을 떠난 보부상은 몇 달 후 다시 이 지역을 지나치게 되었을 때 농부에게 남은 돈을 받으러 갔다. 그러나 농부는 집에 없었다. 다음날도 가봤지만 여전히 사람을 만날 수 없었다. 농부가 일부러 자신을 피하는 것을 눈치 챈 보부상은 며칠간 그 마을 여관에 머물면서 밤낮으로 농부의 집을 찾아가야 했다.

마침내 농부를 만나기는 했지만 농부는 그해 작황이 좋지 않아 돈을 마련하지 못했다면서 대신 커피원두를 받아가라고 부탁했다. 결국 보부상은 커피원두를 대신 받게 됐고 그것이라도 받게 된 것을 다행히 여기면서 그 마을을 떠났지만 다시는 그 지역으로 가서 말을 팔지 않을 것이라고 맹세했다.

이 이야기는 정보가 부족한 곳에서는 경제적 교환이 반복적으로 이루어지지 못하기 때문에 시장이 생기기 어렵다는 것을 단적으로 보여준다. 전화나 통신이 발달하지 않았던 1970년대 초 멕시코의 시골마을에서 벌어진 일이지만 사실 세계 어디에서나 흔히 있을 수 있는 사례이다.

시장은 정보를 서로 잘 알고 있을 때 형성된다. 거래나 교환을 다른 지역, 전혀 모르는 사람들에게까지 확대하려면 너무나 많은 위험과 불편, 탐색비용이 뒤따르기 때문이다.

따라서 시장이 발달하지 않은 시절에는 필요한 물건을 제값에 구하기 위해 엄청난 노력을 들여야 했다. 필요한 물건을 어디서 구할 수 있는지 찾아 헤매야 했고, 그 물건의 품질이 믿을 만한지, 속지 않고 제값에 살 수 있는지도 알아봐야 했기 때문에 정보수집 비용이 엄청나게 들 수밖에 없었다. 그러다 상품 정보에 빠삭하고 거래의 결과에 책임을 지는 대신 유통마진을 취하는 중개인 혹은 중간상인이라는 직종이 생겨나면서 정보수집 비용이 대폭 줄었다. 그들은 수많은 사람들을 대신해서 정보를 수집하고 수요자와 공급자를 연결시키고 수요자와 공급자를 대신해 위험을 지는 대신 수수료를 챙겼다.

현대사회에서 중개인이라고 하면 생산과 소비 어느 쪽도 아니면서 별다른 노력 없이 폭리를 챙기는 사람이라는 부정적인 인상이 강한데, 이는 정보수집에 드는 비용이 얼마나 큰지를 현실적으로 인식하지 못한 데서 생겨난 오해 가운데 하나라고 할 수 있다. 정보수집 비용은 명시적 비용일 뿐만 아니라 기회비용이기도 해서 그 크기를 인식하기가 쉽지 않다.

그러나 정보수집 업무라는 비교우위에 바탕을 두고 생산자와 수요자의 정보수집 비용을 줄여주고 위험을 감수하는 대신

정치권 압박에 결국 백기 든 배달의민족 … "수수료 체계 손보겠다"

생산자와 소비자를 바로 연결해주는 기술이 발달한 지금도 중개인의 이익은 논란의 대상이 되고 있다. 배달앱서비스의 수수료를 둘러싼 갈등은 그 한 가지 예이다.(한국경제, 2020년 4월 7일)

수수료를 챙기는 영리한 중개인들로 인해 경제적 교환이 빈번해지고 근대적 의미의 시장이 활성화될 수 있었다. 따라서 중개인이라는 직종 자체는 시장의 필요에 의해 자연발생적으로 생겨난 것이라고 볼 수 있다. 한국에서는 과거에 지역을 오가는 보부상이 지역의 중개인들과 연결되어 상품교역을 확산시키는 역할을 했었다.

최근에는 인터넷과 정보통신기술, SNS 등의 발달로 정보의 탐색비용이 대폭 낮아지면서 정보를 보유한 중간상들의 역할과 기능이 현저히 떨어지게 되었다. 가령 정보통신기술의 발달로 생산 농가들과 소비자 간의 직거래가 발달하게 된 것이다.

비서보다 타이핑을 잘하는 변호사의 선택

효율적인 시장이 생성되기 위해 필요한 또 한 가지 핵심 조건은, 거래와 교환의 당사자들끼리 비교우위comparative advantage를 통해 각자 잘 할 수 있는 전념함으로써 상호간에 기회비용을 낮춰야 한다는 점이다. 비교우위는 상대적으로 더 가치 있는 어떤 것을 얻기 위해 상대적으로 덜 가치 있는 것을 포기하는 개념으로, 다시 말해 기회비용이 적은 것에 선택과 집중을 하는 행위라고 할 수 있다.

가령 외딴섬에서 살고 있는 로빈슨 크루소가 신발과 빵을 다 잘 만들더라도 신발을 빵보다 더 잘 만든다면 두 개를 모두 만들기보다 같은 시간에 자신은 신발 만드는 데만 전념하고 빵은 프라이데이에게 만들게 해서 서로 교환하는 것이 더 효율적이고 합리적이라는 뜻이다.

여기까지는 모든 사람이 별 무리 없이 동의할 것이다. 그런데 사람들이 흔히 착각하기 쉬운 거래가 '절대우위'에 있는 사람과 '절대열위'에 있는 사람 간의 거래이다. 절대우위에 있는 사람들은 절대열위에 있는 사람과의 거래를 꺼린다. 뭘 해도 상대방보다 잘할 수 있는데 굳이 상대방과 거래할 이유가 없다고 생각하기 때문이다. 그러나 모든 면에서 절대우위에 있더라도 그 가운데 특히 더 잘할 수 있는 일이 있을 것이다. 한편 모든 면에서 절대열위에 있는 사람이라도 그 가운데 가장 잘할 수 있는 일이 있을 것이다. 이 경우 절대우위에 있는 사람과 절대열위에 있는 사람이 서로의 비교우위에 따라 거래를 하는 것이 개인적으로나 사회 전체로나 훨씬 더 효율적이라는 것이 비교우위론의 결론이다.

아주 유능한 변호사가 있다. 이 변호사는 타이핑을 비서보다 훨씬 더 빠르게 잘 친다. 따라서 이 변호사는 변호사 본연의 업무든 타이핑이든 둘 다 비서보다 절대우위에 있다. 속도가 느린 비서를 속 터지게 지켜보느니 차라리 자신이 직접 타자를 치는 것이 낫지 않을까 생각하는 것이 당연하다.

그러나 시간은 세상에서 가장 희소한 자원 가운데 하나이다. 타자 치는 속도가 자신보다 느리더라도 비서를 고용해서 타자 일을 맡기고 자신은 그 시간에 비교우위가 있는 변호사 업무를 더 열심히 하는 것이 시간의 기회비용을 줄이고 생산성을 최대한 높이는 방법이다.

현업에서 아주 능력 있다는 평가를 받았던 사람이 조직의 지도자가 돼서는 영 무능력하다는 평가를 받는 경우가 종종 있다. 이것은 바로 절대우위라는 잘못된 개념에 따라 행동하기 때문에 벌어지는 일이다. 자신이 비록 부하직원보다 모든 부문에서 절대우위에 있다고 하더라도 직접 그 일을 하는 것보다는 그 시간에 조직을 관리하고 운영하는 것이 더 효율적이다. 그런데도 답답한 마음에 일일이 현업에 직접 간섭하다가 조직의 효율을 떨어뜨리고 지도자로서 무능하다는 평가를 받게 되는 것이다.

다시 말하지만 한정된 시장자원을 효율적으로 이용해서 생산을 극대화하는 방법은 절대우위가 아닌 비교우위의 원칙에 따르는 것이다. 비교우위를 통한 생산과 교환이 일상적으로 반복해서 일어날 때 비로소 시장은 효율적이 된다.

시장경제의 기초가 되는 비교우위 개념은 일반적 시장의 영역에서 국제간의 무역으로 확장되면서 상당한 오해와 도전을 받게 된다. 선진국은 비교우위가 있는 고부가가치 전자제품 생산에만 집중하고 후진국은 비교우위가 있는 경공업제품에만 영원히 몰두하라는 말이냐는 반박이 나오는 것이다. 그러나 현대 국제교역의 문제는 경제논리라기보다는 정치논리에 가깝다. 교환의 게임규칙이 강대국의 논리나 힘에 의해 상당 부분 결정되는 국제교역의 문제를 일반적인 시장논리와 비교하는 것은 다른 차원의 이야기라고 할 수 있다.

4장

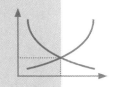

시장은

언제

실패하는가

애덤 스미스가 통찰했던 '보이지 않는 손'이 작용하는 효율적인 시장은 경제학자들이 이야기하는 완전경쟁시장을 의미한다. 완전경쟁시장이 성립하기 위해서는 몇 가지 전제조건이 존재한다. 완전경쟁시장의 일반적 특징과 조건은 무엇일까?

① 동질의 제품에 대해 다수의 공급자와 수요자가 존재하여 경쟁할 것.

② 자유로운 진입과 퇴출이 가능할 것.

③ 정보의 균등성이 높을 것. 다시 말해서 누가 어디서 얼마에 어떤 품질의 상품을 파는지에 대한 정보를 소비자들이 쉽게 알 수 있을 것.

④ 공급자들이 가격 책정자가 아니라 가격 순응자일 것.

이 조건을 뒤집어 설명하면, 이와 같은 전제조건을 다 만족시키지 못할 경우 '보이지 않는 손'이 작동하는 시장의 질서와 균형을 기대하기 어렵고 시장 실패가 발생하기 쉽다는 뜻이 된다.

시장의 자기조정 기능에 대한 믿음이 철저한 시장주의자들조차도 몇몇 사항에 대해서는 시장의 실패가 있을 수 있고, 따라서 적절한 정부의 조정과 개입이 필요하다는 점을 인정하고 있다. 다음은 시장 실패가 일어나는 여러 가지 경우이다.

독점, 담합, 경쟁제한

시장 실패에서 가장 흔한 경우가 기업들에 의한 독점·담합·로비 등의 경쟁제한 행위다. 기업들이 경쟁을 통해 좀더 좋은 품질의 물건을 만들고 서비스를 개선해 경쟁자를 물리치기보다는, 경쟁자를 시장에서 축출해버리거나 아예 시장 진입을 막아버려 독과점을 유지하는 것이 비용이 더 적게 든다고 인식할 경우 시장은 작동하지 않는다.

어느 나라든 초기 경제개발의 역사는 독점의 역사라고 해도 과언이 아니다. 17세기 영국·프랑스·네덜란드 등 유럽 각국이 인도 및 동남아시아와 무역하기 위해 세운 동인도회사가 단적인 사례이다.(유럽열강들이 다투어 세웠던 동인도회사는 무역 독점 이외에 식민지 확대라는 정치적 목적을 지니기도 했다.) 19세기 초 미국에서도 독점이라는 말은 곧 회사라는 말과 동의어였다. 미국 정부가 특정한 분야에 대한 독점 운영권을 줘서 거대 회사가 만들어졌기 때문이다.

그런데 초기에 시장이 뛰어들었다가 시간이 지나면서 독점적 힘을 가지게 된 기업은 잠재적 경쟁자를 물리치기 위해 가격 인하나 품질·서비스 향상 등에 나서기보다 각종 편법적인 수단을 통해 독과점 체제를 유지하는 것이 훨씬 쉽다고 느끼게 된다. 시장에 이미 독과점적 힘을 가진 기업이 존재하는 경우, 이 시장은 기울어진 운동장이며 새롭게 진입하는 경쟁자들이 밀려나게 된다.

따라서 정부 개입이 정당화되는 가장 기본적인 형태는 정부가 기울어진 운동장을 바로잡고 공정경쟁을 유도하는 심판 역할을 하는 것이다. 대표적인 것이 공정거래법의 제정과 집행이다. 시장이 발달한 선진국일수록 시장에서의 공정한 경쟁을 보장하기 위한 규칙인 공정거래법Fair Trading Act이 함께 발달한다. 만약 시장을 선점한 대기업이 기술력 있는 중소기업을 비합법적 수단이나 독점력을 이용하여 몰아낸다면 이는 자본주의적 시장 질서의 근본인 '경쟁'을 저해하는 일이기 때문에 공정거래법의 단속대상이 된다.

보다 구체적으로 기업행위의 어떤 요소가 불공정거래인지를 판단하기 위해 공정거래법은 '당연 위법per se illegal'인 경우와, 정황증거를 따져 불법 여부를 판단하는 '합리성 기준rule of reason'의 경우 두 가지를 나누고 있다. 합리성 기준이 필요한 이유는, 특정 기업의 행동이 시장논리에 맞는 것인지 아니면 합법을 가장한 약탈적 행위인지 종합적으로 판단하기 위해서다.

당연 위법의 대표적인 경우는 과점기업들이 치열한 경쟁을 피하기 위해 가격이나 수량을 사전에 협의하는 '담합'과 '카르텔' 등이다.*

합리성 기준의 대표적인 사례는 특허권 침해 소송이다. 대기업이 신기술을 개발한 중소기업에 대해 거액의 특허권 소송을 낼 경우 중소기업은 검찰과 법원에 불려다니고 거액의 소송비

● 담합과 카르텔
담합은 묵시적 담합과 명시적 담합이 있다. 명시적 담합으로 가장 강력하게 결합하여 마치 독점기업인 것처럼 행동하는 경우가 카르텔이다.

를 마련하느라 완전히 탈진해 정작 신제품을 시장에 성공적으로 정착시킬 여력이 사라지게 된다. 그 사이에 대기업은 아예 도산한 중소기업을 싼 값에 사버리거나 소송이 진행되는 동안 유사한 기술을 연구해 우회기술을 개발해낸다. 이 경우 중소기업이 실제로 대기업의 기술특허를 위배했는지, 아니면 대기업이 중소기업을 고사시켜 독점력을 유지할 목적으로 소송을 한 것인지 즉시 판단하기 쉽지 않기 때문에 '합리성 기준'에 따라 공정거래위원회나 법원이 판단할 수밖에 없다.

'약탈가격predatory pricing' 행위도 판단이 쉽지 않은 경우이다. 독점력을 가진 어느 대기업이 생산하는 제품에 대해 다른 중소기업이 유사제품을 개발해 시장에 진입했을 때 대기업이 가격을 크게 내렸다고 하자. 이 행위가 중소기업을 초장부터 고사시키고자 했다면 약탈적 행위이지만, 그간의 대량생산 덕분에 제조원가가 낮아져서 가격을 낮출 수 있게 된 것이라면 소비자 후생이 높아지는 자연스러운 시장행위가 된다. 어느 경우인지를 판단하려면 합리성 기준이 필요하다.

2020년 초 코로나19 사태 때 발생한 마스크 대란도 독점과 담합으로 인한 시장 실패의 대표적 사례이다. 원인은 세 가지였다. 첫째, 마스크 수요가 급증하여 수요와 공급에 미스매치가 발생했다. 전염병으로 갑자기 대량 초과수요가 발생한 상황인데 공급은 생산시설의 한계 때문에 단기적으로 비탄력적이다. 생산자가 얼마든지 독과점적 배짱을 부릴 수 있는 상황이 조성

코로나19 당시 마스크에 대한 수요가 폭증하고 사재기가 광범위하게 발생해 시장이 마비됐지만, 정부가 통제하면서 안정을 찾을 수 있었다. 이처럼 시장은 만능이 아니며, 긴급한 상황에서는 정부의 개입도 필요하다.(서울신문, 2020년 3월 10일)

조금 복잡하고 불편해도… 발품 팔면 살 수 있습니다

출생 연도 끝자리에 따라 공적 마스크 구매 날짜를 지정하는 마스크 5부제가 처음 시행된 9일 서울 종로구의 한 대형약국 앞에 시민들이 줄지어 서 있다. 월요일인 이날은 출생 연도가 1과 6으로 끝나는 시민만 신분증을 제시한 뒤 1인당 2개의 마스크를 살 수 있었다. 오전에는 동네마다 예정된 마스크 물량이 도착하지 않아 헛걸음하는 시민들이 속출했지만. 오후 들어서는 비교적 순조롭게 마스크 판매가 이뤄지는 모습을 보였다.
정연호 기자 tpgod@seoul.co.kr

된 것이다.

둘째, 이 같은 미스매치를 예상한 중간도매상들이 사재기 물량을 대폭 늘렸다. 코로나19 사태에서 생산기업들의 물량 담합이나 유통업체들의 사재기는 공정거래법상 '당연 위법'에 해당하기 때문에 정부의 시장개입은 당연하다고 할 수 있다.

셋째, 사재기 물량을 단속하자 이번에는 시장에 패닉이 일어나 국민들 대부분이 사재기 대열에 동참하기 시작했다. 소비자들이 동시다발적으로 약국을 돌아다니면서 마스크를 사 모으는 경우, 정부가 소비자들 하나하나의 행동을 교정하는 것은 불가능하다.

정부가 나서서 시장에 공급되는 마스크 물량을 장악하고 소비자들이 주민등록번호에 따라 특정일에 사도록 강제하는 일이 정당화된 것은 이처럼 생산자와 중간도매상, 소비자 등 3자

모두에 의한 시장 실패를 치유해야 하는 특수상황이었기 때문이다. 단, 이 같은 배급은 단기적이어야 하며 정부배급에 일체의 정치적 특혜가 없는 투명한 상황임을 국민이 신뢰해야 한다는 전제가 있다.

외부성

보이지 않는 손이 애덤 스미스의 기대처럼 전지전능하지 않은 이유 가운데 하나로 외부성externality을 들 수 있다. 외부성은 자신은 의도하지도 않았고 의식하지도 않았는데 자신의 행위로 인해 타인에게 긍정적인 영향을 미치거나(긍정적 외부성positive externality) 부정적인 영향을 미치는 것(부정적 외부성negative externality)을 의미한다.

일상생활에서도 외부성은 얼마든지 찾아볼 수 있다. 가령 디젤엔진으로 움직이는 큼지막한 가족 레저용 차를 사서 몰고 다니는 경우 자신은 좋을지 몰라도 대기오염에 악영향을 끼쳐 다른 사람들에게 피해를 입히게 된다. 폐질환이나 천식 환자에게는 치명적인 '생명의 비용'일 수도 있는 부정적 외부성을 불러오는 것이다. 디젤엔진 레저차를 타는 사람이 다른 사람보다 더 양심이 없고 나쁜 사람이어서가 아니라 외부성을 제대로 인식하지 못하는 거라 보는 편이 옳을 것이다.

우리는 경제행위에서 자신도 모르는 사이에 상대방에게 피해를 주는 부정적 외부성을 만들어낼 수 있다. 그리고 이 외부성이 커질 경우 시장이 제대로 작동하지 않는 실패 상황으로 이어지기 쉽다.

이런 시장 실패와 외부성은 어떻게 치료해야 할까? 우선 국내에서 발생한 것이라면 정부가 법이나 규정을 만들고 세금이나 벌금 등 경제적 페널티를 부과하여 교정할 수 있다. 가령 매연을 내뿜는 대형 디젤엔진 차량을 타고 다니는 사람에게 세금을 더 많이 물리면 그 재원으로 대기질을 개선하는 정책을 실행할 수도 있는 한편, 휘발유 소형차를 타고 다니는 방향으로 소비자들의 소비행태를 바꿀 수도 있을 것이다.

현대인에게 필수불가결한 항만이나 고속도로, 공항 등 사회간접자본 시설들은 대부분 긍정적 외부성이 아주 큰 시설들이다. 사회의 모든 개인과 기업들이 혜택을 보지만 건설에 엄청난 비용이 들기 때문에 아무도 선뜻 나서서 건설하려고는 하지 않는다. 모든 사람의 동의를 얻어서 일일이 누가 얼마를 내야 할지를 협상하려면 천문학적인 거래비용이 들 것이다. 이런 경우 정부가 개입해 대규모 도로나 항만시설, 비행장 등을 건설하고 그 비용을 국민들에게 골고루 나눠 부담하게 하면 해결이 가능하다. 경찰이나 국방의 경우도 국가의 치안유지를 위해 반드시 필요한 서비스지만 시장을 통한 개별거래가 과도하게 비싸거나 외부성이 존재하기 때문에 아예 정부 내의 조직으로 두고 개인에게 세금으로 비용을 부과하는 것이다.

"한국 초미세먼지 32% 중국發"… 中, 자국 책임 첫 공식 인정

다만 국가 차원에서 발생한 부정적 외부성은 해결이 쉽지 않다. 아마존이나 인도네시아 밀림에 사는 사람들이 땅을 개간하기 위해 산림을 불태우더라도 어쩔 수 없고, 중국의 경제발전으로 공장에서 나오는 미세먼지 때문에 암울한 회색이 한국의 하늘을 뒤덮더라도 해결 방법이 마땅치 않은 것이다.

경로의존성: 컴퓨터 시대의 타자기 자판

한 나라의 경제는 사회적 관습의 집합적 결과이기도 하다. 문제는 이 관습이 반드시 합리적이거나 효율적이지 않다는 데 있다. 시장 실패는 이미 굳어진 관습이나 기술의 경로 때문에 발생하기도 한다. 잘못되었다는 사실을 시장 참여자들이 안다고 하더라도 고칠 수가 없는 상황, 고칠 수 있다고 하더라도 이에 따른 사회적 비용이 너무 커서 시장에 보이지 않는 손이 작동할 수 없는 어려운 상황이 생기는 것이다. 이를 경로의존성path dependency이라고 한다.

경로의존성을 설명하기 위해 흔히 드는 예가 타자기의 영문자 배열이다. 컴퓨터 키보드의 영문자판을 보면 왼쪽 위쪽에 알파벳 글자가 Q, W, E, R, T, Y의 순서로 배열되어 있다. 이는 1873년 크리스토퍼 숄즈Christoper Scholes가 설계한 것으로 1904년 뉴욕의 한 회사가 이 배열로 타자기를 대량생산하면서부터 타자기의 표준으로 자리 잡았다. 당시 개발된 QWERTY자판은 전통적인 수동타자기에는 가장 효율적인 배열이었지만 타자기가 컴퓨터의 워드프로세서로 바뀐 오늘날에는 비효율적인 자판배열이 됐다.

이에 워드프로세서에 가장 알맞고 효율적인 자판을 만들어내기 위한 연구가 속속 진행됐고, 그 결과 컴퓨터 자판을 칠 때 기존의 문자배열보다 손이 움직이는 거리가 50% 이상 줄어들도록 설계된 훌륭한 자판이 개발됐다.

그 결과는? 완전한 실패로 끝나고 말았다. 움직이는 거리가 훨씬 짧고 손의 피로도 덜한 효율적인 자판이 개발되었는데도 구형 자판에 익숙해진 사람들이 아무도 새로 개발된 자판을 사용하려 하지 않은 것이다. 이미 비효율적인 관습에 '감금'되어버린 것이다. 이 때문에 타자기를 구경하려면 박물관에 가야 하는 시대에도 여전히 사람들은 타자기 자판으로 글을 쓰고 있다. 물론 새 자판은 시장에서 완전히 잊혀졌다.

기술의 경로의존성이 산업의 장래나 특정 제품의 장래를 바꿔놓은 비슷한 예는 얼마든지 있다. 전기 공급 방식에서 직류가 아닌 교류가 선택된 것도 기술의 경로의존성을 엿볼 수 있는 사례라고 할 수 있다.

자동차도 최초에는 증기와 전기, 휘발유를 이용하는 자동차가 각축을 벌였으나 휘발유 자동차로 정착되면서 증기나 전기를 이용한 자동차 연구는 완전히 중단됐다. 일단 하나의 시스템이 자리 잡은 이후에는 높은 대체비용 자체가 다른 시스템의 등장을 가로막는 진입장벽의 역할을 하는 것이다.

경로의존성으로 인한 왜곡과 실패 역시 시장이 스스로 치유하지 못한다. 정부가 적절하게 개입하여 무형의 관습을 유형의 법이나 시스템으로 정비하면, 경로를 효율적으로 바꾸거나 개선할 여지가 있다.

역선택과 무임승차, 도덕적 해이

시장 실패가 일어나는 또 다른 조건은 정보비대칭이 심화된 '레몬마켓'의 경우이다. 정보의 비대칭성이 높을 경우 '역선택의 문제adverse selection problem'와 '도덕적 해이moral hazard', 각종 '무임승차free ride' 문제가 나타난다.●

역선택은 계약 이전에 나타나는 문제점이며 도덕적 해이는 계약 이후에 나타나는 현상인데, 이 두 가지 경우를 가장 흔하게 목격할 수 있는 시장이 보험시장이다.

예를 들어 자동차보험회사가 가입자에 대해 완전한 정보를 가지고 있다면 속도위반이나 음주운전을 하지 않는 모범운전

● **역선택과 도덕적 해이**
역선택이란 상대에 대한 정보가 부족해서 원하지 않는 상대와 거래가 이뤄질 확률이 높아지는 현상을 말한다. 중고차 시장에 질 나쁜 매물이 늘어나는 것이 대표적이다.
반면 도덕적 해이란 상대의 계약 이후 행동을 예측·통제할 수 없기 때문에 손해가 발생하는 현상을 말한다. 고용자가 고용주의 이익보다 자기 이익을 추구하는 '주인-대리인' 문제가 대표적이다.
두 가지 모두 정보비대칭으로 인해 발생한다.

자의 보험료는 대폭 낮춰주고 난폭운전이나 음주운전이 습관이 된 사람은 아예 보험 가입을 거부하거나 높은 보험료를 받을 것이다. 그래야 합리적 교환, 사회적 자원분배가 최적화되는 교환이 이뤄진다. 그런데 실제로는 그렇지 못하다. 보험회사 입장에서는 누가 모범운전자이고 누가 난폭운전자인지 가려낼 방법이 없기 때문에 최초의 보험료는 그 둘의 평균보험료로 정해진다. 만약 가입자가 각각 1명씩이라고 한다면, (모범운전자 보험료+난폭운전자 보험료)/2가 될 것이다. 즉 난폭운전자가 자동차보험에 적극적으로 가입하여 모범운전자로부터 보조금을 받는 '역선택' 현상이 나타나는 것이다.

한편 자동차보험에는 가입 이후의 '도적적 해이'도 자주 발생한다. 만약 보험사가 사고기록에 따라 보험료를 차등부과하지 않으면 자동차 보험에 가입했다고 하여 안심하고(?) 난폭운전을 일삼는 사람들이 늘어날 것이다.

또 차량의 사이드미러에 가볍게 부딪힌 사람이 있다고 하자. 이 사람이 원래 디스크가 있는 사람인데 '할리우드 액션'을 하면서 과장되게 길거리에 쓰러져 허리가 아프다고 할 경우 자동차 운전자나 보험회사는 이를 알 방법이 없다. 그 결과는? 결국 선량한 운전자가 허리디스크 환자를 몇 달이나 치료해줘야 하고 경제적 보상까지 해줘야 한다.

도덕적 해이가 국가 전체의 재정에 악영향을 미치는 또 다른 예로 실업급여를 생각해보자. 일을 하고 싶은데 불황 때문에 해고되어 일을 할 수 없게 된 사람에게 기초생계를 보장하기 위해 주는 것이 실업급여다. 그런데 실업급여의 혜택이 지나치게 커지거나 길어지면 일부 사람들은 구직을 포기해버린다. 일자리를 구할 수 있는데도 구할 수 없는 것처럼 행동하여 열심히 일하는 국민들의 세금을 유용하는 '무임승차' 문제가 발생하는 것이다.

무임승차나 역선택으로 인한 경제적·사회적 기회비용이 커지면 누군가 다른 사람이 피해를 입게 되고 자원의 효율적 분배도 이뤄지지 않는다. 따라서 역선택이나 무임승차를 가려낼 수 있는 정보시스템의 도입이나 유인Incentive제도의 설계는 합리적 경제행위나 선택을 하기 위한 중요한 전제조건이다. 뿐만 아니라 이는 '자본주의'라는 경제 엔진을 가동해 빵의 크기를 키워나가고 있는 기업이나 국가 전체가 반드시 해결해야 할 사안이기도 하다. 정보 불완전을 방치하여 역선택과 무임승차 문제가 기승을 부릴 경우 사회주의 경제가 그랬던 것처럼 경제 시스템이 사실상 붕괴할 것이다.

주인-대리인 문제

현대 자본주의의 핵심은 주식 및 채권을 발생하여 거래하는 자본시장의 존재이며, 기업이라는 법인격체는 대주주·소액주주·경영진·근로자 등 이해관계자들로 구성된다. 현실적으로 법인인 기업을 경영하는 것은 대주주이거나 대주주가 임명한 임원들이며, 소액주주들은 경영에 직접 참여하지는 않는 대신 주가 상승과 배당으로 보상을 받는다.

기업은 또 은행 등 일반 금융기관들로부터 대출을 받아 운영 자금 등으로 사용하며 돈을 빌린 기간에 따라 적정 이자를 지급한다. 신용이 높은 기업들은 돈을 빌리지 않고 자기신용으로 직접 채권을 발행해 일반투자자들에게 팔기도 한다. 따라서 기업은 출자나 대출, 회사채corporate bond 발행 등 자금조달 전과정을 통해 소액주주·은행·채권투자자·국세청 등 온갖 이해관계자들과 직간접으로 얽히게 되며, 이것이 일반적 자본시장의 생태계를 형성한다.

문제는 기업의 진짜 주인인 주주들로부터 경영권을 위임받은 기업의 경영진이 기업정보의 비대칭성을 활용하여 자신의 이익을 최대화하려는 은밀한 내적 동기를 가지기 쉽다는 점이다. 가령 미국에서처럼 소유와 경영이 철저하게 분리된 기업문화에서 기업경영자CEO는 기업의 주인인 주주나 노동자로 상징되는 기업의 장래를 위해서 최선을 다하기보다는 자신의 '몸값(연봉)'을 높이는 데 열을 올린다. 높은 투자비용이 소요되는 연구개발은 줄이고 당기순익을 높여 자신의 경영 능력을 과장하려는 동기가 발생하는 것이다. 자신은 몸값을 높여 다른 기업으로 스카우트되어 가면 그만이고 그 이후 회사가 연구개발 투자 부진으로 신기술을 따라잡지 못해 3류 회사로 전락하거나 말거나 별

신경을 쓰지 않는다. 이것이 경제학 교과서에서 자주 언급되는 대표적인 '주인-대리인 문제principal-agent problem'의 사례이다.

소유와 자본의 분리가 덜 되어 대주주가 경영을 책임지고 있는 한국에서는 이 문제가 주로 대주주와 소액주주 사이에서 생겨난다. 기업 경영권을 쥔 대주주들이 대다수 소액주주들의 이익보다는 자신들의 이익을 챙기는 사례가 자주 발생하는 것이다.

대주주들은 기업의 핵심 투자정보를 독점해 주가가 올라가면 시세차익을 독점하기도 하고, 회계정보를 속여 비자금을 조성해서 기업이 아닌 대주주 개인의 이익을 위해 쓰거나 상속·증여세를 회피하는 경우가 적지 않다. 자녀에게 비상장 자회사를 만들도록 해서 모기업과의 거래를 몰아줘서 키운 후 상장시키고, 이 주식을 교환하여 상속세를 내지 않고도 모기업을 상속받을 수 있도록 하는 것이 대표적인 사례이다. 한국 기업에 만연했던 순환출자나 상호출자, 불법비자금 조성 등이 모두 정보의 비대칭성 문제와 주인-대리인 문제에서 비롯됐다.

이 같은 정보의 비대칭성, 도덕적 해이의 만연은 필연적으로 경제의 몰락으로 이어진다. 1997년 한국경제가 겪었던 외환위기는 표면적으로는 단기 유동성 위기였지만 근원에는 이 같은 불투명하고 불공정한 시스템이 자리 잡고 있었다. 따라서 건강한 자본주의의 생태계가 형성되려면 시장에 참여하는 관계자 모두에게 기업의 활동에 대한 완전한 정보가 신속하고 공평하

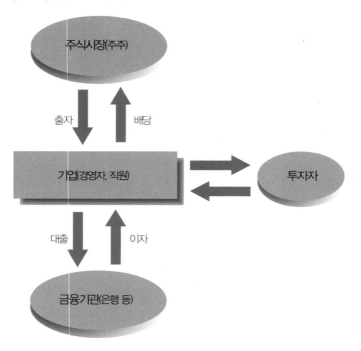

[도표 3] 기업-자본시장 구성도

주식시장(주주)

출자 배당

기업(경영자, 직원) 투자자

대출 이자

금융기관(은행 등)

게 전달되어야 한다. 기업이 작성하는 재무제표(대차대조표·손익계산서·현금흐름표 등)에는 회사의 모든 영업활동과 영업외 투자활동, 매출과 재고, 비용과 수익, 자산과 부채, 현금흐름 상황등이 완전하게 담겨져야 한다.

현대 자본주의의 모든 문제와 모순은 이 회계장부의 분식이나 조작에서 시작된다고 해도 과언이 아니다. 잘못된 정보를담고 있는 분식회계장부는 기업과 자본시장 생태계의 연결고리를 끊고 자본주의 시스템과 국가 경제를 '레몬마켓'으로 만들어가는 주범이다.

이 때문에 1997년 경제위기를 겪고 난 후 정부가 나서서 가장 대대적으로 손보기 시작한 것이 올바른 회계정보의 작성 문제였다. 재무제표에 완전하고 올바른 정보가 담겨지는지 외부 공인회계사가 객관적으로 검증하도록 법을 만들었고, 또한 대주주와 경영진이 회사의 가치에 영향을 미치는 중요 정보를 감추고 악용하지 않도록 공시에 관한 법과 제도를 만들어 소액주주들에게 실시간으로 공개하도록 하고 있으며, 내부정보를 활용한 주가조작의 경우 강도 높은 처벌을 하고 있다.

인간의 합리성에 대한 의문

1996년 등반대 두 팀이 에베레스트를 정복하기 위해 제4캠프에서 동시에 출발했다. 에베레스트를 등반하고 싶어하는 아마추어 산악인들을 데리고 정상까지 올라가주는 상업적 등반대였다. 두 등반대는 양쪽 모두가 전설적인 산악인이 이끌고 있었고 노련한 등반가이드들로 구성되어 있었으며 충분한 지원을 받고 있었다.

한쪽 등반대장은 뉴질랜드 출신 로버트 홀이었고 다른 한쪽은 미국의 스코트 피셔였다. 두 사람 모두 타의 초종을 불허하는 노련한 경력자였다. 양쪽 모두 에베레스트를 정복할 것은 분명해 보였다. 다만 어느 쪽이 좀 더 빠를 것인가가 관심사항이었다.

그런데 단순히 등산 좋아하는 호사가들의 흥미로운 관전평 정도로 끝날 것으로 생각되었던 이때의 등반에서 모두 아홉 명이나 되는 산악인들이 무더기로 목숨을 잃는 참사가 발생했다.

당시 홀의 원정대를 따라 나섰던 『아웃사이드』 저널리스트 존 크라카우는 『희박한 공기 속으로Into Thin Air』라는 책에서 날씨라는 천재지변 이외에 피셔와 홀 간의 라이벌 의식 때문에 '담력 겨루기' 같은 상황이 벌어진 것이 이 같은 참극의 한 가지 원인이라고 분석했다. 크라카우에 따르면 원래 뉴질랜드 산악인인 홀은 가장 빈틈없고 안전한 등반전략을 구사하는 사람으로 유명했다. 그런데 라이벌과 경쟁한다는 심리적 상황이 원래 안전 추구Risk Averse를 하던 홀의 심리를 위험 추구Risk Taking로 전혀 다르게 변화시켰고, 그 결과 큰 참화로 이어진 것이다.(이상의 내용은 데이비드 마컴와 스티븐 스미스의 『에고노믹스』에 실려 있는 사례를 재구성한 것이다.)

경쟁상황이라는 심리의 변화가 비단 등산가의 등반 스타일에만 영향을 미치는 것은 아닐 것이다. 인간의 심리는 경제행동과 선택에 어떤 영향을 미칠까?

시장에 대한 신고전학파의 믿음은 인간의 이기심과 합리성으로부터 출발한다. 즉 시장에 참여하는 사람들이 '이기적 합리성'을 가지고 있기 때문에 제대로 된 정보만 주어진다면 대부분의 사람들은 정보를 인지하고 합리적으로 해석하여 자신에게 가장 유리한 방향으로 행동하리라 본 것이다. 그리고 시장 참여자 모두가 동시에 그렇게 움직인다면 시장의 보이지 않는 손이 작동하여 각 시장 간 자원의 분배기능이 최적화되리라 믿었던 것이다.

따라서 신고전학파가 상정하는 '경제적 인간'은 기호·효용·위험에 대한 태도가 일관되며 언제나 효율적이고 합리적 결과를 추구하는 AI 같은 이미지로 그려지거나 혹은 선험적 통찰력을 가진 이성적인 존재로 묘사된다.

인간이 가끔씩 보여주는 비합리적 행위들에 대해 신고전학파가 내놓은 해답은 '시장 도태론'이었다. 합리적이지 않게 행동하고 극단적 선호를 보이는 사람도 물론 있겠지만, 이들은 합리적인 주체들에 의해 시장에서 배제되기 때문에 결국 시장에 영향을 미치는 건 합리적인 사람들이 대부분이라는 이야기다.

그런데도 여전히 의문은 남는다. 경제적 교환은 미래의 비용보다 기대효용이 높다고 판단하기 때문에 발생하는데, 미래에 발생할 수 있는 위험(즉 비용이 생각했던 것보다 크거나 기대효용이 생각했던 것보다 낮을 위험)에 대해 모든 사람들의 태도가 언제어느 때나 동일할까? 자신에게 유리할 것으로 생각되는 정보에 대한 인식이나 해석, 지각이나 판단, 집중도 등이 여러 가지 상황 변화에도 불구하고 언제나 같은 수준으로 유지될까? 동일한 한 사람이 어떤 경우는 이타적이고 어떤 경우는 이기적이 되는 등 태도의 변화를 보이는 이유는 무엇일까? 또한, 만약 모든 사람이 항상 합리적이라면 왜 튤립 투기(6장 참조)처럼 황당한 사건들이 자꾸만 벌어져서 시장을 혼란과 패닉에 빠뜨리거나 경제에 치명적인 타격을 주는 것일까?

이 같은 의문에 답하기 위해 시작된 것이 행동경제학 연구이다. 합리적이어야 할 인간들이 비합리적으로 행동하는 경제현상이 발생했을 때 그걸 관찰하여 왜 사람들이 그런 행동을 하는지, 비합리적 행동의 동기는 무엇인지, 경제 전체나 개별 기업에는 어떤 영향을 미치는지 보다 과학적이고 체계적으로 연구하고자 한 것이다.

케인스는 비이성적 군중심리가 거시경제에 미치는 영향을 통찰력 있게 바라본 초기 경제학자들 가운데 한 사람이었다. 그는 사람의 심리가 경제적 선택에 영향을 미치는 대표적인 경우로 유명한 '미인 투표'의 사례를 들었다.

어느 신문사가 아름다운 여성(케인스가 이 같은 비유를 했을 때는 미인대회가 성행하던 과거였음을 감안하자) 사진 100장을 게재하면서 "이 가운데 가장 많은 사람들이 미인이라고 선택한 후보를 맞추는 사람에게 상금을 준다"는 현상공모를 했다. 이 경우 사람들은 어떻게 미인을 선택할까? 자신이 가장 아름답다고 생각하는 사람보다는 다른 사람들이 누구를 가장 아름답다고 선택할까를 생각하여 선택하게 될 것이다.

케인스는 주식시장에서도 이 같은 미인 투표가 이뤄진다고 봤다. 투자자들은 합리적으로 기업의 재무제표를 분석하고 성장성·안정성·수익성을 따져가며 투자하는 것이 아니라 다른 사람들이 어떤 주식을 좋아할 것인지를 짐작해서 주식 종목을 선택한다는 것이다.

2008년 글로벌 금융위기를 일으킨 미국의 부동산투기 열풍이나 한국에서 벌어진 2019년의 부동산투기 등도 모두 합리적 판단보다는 '다른 사람들이 하는 걸 보니 더 늦기 전에 나도 해야겠다'는 군중심리가 미래의 이익에 대한 과도한 기대와 결합되었기 때문이다.

케인스 이후 조지 카토너G. Katona 등은 소비자나 기업의 심리와 이에 따른 행동이 경기의 상승과 하강, 투기, 인플레이션 등에 미치는 영향을 연구했다.

1978년 노벨경제학상을 수상한 허버트 사이먼은 경제학 박사이면서도 컴퓨터와 인공지능, 인지과학 등을 다양하게 연구하여 학제간 융합을 이뤄낸 학자였다. 그는 인간이 합리적일 것이라 가정한 신고전학파에 대해 정면으로 문제를 제기하여 "인간은 여러 가지 상황이나 조건에 의해 합리성이 제한을 받아 판단과 결정에 문제가 생긴다"고 주장했다. 그가 주장한 '제한적 합리성'의 가정은 이후 주류 경제학에 편입되어 경제학 교과서에 공식적으로 실리게 된다.

진화심리학이나 인지심리학 등 심리학의 영역과 경제학의 융합 연구가 본격화된 것은 1979년 대니얼 커너먼Daniel Kahneman 과 아모스 트버스키Amos Tversky 가 쓴 논문 「전망이론: 리스크 하에서의 결정」이 미국의 저명 학술지에 게재된 것이 계기였다.

　이 논문의 핵심은 위험도가 있는 결정을 할 때 사람들이 느끼는 가치value의 변화가 어떻게 이루어지는지를 가치함수로 모형화해 본 것이다. 전망이론의 가치함수는 y축이 사람들이 심리적으로 느끼는 가치의 증감을 의미하며 x축은 평가의 기준이 되는 준거점이라고 할 수 있는 0을 기준으로 해서 왼쪽은 손실영역(-), 오른쪽은 이익영역(+)이다. 그리고 사람들의 가치함수는 다음의 그림에서 보는 것처럼 S자형의 특징을 나타낸다.

　S자형의 패턴을 보이는 가치함수가 나타내는 의미는 무엇일까? 카너먼은 동일한 금전적 액수라고 하더라도 사람들이 느끼는 가치는 상대적이며 다음의 세 가지 특징이 있다고 봤다.

　첫번째 특징은 '준거점 의존성'이다. 펀드에 가입한 경우 펀드회사는 정기적인 투자보고서를 보내준다. 홍길동은 최근 자신의 투자액이 5000만 원에서 4000만 원으로 감소했다는 보고서를 받았고 허균은 자신의 투자액이 1000만 원에서 1200만 원으로 늘어났다는 보고서를 받았다. 두 사람 중 누가 행복하다고 느낄까? 4000만 원이나 가진 홍길동이 행복할까, 아니면 겨우 1200만 원을 가진 허균이 더 행복하다고 느낄까?

　두 사람이 느끼는 가치는 준거점에 따라 달라진다는 것이 이 가치함수가 제시하는 내용이다. 홍길동은 자신이 느끼는 만족의 준거점을 5000만 원으로 봤기 때문에 4000만 원을 가지고서도 큰 불만으로 생각할 것이고 허균은 준거점을 1000만 원으로

[도표 4] 가치함수

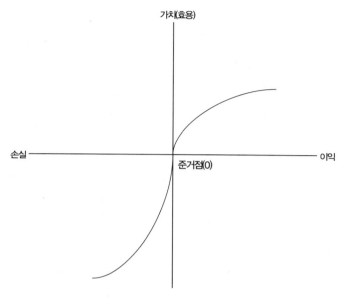

봐서 불어난 돈에 대해 행복을 느낄 것이다. 같은 액수가 동일한 만족감을 주지 않는 것이다.

커너먼의 가치함수의 두번째 특징은 '민감도 체감성'이다. 가령 금융자산 100억 원이 있는 사람은 투자수익이 1000만 원이 더 늘어나도 그다지 큰 만족[value]을 체감하지 못한다. 반면 금융자산이 거의 없는 사람이 1000만 원을 투자하여 2000만 원으로 늘렸다면 동일한 1000만 원에 대해 훨씬 큰 희열을 느낄 것이다. 그래프에서 이익이 커질수록 가치의 증가폭이 감소하는 것이 이를 나타낸다.

가치함수의 세번째 특징은 사람들이 같은 액수라도 이익이 늘어난 것보다는 손해가 났을 때 훨씬 강하게 손실감을 느낀다는 '손실회피성'이다. 때문에 가치함수 그래프는 손실영역에서 더 가파르게 아래로 떨어진다. 카너먼은 주류경제학의 기대효용이론이 현실적으로 사람들이 선택하는 행동(결정)과 맞지 않는 모순이 있다는 것을 입증하는 손실회피성의 사례로 다음과 같은 실험 사례를 제시한다.

> **실험 1**: 10만 원을 가지고 있고 다음 두 가지 대안 중 하나를 선택한다. ① 50%의 확률로 10만 원을 받거나 50%의 확률로 0원을 받는 것 ② 100%의 확률로 5만 원을 받는 것

이때 기대효용은 ①번이나 ②번이 동일하다. 즉 (0.5×10만)+(0.5×0)=5만이 되기 때문이다. 그런데 실험을 통해 실제로 사람들이 어떤 선택을 하는지 조사해보면 많은 사람들이 ②번을 선택한다. 즉 위험기피적 선택을 하는 것이다.

그런데 다음의 경우를 보자.

> **실험 2**: 20만 원을 가지고 있고 다음 두 가지 대안 중 하나를 선택한다. ① 50%의 확률로 10만 원을 잃거나 50%의 확률로 원금을 보존하는 것 ② 100%의 확률로 5만 원을 잃는 것.

만약 주류 경제학의 기대효용이론이 유효하고 사람들의 위험에 대한 선호가 일관성이 있다면 앞에서 ②번을 선택한 사람은 여기서도 동일하게 ②번, 즉 위험기피적 선택을 할 것이다. 그런데 실제 많은 사람들을 대상으로 한 시험결과를 보면 첫번째 실험에서 ②번을 선택한 많은 사람들이 이 경우에는 ①번을 선택한다. 이 결과는 무엇을 의미하는 것일까?

사람들은 이익구간에서는 위험기피적 태도를 가지게 되어 확실한 이익을 선택하는 경향이 있는 반면, 손실구간에서는 적은 손실을 확실하게 감내하기보다는 큰 손실을 볼 수 있다 하더라도 불확실성을 선호하는 위험선호적 경향으로 변화한다는 뜻이다. 기대효용이론의 예측과는 달리 사람들의 위험에 대한 태도가 일관되지 않으며 상황에 따라 달라지는 것이다.

이 실험을 했던 카너먼과 트버스키는 동일한 액수에 대해 손해를 봤을 때 사람들이 느끼는 불만족의 정도가 동일한 액수의 이익을 봤을 때 느끼는 만족의 정도보다 2배 내지 2.5배 정도 더 크다고 추정했다.

사람들이 손해를 심리적으로 훨씬 크게 느낀다는 이런 결론에 비춰보면 앞에서 우리가 배운 '기회비용'을 정확히 파악하는 게 얼마나 중요한지 다시 깨달을 수 있다. 명시적 비용은 어떤 것을 얻기 위해 내가 직접 지불한 비용인 반면, 기회비용은 내가 얻을 수 있었지만 그걸 포기함으로써 얻지 못하게 된 이익을 비용으로 환산한 것이다. 따라서 같은 액수라도 심리적으로는 내 주머니에서 직접 빠져나간 명시적 비용이 훨씬 크게 느껴질 것이다. 그러니 정말 합리적인 선택을 하려면 심리적으로 기회비용을 좀 더 높게 평가할 필요가 있다. '기회비용'에 대해 더 신중해야 할 이유가 생기는 것이다.

심리학을 경제적 선택과 결합시킨 이 기념비적인 논문으로 카너먼은 2002년 노벨경제학상을 수상했다. 카너먼의 연구 이후 주류 경제학에서 가볍게 취급되던 행동경제학이 경제학의 연구 가운데 분명한 하나의 흐름으로 인정받았다. 행동경제학은 사람들이 의사결정을 할 때 심리적·사회적 요소에 영향을 받으며, 미래에 대한 위험의 평가나 확률계산에서 적지 않은 실수를 저지를 수 있다는 것을 보여준다. 따라서 이런 인간 행동의 원인을 분석해야 그 행동으로 인한 피해도 어느 정도 사전에 방지할 수 있다고 말한다.

2017년 노벨경제학상 역시 경제학과 심리학을 융합한 리처드 탈러Richard H. Thaler가 수상했다. 그는 부드럽게 팔꿈치로 옆 사람을 쿡쿡 찌르다는 뜻의 '넛지Nudge'라는 개념을 도입한 학자로 유명한데, 사람의 행동을 변화시킬 때 직접적이고 강압적 수단보다는 이러한 넛지가 더 유용하다는 것이다. 그는 사회적 선호, 자기제어의 부족과 같은 심리적 특성이 경제적 의사결정에 어떻게 영향을 주는지 보여주었다. 또한 행동경제학적 접근을 재무 분야에 적용해 행동재무학을 개척했다.

대표적인 것이 옵트인Opt-in 제도와 옵트아웃Opt-out 제도이다. 사람들은 자신들의 이익이 선명하지 않을 때는 추가적 행동을 귀찮게 여기기 때문에 어떤 재무적 선택에 대해 적극적으로 반응하지 않는 특징이 있다. 예를 들어 대학교수에게 학과 학생들을 어떤 학술동아리에 가입시켜 공부를 시키고자 하는 의도가 있다고 하자. 이때 학술동아리 가입을 학생들이 개별적으로 선택하게 하는 경우(옵트인)보다는 학과 전체가 학술동아리에 자동 가입되는데 원하지 않는 사람은 가입하지 않겠다는 의사를 밝혀달라고 하는 편(옵트아웃)이 학술동아리 가입률을 높인다는 것이다.

이 같은 심리적 결정은 국가가 정책 설계를 할 때도 유용하다. 가령 정부가 저출산·고령화 시대에 국민들의 노후보장 연금저축을 늘리기 위한 정책을 고려하고 있다고 가정하자. 이때 세제 혜택 같은 유인을 주고 독자적인 연금상품을 만들어 적극적으로 가입하도록 하는 정책보다는, 이미 기본 옵션으로 되어 있어 아무런 추가 행동을 하지 않아도 되는 퇴직연금이나 소상공인을 위한 노란우산공제 등 기존 제도에 추가적 혜택을 부여하여 기여율을 높이는 방법이 더 효과적인 것이다.

최근 경제학의 외연은 심리학뿐만 아니라 철학·인류학·생태학 등이 결합된 연구로 다양하게 확대되고 있다. 금융 분야에서는 투자행위의 비합리성을 설명하는 데 진화생물학이 결합되기도 한다. 이 같은 학제간 융합연구의 확대가 시사하는 바는 분명하다. 인간은 완벽하게 합리적이지 않고 많은 실수를 저지르며 그 결과 자신은 물론 가정과 사회와 국가에 불리한 경제적 선택을 할 수 있다. 유발 하리리가 지적한 대로 인간은 잔인한 투쟁의 결과로 살아남은 호모 사피엔스의 후손이기 때문에 앞서 에베레스트 등반의 경우처럼 경쟁적 상황이 되면 공격적이고 호전적인 유전자가 나타나 큰 실수를 저지를 수 있는 것이다.

만약 우리가 자신 혹은 타인의 오류에 대해 근본적인 원인을 응시하고 이해할 수 있다면 시장에서 벌어지는 여러 가지 실패를 분석하고 일부라도 통제할 수 있을 것이다.

5장

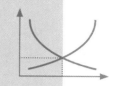

정부의
실패와
유인설계의
중요성

　　　　시장에서의 탐욕이 빚어낸 실패를 치유하기 위해 사람들은 일반적으로 정부가 신속하게 개입하여 해결해주기를 기대한다. 그런데 경제학이 고민하는 또 다른 문제는 정부 개입의 효과성 문제이다. 시장 실패를 치유하는 데 정부가 만능 치료사라고 확신하려면 다음의 세 가지 질문에 모두 '그렇다'고 대답해야 한다. 첫째, 정부는 선의로 무장한 관리자인가? 둘째, 정부의 개입에는 오류가 없는가? 셋째, 정부가 개입하여 만들어진 정책이나 규제가 장기적으로 지속가능한가?

　　자유방임시장을 지지하는 많은 경제학자들은 '선의의 중재자'로서 정부의 의도나 능력에 대해 강하게 부인한다. 경제학자 폴 스위지P. Sweezy(1910~2004)는 "정부를 자본주의 법칙에 따라 움직이는 인간들이 탈출구를 찾지 못하고 역경에 빠질 때마다 나타나서 구조하는 전지전능한 신쯤으로 취급하지 말라"고 비꼬기도 했다.

　　정부 개입의 실효성에 대한 문제의식은 정부가 일반기업이나 소비자 등 개별 경제주체들과 마찬가지로 도덕적 해이와 사적 유혹으로부터 절대로 자유로울 수 없다는 데서 출발한다. 우선 정부는 누구보다도 왕성한 자기 확장의 욕망을 갖고 있다. 정부를 구성하고 있는 공무원들은 절대로 자신들의 밥그릇을 줄이거나 포기하려 하지 않는다. 포기는커녕 적절한 견제가 없다면 해마다 자신들이 쓰는 정부 예산과 조직을 늘리려는 강력한 동기를 지니고 있다.

이와 관련해 자주 인용되는 정부조직의 자기확장 법칙이 유명한 '파킨슨의 법칙'이다. 영국의 경영학자 노스코트 파킨슨의 이름을 딴 이 법칙이 전달하고 있는 핵심 내용은 이렇다. 1914년에서 1928년에 이르는 15년 사이에 영국 해군 함정의 수는 64%가 줄고 장병 숫자는 31% 줄었다. 장병의 숫자가 줄었으니 해군본부 관리자의 수도 줄어야 마땅하지 않나? 그런데 조사를 해보니 오히려 78%나 늘었다는 것이다. 그리고 이런 현상은 해군뿐 아니라 영국 식민지성※에서도 똑같이 나타났다. 영국이 관리하는 식민지 수가 훨씬 줄었는데도 식민지성 관리는 오히려 늘어났다. 결국 업무량과 상관없이 조직이 자기 확장을 거듭하는 상황이 된 것이다.

이처럼 사적 이익을 앞세우는 정치인들과 공무원들이 적지 않은 정부조직이 과연 '선의의 관리자'나 '선의의 중재자'일 수 있는지 믿기 어려우므로 정부의 역할에 대한 부정적 목소리가 나타난다. 설령 선의가 있다고 하더라도 정부가 이 선의를 정책에 반영시킬 능력이 있는가에 대한 의문도 제기된다.

일단의 시장주의 경제학자들은 시장이 실패하고 다소 문제가 있더라도 정부가 손발 걷고 시장에 개입하는 것보다는 시장이 스스로 치유하는 것이 낫다고 주장한다. "경제라는 버스의 운전대를 정부가 잡고 경기를 조절해야 한다"는 주장에 대해 이들은 "정부는 형편없는 운전사"라고 단언한다.

이들의 논리 전개는 이렇다. 정부는 그 자체로는 단 한 푼도 생산할 수 없는 거대한 경제주체이기 때문에, 정부가 경기회복을 위해 정부 소비를 늘리려면 민간부문으로부터 세금을 더 많이 거둬야 한다. 따라서 정부가 지나치게 나설 경우 상대적으로 민간기업이나 소비자들의 몫이 줄어들고 소비와 투자가 대폭 축소될 수밖에 없어 경제에 오히려 악영향을 미칠 수밖에 없다. 이른바 **구축효과**crowding out effect가 발생하는 것이다.

구축효과를 이해하려면 흔히 하는 '의자놀이' 게임을 연상하면 된다. 이 게임은 의자가 하나밖에 없는데 세 사람이 돌다가 신호가 떨어지면 더 빨리 움직여 자리에 앉는 사람이 이기는 룰이다. 게임 참가자는 정부, 기업, 국민이다. 따라서 정부가 재빨리 의자에 먼저 앉아버리면 남은 두 사람이 서 있을 수밖에 없다. 이처럼 정부 지출은 자연히 민간부문을 구축하게, 즉 몰아내게 된다는 논리다. 정부의 잘못된 경제 개입은 문제를 악화시킬 뿐이기 때문에 정부는 일정한 규칙을 준수하는 형태로 국방이나 공공시설 건설 등 최소한의 개입과 역할만 해야 한다는 것이다.

정부의 적극적 역할을 불편해 하는 학자들의 주장은 개인의 주관을 중시하는 오스트리아학파와 맥이 닿아 있다. 이 학파의 대표주자인 하이에크는 중앙집권적 계획경제를 맹렬하게 비

판했다. 이들은 이론이 보
다 철저하고 정교하다는
점을 제외하면 시장에 모
든 것을 맡기라는 고전적
인 시장주의자들의 논리
와 본질적으로 일치한다
는 점에서 신자유주의neo-
liberalism 또는 신고전학파
라고 불리기도 한다.

  대부분의 국가들은 정부 개입을 주장하는 케인스학파의 주
장과 정부 개입의 비효율성을 강도 높게 비판하는 신고전학파
의 주장 사이를 오락가락하고 있다. 별 문제가 없을 때는 시장
주의, 큰 경제위기 때는 정부 개입이 정당하다는 것이 경험적 결
론이다.

정치인이 기업 편을 들게 되는 이유

  정부의 기능과 역할에 관해서는 제도학파와 공공선택학파가
현실적 관찰을 바탕으로 설득력 있는 통찰을 제시하고 있다.
특히 1986년 노벨경제학상 수상자인 제임스 뷰캐넌J. M. Buchanan
등이 주도한 공공선택학파는 시장의 욕망이 사적인 이익과 동
기로 움직이는 정부·관료·정치인들과 결합하여 '정글의 법칙'

이 경제를 지배하게 되었다고 날카롭게 비판하고 있다. 천문학적인 재정적자, 절대로 규모가 줄어들지 않는 공공부문이나 공기업들, 민간에는 실업자들이 넘쳐나는데도 평생고용 보장의 철밥통에 안주하는 공무원들, 기업들로부터 거액의 정치자금을 챙기는 데 열을 올리는 정치인들, 이들로부터 배타적인 이익을 보장받는 정치적 조직들이 비판 대상이다.

공공선택학파는 경제란 소독이 잘된 실험실이나 진공상태에서 존재하는 것이 아니라 현실에서 추악한 정치권력과 동거한다는 사실을 직시한다. 현실적 경제해법을 제시하기 위해서는 정치라는 요소를 집중적으로 연구해야 한다는 것이다. 뷰캐넌에 따르면 경제를 이루고 있는 모든 주체들은 전체의 이익을 위해 절대로 개인의 욕망을 절제하지 않는다. 개인의 힘만으로는 한계가 있기 때문에 온갖 협회와 기업, 노동조합 등 단체를 이루고 정치인이나 관료를 상대로 로비나 집단행동을 벌여 이익의 극대화를 추구한다.

로비와 관료적·정치적 부패가 근절되기는커녕 극성을 부리는 것을 뷰캐넌은 개인들의 이기적 선택에 따른 자연스러운 결과로 봤다. 어떤 집단이 자신들에게 유리한 법안을 통과시키기 위해 정치권에 로비를 벌인다고 하자. 그 법안 통과의 결과 국민들이 입게 되는 손해는 국민 개개인으로 보면 아주 소액인 반면 특정 집단이 얻는 이익은 천문학적이기 때문에, 국민들은 무심한 반면 특정 집단은 필사적이라는 것이다.

가령 특정 기업이 연간 1000억 원가량의 이익을 얻을 수 있는 법안을 통과시키기 위해 정치인이나 관료조직에 로비를 한다고 가정해보자. 개별 기업으로서는 엄청난 이익이다. 따라서 로비 자금으로 100억 원을 제공할 충분한 동기가 있다.

그런데 이 사실을 알게 된 '양심시민단체'가 이 법안을 저지하기 위해 소송자금을 국민들로부터 걷는다고 해보자. 이를 위해 돈을 낼 의사가 있는 사람이 과연 몇 명이나 될까? 우선 소송에 필요한 엄청난 돈은 개인의 호주머니에서 빠져나가지만, 이 법안을 저지함으로써 개인이 받게 되는 혜택은 전국민으로 분산돼 아주 적은 금액에 불과하다. 로비를 저지할 만한 개인적 동기가 거의 없는 것이다. 때문에 사람들은 대부분 관심을 가지지 않게 된다. 경제학자들은 이 같은 현상을 '합리적 무시rational ignorance'라고 부른다.

큰몫을 노리고 집요하게 로비를 하는 집단과 이를 비판하면서 돈을 내거나 개인적인 희생을 할 생각은 전혀 없는 소극적 다수가 싸울 경우 그 결과는 불을 보듯 뻔하다. 말할 필요도 없이 이런 로비는 경제의 효율성을 크게 해친다. 비효율은 또다른 비효율을 낳고 한 번 생긴 비효율은 법이나 규제라는 이름 뒤에 숨어 거의 영구적으로 계속되는 특징을 지닌다. 아무리 부정부패 척결을 외쳐도 불법 로비와 검은 돈의 거래가 줄어들지 않는 것은 바로 이 때문이다.

뷰캐넌의 이 같은 냉소적 입장은 돈 선거와 로비의 천국이라

檢, 롯데·SK '제3자 뇌물죄' 적시… 朴대통령 수뢰 입증 박차

는 미국의 정치현실을 바탕으로 하고 있다. 가령 상원의원 선거 때마다 한 사람이 평균 몇백만 달러를 사용하는데, 2년마다 총선이 있기 때문에 당으로서는 기업이 제공하는 정치자금이 필수적이다. 따라서 미국 정치인은 '국기에 대한 맹세Pledge of Alleginace가 아니라 기업에 대한 맹세corporate pledge of allegiance'를 하고 있다는 비아냥거림도 나온다.

선거법에 따라 미국 국민들이 자발적이고 개별적으로 대통령 후보나 상원의원 후보 등에게 직접 제공하는 선거자금인 하드머니hard money의 경우 모금파티를 통해 모금된다. 이때 특정 산업이나 기업에 유리한 법안의 로비를 위해 사람들은 연방선관위를 통해 개별 의원이나 각 당의 파티에 참석해 연설을 듣고 햄버거나 칵테일 한 잔에 몇천 달러를 내게 된다.

연방선관위의 제한이나 감독을 받지 않는 각 당의 비연방 선거자금계좌에 입금되는 돈인 이른바 소프트머니soft money의 경우는 특정 경제정책에 대한 로비적 성격이 더욱 분명하다. 1988년 미국 대통령선거 때 시작된 소프트머니는 그 후 급성장해 연방 선거자금법 규제를 사실상 사문화·무력화시키고 있다는 비판을 받는다. 워싱턴의 로비스트들은 공식적인 이 정치헌금을 통해 자신들이 대표하는 기업이나 산업에 유리한 법안이 통과되도록 로비를 한다. 농업 분야의 경우 대규모 보조금을 받는 정책을 통과시키기 위해 노력하고, 기업의 경우 법인세 감면 등 각종 세제 혜택을 받는 법안을 통과시키려 하는 것이다.

정부가 시장질서를 바로잡는다는 명분으로 제정하는 각종 산업규제에 대해서도 공공선택학파는 냉소적이다. 정부가 개입해, 각종 산업규제를 만들어내고 집행하는 점에 대해 규제를 하는 정부와 규제를 받는 기업이 이해를 같이한다는 '합작 음모설'을 제시한다. 정부의 규제 우산 아래서 규제를 즐기는 기업들이 있다는 것이다. 규제는 대체로 기존 시스템에서 이미 혜택을 누리고 있는 기업들은 보호하는 반면 시장 밖에 있는 신생 기업의 진입은 막고 차별하는 양상으로 전개된다. 따라서 규제의 보호를 받는 기업들은 규제를 유지하기 위해 더욱 강력한 로비를 벌이게 된다.

중세의 시장 형성 초기 단계에서 강력한 이익집단으로 작용한 것은 길드조직이었다. 특정 수공업자들이 단체를 이루어 자신들의 독점 이익을 보호하기 위해 생겨나기 시작한 길드는 외부인에 대해 철저하게 배타적인 속성을 보였다. 도시의 신흥 부유층이 된 길드조직은 가용할 수 있는 모든 수단과 방법을 동원해 해당 분야로의 신규 진입을 억제했고, 봉건세력이나 왕권에 금전적인 힘을 더해주는 방식으로 권력과 결탁하여 도시로 밀려든 이주자들이 시장에 새로 진출하려는 걸 막았다.

현대 경제는 좀 더 정교하고 조직적인 형태의 온갖 길드조직으로 가득 차 있고 조정되고 있다고 해도 과언이 아니다. 경제학은 각종 규제를 만들거나 유지하여 독점적, 배타적 이익을 추구하는 이들의 행위를 '지대 추구'라는 용어로 표현한다.

지대 추구란 생산이 고정되어 있고 원칙적으로 증가할 수 없는 상황에서 시장에서의 독점적 권리, 즉 지대를 확보하기 위해 특정 집단이나 개인이 행하는 비효율적 행위를 의미하지만, 공평한 경쟁이 아닌 온갖 편법을 통해 자신의 이익을 확보하려고 시도하는 모든 사회적 행위를 지칭하는 일반적인 용어로 쓰이기도 한다.

우리 주변을 둘러보면 온갖 기업·단체·협회·조합·종교단체 등이 제각각 지대 추구에 열을 올리고 있다. 각종 규제를 통해 신규 진입을 억제하고 경쟁을 제한하여 기존 멤버들의 이익을 보호하려고 한다. 때로는 정치적 힘을 과시하여 자신들의 존재감을 부각시키는 방식으로 지대 추구의 목적을 달성한다.

지대 추구 행위가 늘어날수록 경쟁이 사라져 경제는 비효율이 될 것이며, 지대 추구를 위해 지출되는 로비 비용은 가치를 창출하는 데 전혀 기여하지 못한 채 공중으로 사라지고 만다.

왜 미국은 총기규제를 하지 못할까?

지대 추구의 가장 강력한 수단은 아예 경기의 규칙을 바꿔 버리는 것이다. 경제법학자인 조지 스티글러George Stigler는 1971년에 발표한 「규제의 경제이론」이라는 논문에서 이를 '포획이론capture theory'이라고 명명했다. 정부나 정치권이 로비집단에게 포획되었다는 뜻이다. 각종 이익집단들은 정부나 정치권에 로비를 해서 합법적으로 경기의 규칙 자체를 바꿔버리거나 특정 규제가 통과되도록 하거나 혹은 자신들의 이익을 침해하는 법이 통과되지 못하도록 집요하고 전방위적 로비를 벌인다.

한국에서는 1982년과 1989년 두 차례에 걸쳐 금융실명제 및 금융소득 종합과세 법안 도입이 추진되었는데, 재계 등의 집요한 반대에 밀려 없던 일이 되고 말았다. 당시 비자금 조성 및 탈세 경영권 유지 등을 위해 기업들이 가·차명 계좌를 많이 활용했는데 금융실명제를 실시한다고 하자 정치권에 강력한 로비를 했던 것이다. 금융실명제를 시행할 경우 기업들이 제공하는 정치자금이 대폭 줄어들 것을 우려했던 정치권은 '경제난인데 금융실명제를 실시하면 경제가 파탄날 것'을 이유로 들어 없던 일로 하고 말았다.

정치권이 두 차례나 금융실명제 법안을 후퇴시켰던 진짜 이유는 1993년 '대통령 긴급재정경제 명령'으로 금융실명제가 실시된 이후 전직 대통령들이 재계로부터 받아 챙긴 천문학적 비자금이 드러나면서 확실해졌다.(물론 금융실명제 이후에도 거액의 현금을 정치자금으로 제공한 사건들이 발생했지만 불법 비자금 거래가 훨씬 불편해진데다 적발되기도 쉬워졌다.)

로비를 통해 정치권이 포획된 경우에 가장 잘 맞는 사례가 미국의 총기 규제를 둘러싼 논란이다. 미국은 슈퍼마켓에서 온갖 종류의 총이 값싸게 팔리는 나라, 은행계좌를 트면 총을 사은품으로 주는 나라, 학생이 서랍장에서 발견한 부모의 총을 학교로 들고 와서 총기사고를 내는 나라, 역대 여러 대통령들이 총기를 가진 암살범의 표적이 돼서 사망하거나 크게 다쳤는데도 정치권의 반대로 총기를 막지 못하는 이상한 나라다.

미국인 대다수가 총기를 갖고 있는 현실 때문에 영화관이나 쇼핑센터에서 총기난사 사건이 비일비재하게 발생한다. 부모의 총을 들고 학교에 온 고등학생이 교사와 학생들이 무차별로 쏴서 죽거나 다치는 사건도 심심치 않게 언론에 등장한다.

그런데도 왜 미국에서는 총기규제가 이뤄지지 못할까? 전미 총기협회National Rifle Association의 강력한 로비가 큰 원인이다. 1871년에 만들어진 이 협회는 1970년 들어 총기규제 목소리가 미국 사회에서 높아지자 엄청난 정치자금을 동원해 로비를 시작했다. 1994년 미 하원선거에서는 후보 276명에게 정치자금을 제공해 211명을 당선시키는 '괴력'을 발휘했으며, 이후 정치권에서는 총기규제 목소리가 사라졌다. 평생회원 400만 명, 연간 1억 달러의 회비를 운용하는 거대 협회를 상대로 총기규제 얘기를 잘못 꺼냈다가는 당선이 어려워진다. 자신들의 이익을 보호하기 위해 엄청난 정치자금을 제공하고 법과 규칙 자체를 지배하는 전미총기협회의 행태는 '포획된 정치'의 민낯을 보여준다.

포획된 정치가 만들어내는 경제와 사회는 로비력이 있는 강자만이 살아남는, 정글의 법칙이 작동하는 경제이다. 힘센 참여자들만 살아남기 때문에 모두가 조직화에 열을 올린다. 자유로운 개인의지로 경제의 활력을 창조하기보다는 좀 더 큰 조직의 보호 틀 안에 기꺼이 들어간다. 그리고 그 조직들이 각자의 이익을 최대화하고 경제규칙을 바꾸기 위해 힘으로 밀어붙이거나 로비로 막대한 비용을 쓴다.

이런 시장에서는 보이지 않는 손이 작동할 여지가 없으며, 따라서 시장 실패의 암울한 운명을 걷게 된다. 더 큰 비극은 다른 시장 실패의 경우처럼 정부가 개입해서 치유할 수 있는 것이 아니라 정부가 그 실패의 공범자가 되고 있다는 것이다. 포획된 정치가 만들어낸 경제야말로 시장과 정부가 동시에 실패하는 최악의 경우라고 할 수 있다.

오늘의 좋은 법도 내일은 나쁜 법이 된다

법과 규제의 문제점은 어떤 명분으로든 한 번 만들어져 정착되면 경제 상황이나 시장 상황이 달라진다 해도 이걸 되돌릴 수 있는 방법이 별로 없다는 것이다. 가끔씩 법 개정이 이루어지지만 국회의 법 개정 프로세스가 지난하여 대체로는 이미 소 잃고 외양간 고치는 경우가 많다. 또한 법과 규제가 사람들의 행동변화에 따라 달라지는 것이 아니라 사람과 제도와 문화가 법과 규제에 맞춰 적응해나가기 때문에, 시간이 지나면 비가역 적이고 비효율적인 생태계를 만들어버리는 경우가 대부분이다.

1865년 영국에서 제정된 붉은깃발법Red Flag Act이 대표적인 사 례다. 자동차를 세계에서 최초로 만든 나라는 영국이었다. 그런 데 증기기관으로 만든 자동차의 속도는 최대시속 30km/h 정도 로 도심 도로를 너무 빨리(?) 달리는 바람에 말이 끄는 일반 마 차들과 자주 마찰을 빚었다. 충돌하는 일이 가끔씩 벌어졌고 천천히 길을 건너던 사람들도 위협을 느끼곤 했다. 그래서 만들 어진 법이 붉은깃발법이다. 눈에 띄는 빨간색 깃발을 든 사람이 앞에서 걸어가면서 증기자동차를 선도하도록 하여 속도를 내 지 못하게 제한한 법이었다. 영국의 붉은깃발법은 무려 30여 년 동안이나 계속되었다. 이 법이 사라진 1890년대는 이미 영국의 자동차산업 경쟁력은 독일의 내연기관 자동차에 한참 밀린 뒤 였다.

붉은깃발법의 사례에서 보는 것처럼 단기적으로는 규제 도입 에 명분이 있다 하더라도 중장기적 동태성을 고려하지 않으면 잘못된 결과로 이어지는 경우가 많다. 경제를 움직이는 주체들, 즉 개인과 기업이 경제적 유인이나 규제에 따라 자신의 이익을 최적화하려는 방향으로 자꾸 움직이기 때문이다.

영국의 예를 하나 더 들어보자. 영국 기후는 비가 자주 오고 햇볕이 부족하여 부잣집일수록 창문의 수가 많았다. 이 점에 착안한 영국 왕실은 세금수입을 늘리기 위해 1696년에 창문세를 도입했다. 창문 숫자가 여섯 개 이상인 집들을 대상으로 신설된 창문세 때문에 7~9개의 창문이 달린 집은 2실링, 10~19개의 창문이 달린 부자 집은 4실링의 세금을 내야 했다. 시간이 지나면서 창문세는 어떤 결과를 불러왔을까?

영국 사람들은 창문세를 내지 않으려고 점차 집에서 창문을 없애기 시작했다. 왕실의 세금수입이 같이 줄어든 것은 물론 영국 국민들은 햇볕을 덜 받아 건강이 나빠지게 됐다. 더구나 그 타격을 가장 많이 받은 것은 신분이 낮은 하인계층이었다. 신분계급이 분명했던 영국의 주택에서 하인이나 하녀들이 거주하는 방의 창문이 먼저 사라지게 되었던 것이다.

창문세가 과거 영국에만 있었던 에피소드에 불과할까? 현대에도 창문세의 사례는 얼마든지 찾아볼 수 있다. 시급을 크게 올리고 주휴수당과 52시간 근무를 강제하게 되자 한국 경제에 무슨 일이 벌어졌을까? 우선 대기업들은 52시간에 대한 부담을 중소 하청업체에 떠넘겼다. 하청업체들이 52시간 법정시간을 지켜야 하는데 납품기일은 늘려주거나 인원을 추가로 고용할 수 있는 납품단가는 올려주지 않았던 것이다. 중소 하청업체는 이걸 감당하기 어려워지자 더 영세한 하도급 업체에 부담을 떠넘겼다. 대기업-중소기업-영세기업의 3중 하도급 구조가 해소되지 않는 한 '모든 기업에 대한 일괄 규제'는 기업 먹이사슬이 최저에 있는 영세기업들에게 가장 큰 피해를 입힌다.

한편 가게 주인들은 시급 노동자들을 대거 해고하고 소비자가 스스로 주문을 하는 키오스크KIOSK를 일제히 도입하기 시작했다. 규제의 도입으로 카운터에서 주문을 받거나 커피나 음식을 테이블로 배달해주는 손쉬운 알바가 줄어들게 되었고, 주휴수당을 주지 않기 위해 아르바이트를 각각 이틀짜리와 사흘짜리로 나누어 고용하는 바람에 아르바이트생들은 하루는 여기, 하루는 저기 일하는 식으로 이곳저곳을 떠돌게 되었다.

그렇다면 시급 아르바이트를 이틀, 사흘로 나누어 고용하고 키오스크를 도입하는 모든 상점 주인들이 다 나쁜 사람일까? 경제주체들이 새로운 규제환경에 맞추어 자신의 이익을 극대화하기 위해 움직이는 것은 잘못이 아니다. 선량한 의도가 반드시 선량한 결과로 이어지는 것은 아니며 보호하려는 대상이 오히려 피해를 입는 경우도 종종 발생한다는 점을 간과한 채 섣부르게 움직인 정책 책임자의 경솔함이 더 큰 잘못일 것이다.

이 때문에 경제학에서는 시간 변화에 따른 동태성을 아주 중요한 연구대상으로 삼고 있다. 단기적으로는 효율적인 정책이라도 경제 참여자들, 소비자나 기업이 상황에 맞춰 행동양식을 변화시킬 경우 단기적 효율이 장기적 비효율로 바뀌는 경우가 얼마든지 있기 때문이다.

호주행 죄수호송선에서 벌어진 일

그렇다면 정부 실패와 시장 실패는 어느 쪽이 더 나쁜가? 만약 시장 실패에 정부가 개입한다면 어느 정도까지 어떤 방식으로 개입하는 것이 효율적인가?

시장 실패와 정부 실패에 대한 케인스주의자들과 신고전학파, 공공선택학파의 이론들 모두가 부분적으로 올바른 통찰을 제공한다. 정부가 결코 아무 사심 없는 선의의 중재자가 아니며 사적 동기로 움직이는 집단체인 것은 사실이지만, 그렇다고 해서 시장이 모든 것을 치유하는 만능의 손도 아니기 때문이다. 경제와 관련된 정책이나 규제가 성공을 거두려면 다음의 몇 가지를 신중하게 고려해야 한다.

첫째, 정부 정책이나 규제는 장기적 지속가능성과 동태성을 선제적으로 잘 고려해서 만들어야 한다. 정책이 실시되고 난 후 상황이 바뀌거나 잘못됐다고 판단됐을 때 이를 변경하거나 취소할 수도 있도록 반드시 일정 부분 퇴로전략을 생각해두는 것이 좋다. 단기적으로 유효할 것으로 판단되는 특정 규제를 도입할 때, 일정 기간이 지나면 자동으로 폐지되는 일몰제를 도입하거나 유효성을 다시 따져서 존폐 여부를 결정하는 것이다.

원천적으로 퇴로가 없는 정책을 펼 경우는 실시 전에 신중에 신중을 거듭하지 않으면 안 된다. 퇴로가 없는 정책을 정치적 목적 때문에 섣불리 도입할 경우 그 후유증은 도저히 치료할 수 없는 상황으로 이어질 수 있다. 앞서 설명한 사회적 경로의존성 때문이다. 퇴로가 없는 정책, 정치적으로 부담이 큰 정책은 크게 잘못됐다는 점이 드러나더라도 다시 되돌리기가 쉽지 않고 그 피해는 두고두고 국민들이 지게 된다.

둘째, 정부의 가장 우선적인 역할은 직접 시장에 개입하기보다는 일반 개별 주체들이 지켜야 할 경제제도와 규칙, 시스템을 만들고 이들이 상호작용을 잘 하고 있는지 객관적인 심판이 되는 것이다. 가령 기업을 규제할 때는 민간 금융기관을 양성하고 이들이 기업을 간접 규율하는 방향으로 규칙을 만들어가는 식으로 말이다. '민간 금융기관'과 '민간 기업'이 길항적으로 균형과 견제를 해나가도록 하는 것이다. 일부 기업들이 회계장부를 분식하여 이익을 조작할 경우 정부보다 훨씬 빨리 눈치채고 효율적으로 찾아내는 것은 민간 회계법인이며 금융기관들이기 때문이다.

단 금융기관은 도산할 경우 단순히 한 금융기관의 피해에 그치는 것이 아니라 금융시장 전체, 산업 전체에 위기가 확산될 수 있기 때문에 금융기관의 영업 행태나 자산운용에 대해서는 일반 기업보다 훨씬 엄격히 규제해야 한다. 한마디로 정부규제는 시스템 리스크가 큰 부문에 집중되어야 한다는 것이다.

셋째, 경제적 제도와 규칙은 경직적인 법으로 해결하기보다는 도덕적 해이를 최소화하고 개인적 이기심이 자연스럽게 전체의 이익과 부합할 수 있는 유인incentive 구조를 설계하는 것이 더 효율적이다.

현대의 경제현상과 시장은 복잡다단한 절차와 방식을 거쳐 이뤄지고 있지만 복잡한 방정식의 밑바닥에는 예외 없이 욕망과 이기심이 자리 잡고 있다. 인간 심리의 저변에 자리 잡은 욕망과 이기심을 바르게 이해하고 설계하는 것은 개인 차원이든 기업 차원이든 국가 차원이든 합리적인 해결을 위한 첫걸음이라고 단언할 수 있다.

경제적 유인구조의 중요성을 알 수 있는 대표적인 사례가 18세기 영국의 죄수호송선 사건이다. 당시 런던에서는 범죄가 기승을 부려 감옥시설이 현저하게 부족했다. 죄수들의 수감시설을 고민하던 영국 정부는 호주로 죄수들을 추방하기로 했다. 형기를 마치면 그곳에서 자유의 몸이 되도록 하는 조건에 따라 1788년 아서 필립이 이끄는 대형 죄수호송선 11척이 호주를 향해 출발했다. 여기에는 732명의 죄수가 타고 있었다.

그런데 호송선에 타고 있던 죄수들의 상당수가 호주 땅을 밟아 보지도 못한 채 항해 도중에 사망했다. 대체 무슨 일이 있었던 것일까? 무슨 대단한 가혹행위가 있었던 게 아니다. 선원들은 단지 호주로 실려 가는 죄수들을 적극적으로 보살펴주지 않았다. 배 아래 어둡고 비위생적인 선실감방에 갇힌 죄수들은 장기간 신선한 공기나 햇볕을 받지 못하고 물과 식품도 제대로 공급받지 못해 장기간의 항해를 견디지 못하고 사망한 것이다. 최초의 항해 이후 1790년부터 3년 동안 4082명 중 498명의 죄수가 사망했다. 어떤 항해에서는 죄수의 절반 가까이가 사망한 경우도 있었다. 비인도적이라는 비판에 직면한 영국 정부는 인품이나 평판을 보고 선장을 임명하거나 선박 위생을 개선하는 등의 조치를 취했지만 사태는 별로 개선되지 않았다.

사태를 근본적으로 해결한 것은 몇 년이나 지나 이루어진 '유인구조의 재설계'였다. 그전에는 영국 정부가 선박운송회사와 계약을 할 때 보내는 죄수의 숫자를 기준으로 돈을 지급했으나 계약조건을 바꾸어 도착했을 때 살아 있는 죄수의 숫자를 기준으로 돈을 지급하기로 한 것이다. 그러자 죄수들의 사망이 드라마틱하게 줄어들었다. 1793년에는 세 척의 배가 422명을 호송했는데 단 한 명을 제외한 421명이 무사히 호주 땅을 밟았다. 살아 있는 죄수가 많을수록 경제적 이익이 높아진다는 것을 알게 된 선주와 선원들이 앞장서서 죄수의 위생 상태를 점검하고 물과 식품을 적절히 공급했던 것이다.

이 사례는 오히려 극도의 이기심이야말로 방향만 잘 설정되면 사람의 생명을 살리면서 경제적 효율성을 극대화시킬 수 있는 동력이라는 사실을 보여준다.

기업 차원에서 노동자들이 무임승차를 하지 않고 열심히 일하도록 독려하는 유인은 기업성과지표KPI: key performance index 측정에 따른 '성과급'이다. KPI는 대체로 회사의 이익에 기여한 비율에 따라 임금체계를 달리하도록 되어 있다. 단 KPI는 적절한 지표로 구성되어야 한다. 유인이 잘못 설계될 경우 소비자들이 큰 피해를 입을 수 있고 기업 자체도 무너질 수 있다.

가령 고객들의 주식운용을 책임진 증권사 직원에 대한 KPI를 회사수익에 기여한 비율로만 정하면 어떤 일이 벌어질까? 이들은 별다른 죄책감 없이 의미 없는 주식거래를 자꾸 되풀이할 것이다. 주식거래에 따른 수수료는 투자자가 내고, 이는 곧바로 회사의 이익이 되기 때문이다. 또 은행 창구직원에게 파생금융상품을 팔 때마다 보상이 이뤄지도록 KPI가 설계된다면 어떤 일이 벌어질까? 창구직원들은 금리와 수익률, 기대수익의 차이도 잘 모르는 일반 소비자나 노인들을 대상으로 열심히 원금손실이 100%까지도 날 수 있는 위험한 파생금융상품을 팔아치울 것이다. 실제 이런 일들이 무수히 금융회사에서 발생했다.

잘못된 유인 설계는 단기적으로는 소비자들만의 손해가 되지만 장기적으로는 금융회사의 몰락으로 이어지기도 한다. 오로지 '신용카드의 발급 숫자'만으로 직원들에게 인센티브를 주는 잘못된 KPI를 설계했던 모 신용카드회사는 본래 신용카드 발급을 받을 수 없는 신용불량자들의 손에도 대거 신용카드를 안겨주는 바람에 카드대출이 전부 부도가 나서 결국 도산하고 말았다.

잘 설계된 유인제도는 많은 생명을 구하기도 하고 기업의 생산성을 높이기도 하지만, 잘못 설계될 경우 작게는 기업을 망치고 크게는 국가경제를 망치게 된다. 당신이 크든 작든 조직을 운영하는 사람이라면 어떻게 KPI가 설계되어 있는지 지금 당장 점검해보라!

인디언보호구역의 발전이 더딘 이유

경제이론에 법을 결합시킨 신제도학파는 일부 경제적 사건의 경우에는 법이 재산권과 개인의 책임원칙을 분명히 하여 갈등이 생겨날 소지를 원천적으로 차단함으로써 시장 실패로 인한 비효율을 치유할 수 있다고 주장한다. 이들에 따르면, 재산권이 불분명할 경우 경제는 반드시 파국과 갈등을 빚게 된다. 확실하지 않은 재산권을 자신의 것으로 만들기 위해 로비 같은 '정글의 법칙'이 판을 치게 되고, 그 정도가 심해지면 사회적 실패로 이어지기 마련이다. 법치국가란 재산권에 대해 분명히, 그리고 합리적으로 정의한 나라이기도 하다.

똑같은 평수로 구성된 어떤 아파트가 있다. 이 아파트의 난방 시스템과 연료비를 어떻게 결정하는 것이 경제적 효율을 담보하는 것일까? 만약 중앙난방을 해서 총연료비를 아파트 가구수로 나누는 방식을 도입했다면 모든 가구가 사용하는 총연료 사용량과 연료비는 대폭 증가할 것이다. 에너지를 아끼기 위해 난방을 덜하고 춥게 지내봐야 개인에게는 아무런 득이 되지 않기 때문이다. 겨울에도 너무 더워서 얇은 속옷 바람으로 지내거나 문을 열어놓고 지낼지언정 연료를 아껴 쓸 생각은 하지 않을 것이다.

그런데 가구별로 나눠서(재산권 및 그 책임을 분명히 해서) 각자 사용한 만큼 연료비를 내라고 하면 어떤 현상이 벌어질까? 당연히 모두가 두꺼운 내복을 입고 두꺼운 이불을 덮고 자면서 난방 밸브를 가급적 잠글 것이다. 결과적으로 연료사용량은 대폭 줄어들 것이다. 한 아파트의 연료절감 방식을 국가의 경제정책 전체로 확장해보면, 정부가 도입하는 여러 경제정책이나 시스템이 개인의 경제적 이익과 일치하도록 설정하는 것이 얼마나 중요한지 짐작할 수 있을 것이다.

찰스 윌런의 『벌거벗은 경제학』이라는 책에는 재산권이 분명히 정의될 경우 경제적 상황이 훨씬 좋아질 것이 분명한 어느 인디언 부족의 사례가 등장한다.

나는 『이코노미스트』에 미국 원주민에 대한 장문의 기사를 쓰고 있었다. 몇몇 인디언보호구역에서 잠시 시간을 보낸 후에 나는 그

곳에 개인주택이 별로 없다는 점을 알았다. 원주민들은 연방정부가 보조금을 지급하는 주택에서 살거나 트레일러에서 살았다. 왜 그럴까? 인디언보호구역의 땅은 공동소유이기 때문에 일반적인 주택융자를 받기가 아주 어렵기 때문이다. 원주민들은 땅을 약간씩 사용할 수는 있어도 소유권은 없다. 토지 소유권은 부족에게 있다. 이것은 은행들에게 무엇을 뜻할까? 은행은 원주민이 융자금을 갚지 못해도 토지를 경매에 붙일 수 없다. 반면에 트레일러는 그렇지가 않다. 소유자가 융자금을 갚지 못하면 은행은 그냥 보호구역에 와서 트레일러를 끌고 가면 된다. 하지만 트레일러는 일반 주택과는 달리 지역 건축 산업을 발전시키지 못한다. 그것은 수천 킬로미터 떨어진 공장에서 만들어서 보호구역으로 옮겨진다. 이런 과정은 목수나 벽돌공, 도배사, 전기공들에게 일자리를 제공하지도 못한다. 하지만 인디언보호구역에서 가장 절실하게 필요한 것은 바로 그와 같은 것이다.

만약 이 인디언들이 땅의 재산권을 분할할 수만 있다면 미국 사회에서 원주민 인디언들의 경제적 상황은 훨씬 좋아지게 될 것이 분명하다고 저자는 설명한다.

아프리카 일부 국가들이 코끼리의 멸종을 막을 수 있었던 방법도 사적 재산권의 인정이었다. 코끼리에 대한 사적 재산권을 인정해주기 시작하자 사람들이 코끼리를 남획과 약탈로부터 적극적으로 보호하고 새끼를 많이 낳도록 환경을 조성하기 시작한 것이다.

법이 권리를 분명하게 정의 내려주는 것은 사회의 갈등비용을 줄이기 위해서도 꼭 필요한 일이다. 가령 한 사무실 내에서 담배를 피울 수 있는 권리인 흡연권과 담배 연기를 맡지 않을 수 있는 권리인 혐연권이 충돌할 경우, 법을 통해 혐연권을 분명하게 인정해준다면 사무실에서 쓸데없는 충돌은 사라지게 될 것이다.

6장

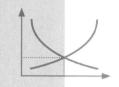

경제성장을

위한

고민

개인이든 국가든 모든 경제행위의 최종 목표는 무엇일까? 바로 '빵의 크기를 키우고' '빵을 각자의 기여에 맞게 분배'하는 문제일 것이다.

애덤 스미스로부터 시작된 고전주의경제학은 시장의 보이지 않는 손이 자연스럽게 경제의 성장과 적정 분배에 관한 모든 문제를 해결해줄 것이라고 믿었다. 시장이 한정된 자원을 최적의 효율로 배분하면 경제 엔진은 최적의 상태에서 성장동력을 만들어갈 것이고, 늘어나는 생산은 경제주체의 기여분에 따라 임금 상승과 배당의 증가라는 형태로 적정 분배될 것으로 생각했다. 개인적 합리성이 경제 전체의 합리성으로 연결되고 따라서 국가 차원의 경제성장과 분배도 조화롭게 이뤄질 것으로 생각한 것이다.

이 같은 이유 때문에 초기 경제학은 당연히 소비자나 기업 등 경제주체들이 왜, 어떤 요인 때문에 얼마만큼의 소비와 생산을 선택하게 되는지, 그리고 그 선택에 따라 시장에서의 가격이 어떻게 조절되는지 등의 개별적이고 미시적인 문제에 관심이 맞춰질 수밖에 없었다. 시장의 경제주체인 기업이나 개인이 최선의 선택을 하면 그 선택의 결과가 자동적으로 경제 전체에 가장 유리하게 작용할 것이라고 믿었기 때문이다.

이 같은 믿음이 깨진 결정적 계기는 1929년 10월, '검은 월요일'의 뉴욕증시 폭락으로 시작된 대공황이었다. 갑작스럽게 닥친 경제공황은 전세계 경제를 밑바닥으로 끌어내렸고 실업의 공포가 흉흉하게 거리를 휩쓸었다. 이런 상황에서 '공급은 스스로 수요를 창출하며 실질임금의 신축적인 조정에 의해서 완전고용이 달성될 수 있을 것'이라는 세이의 법칙Say's law •과 고전학파의 낙관은 힘을 잃을 수밖에 없었다.

왜 처음에는 단순한 경기침체처럼 보였던 상황이 그처럼 급격히 악화되었는가? 왜 시장 경제는 고전학파의 예언과 달리 자체적으로 회복할 수 없게 되었는가? 이 같은 의문의 실마리는 대공황이 발생하고 한참이 지난 후 J. 스위니와 R. 스위니의 「통화론과 그레이트 캐피탈 힐 탁아조합의 위기Monetary Theory and the Great Capital Hill Baby Sitting Co-op Crisis」라는 다소 엉뚱한 제목의 논문에 등장한다. 이 논문은 어린 자녀를 둔 전문직 맞벌이 부부집단이 만든 '그레이트 캐피탈 힐 탁아조합'의 성공과 실패의 경험을 다루고 있다.

이 탁아조합은 아이들을 서로 돌봐주되 한 시간 동안 다른 아이를 돌보면 쿠폰 한 장을 받아 자기 아이를 한 시간 맡기는 데 쓸 수 있도록 하는 규약을 정했다. 이 같은 규약은 얼핏 보기에는 서로에게 도움이 되는 윈-윈 게임으로 생각되었다. 그런데 언제 얼마만큼의 쿠폰이 필요할지 예측이 어려운 데서 문제가 발생했다. 회원들은 비상시에 쓰기 위해 가능한 한 많은 쿠폰을 벌어두려 했다. 다들 '일제히' 외출을 자제하고 남의 아이

● **세이의 법칙**
공급이 수요를 창출한다는 경제학 법칙. 그러므로 생산된 것이 판매되지 않아서 기업들이 휴업을 하고 실업이 발생하는 사태는 이론상 있을 수 없었다. 즉, 고전학파 이론에 의하면 총공급의 크기가 총수요의 크기를 결정하기 때문에 총공급과 총수요는 언제 일치하고, 따라서 항상 완전고용이 달성된다. 프랑스의 경제학자 J. B. 세이의 이름에서 기원한다.

를 돌보겠다고 나서기 시작한 것이다. 회원들은 점점 더 외출을 삼갔고 쿠폰 지출에 신중해지기 시작했다. 쿠폰을 벌 수 있는 기회가 점점 줄게 되자 서로 경계하는 분위기가 확산되어 누구도 외출을 하지 않은 채 우울하게 집만 지키는 사태가 발생했다. 탁아조합의 위기였다.

이 탁아조합에서 발생한 일은 얼핏 주변 어디서나 나타날 수 있는 별것 아닌 사례 같아 보이지만, 이것이 경험이 현실 경제에서 발생하면 큰 재앙이 된다. 증권시장이 폭락하고 경제가 바닥을 모르고 추락하고 실업자와 자살자가 양산됐던 1930년대 초반의 대공황도 이와 같은 원인으로 발생한 것이다.

당시 장래를 불안하게 느낀 모든 소비자들이 동시다발적으로 지갑을 닫았다. 소비부진은 생산부진으로 이어졌고, 기업은 노동자를 해고해 또다시 실업이 증가하는 악순환이 일어났다. 3%였던 실업률이 25%로 치솟았으며 국민총생산은 절반으로 격감했다. 대공황이 장기화됐던 1933년의 국민소득은 1922년 수준으로 하락했다. 거리에는 실업자들이 넘쳐났고 비상급식소가 설치될 정도였다.

당시의 경제위기에 대한 해결책 역시 그레이트 캐피탈 힐 탁아조합 회원들이 생각해낸 해결책과 유사했다. 탁아조합 운영위원회는 쿠폰 유통을 늘리기 위해 모든 부부 회원에게 한 달에 적어도 두 차례는 외출할 것을 의무화했다. 그러자 놀랍게도 쿠폰 유통이 늘어나기 시작했다. 모든 사람들에게 탁아의 기회

가 늘어나자 쿠폰이 더 들어올 것으로 예측한 회원들이 더 자주 외출을 하게 되어 탁아조합이 활성화되기 시작한 것이다.

여기서 쿠폰 사용은 경제에서 소비와 비슷한 기능이고, 탁아조합위원회의 역할은 정부와 비슷하다고 할 수 있다. 1930년대 대공황 당시 일제히 주머니를 닫은 소비자들을 대신하여 정부가 적극적으로 나서서 소비해야 한다며 정부의 역할을 강조함으로써 해결의 실마리를 제공한 사람이 영국의 경제학자 존 메이나드 케인스였다.

그는 현실경제는 불확실한 미래를 전제로 하고 있으며, 가계와 기업 등 경제주체들이 불확실성 아래서 주관적 판단과 행동을 한 결과 심각한 시장 불일치와 왜곡이 발생할 수 있다고 생각했다. 가령 미래의 경기 상황에 대해 수많은 사람들이 각자

예측을 하고 있다고 가정해보자. 어떤 사람은 낙관하고 어떤 사람은 비관적으로 보고 있다면 별 문제가 없다. 그런데 어떤 이유로 모든 사람들이 동시다발적으로 미래 경기를 최악으로 예측한다고 할 경우 소비자들의 행태는 '집단적인 절약'으로 이어질 것이다. 그레이트 캐피탈 힐 탁아조합 회원들이 쿠폰을 아끼기 위해 일제히 외출을 삼가기 시작한 것과 똑같은 이치다.

소비자 개개인의 입장에서는 불확실성에 대비하는 소비감축과 절약이 당연하고 합리적인 선택일 것이다. 그런데 소비자 전체가 '합리적 절약'을 할 경우 국가 전체로는 오히려 최악의 결과로 이어질 수 있다. 모든 소비자들이 일제히 지갑을 닫으면 기업은 생산을 줄이고 해고를 많이 하게 되어 실업자가 증가할 것이며, 그러면 소비가 더 줄어들어 총체적으로 경제가 하락하는 악순환이 나타나는 것이다.

게다가 개개인의 합리적 선택이 집단 전체에 미치는 악영향의 크기는 1대1의 비율이 아니라 승수효과Multiplier Effect•에 따라 기하급수적으로 커지게 된다고 케인스는 생각했다. 승수는 일종의 연쇄파급효과라고 할 수 있다.

1930년 전후의 대공황이 바로 이런 상황이었다. 케인스는 이런 경우 시장에만 맡겨두어서는 안 된다고 역설했다. '그대로 내버려두어도 장기적으로는 언젠가 시장이 다시 균형을 찾을 것'이라는 고전학파의 신념에 대해 케인스는 "장기적으로 볼 때 우리는 모두 죽는다In the long run, we are all dead"는 말로 응수했다. 시장

● 승수효과
경제에 어떤 요소를 투입하면 그에 따른 변화는 거기서 그치지 않고 또 다른 요인에 또 영향을 주게 된다. 이렇게 변화가 파급되어가면 처음 투입한 양보다 더 큰 효과가 경제에 발생한다. 예컨대 정부가 1억 원을 임금으로 지출하면, 임금을 받은 노동자가 일부를 소비할 테고 그 소비액은 기업으로 흘러들어가 다시 생산에 사용될 것이다. 그러면서 경제 전체엔 1억 원이 넘는 효과가 발생하게 된다. 이를 승수효과라고 하며, 승수가 클수록 변화의 파급력이 큰 것이다.

이 회복되기 전에 경제가 먼저 죽을 것이라면서 정부가 적극적으로 개입해 공공지출을 늘리라고 권고한 것이다. 케인스는 미국의 승수를 2.5 정도로 추산하고 정부 지출을 늘려야 한다고 주장했다.

루스벨트 대통령은 이러한 케인스 이론의 영향을 받아 1932년 민주당 후보로 출마하면서 엄청난 규모의 '뉴딜정책'을 발표했다. 이 정책은 시장경제의 자율적 조정능력을 강조하는 고전주의경제학의 이론을 완전히 뒤엎고, 재정투자 등을 통한 정부의 시장 개입과 금융시스템의 전면 재정비 등 케인스경제학에 기초를 둔 개혁정책이었다. 그리고 이 정책으로 1930년대 경제위기는 점차 극복되었다.

이후 2008년의 글로벌 금융위기나 2020년 코로나19가 불러온 글로벌 실물·금융 복합위기 등의 시점에 각 나라 정부가 그간 금기시해온 통화증발^{通貨增發}이나 노골적인 재정지원을 동원해서라도 최대한 시장에 개입하는 것은 대공황 때 얻었던 경험에 근거를 두고 있다.

튤립 투기와 부동산투기—구성의 오류

대공황 당시 일반 사람들은 물론 경제학자나 경제관료들을 어리둥절하게 만든 최대의 경제현상은 부지런히 일하고 저축하고 노력하는 개개인의 최선의 선택이 국가 전체적으로는 일종의 재앙과 같은 상황으로 이어질 수도 있다는 모순이었다.

2020년 초에도 비슷한 일이 벌어졌다. 코로나19 바이러스 사태가 걷잡을 수 없이 확산되자 뉴욕에서 사재기 열풍이 벌어졌다. 편의점과 쇼핑센터 진열대에서는 물과 온갖 식품이 깨끗하게 다 사라졌다. 미리 사두지 못한 사람들은 당장 먹을 음식이나 물이 없어 발만 동동 굴렀다. 개개인으로서는 미래의 불안에 대비하는 합리적 선택을 했지만 시장 전체로는 재앙이 발생한 것이다.

부분적·미시적으로는 가장 합리적인 경제행위의 합이 거시적·총체적으로는 치명적인 역효과를 불러오는 경우를 경제학자들은 '구성의 오류fallacy of composition'라 부른다.

개인 각자의 입장에서는 이익 극대화를 위한 합리적인 선택을 한다고 생각하는데 수많은 개인들이 한꺼번에 특정한 방향으로 움직이면서 경제가 실패하는 극단적인 유형으로 '투기bubble'를 들 수 있다. 투자 행위는 미래에 대한 예측을 전제로하며, 투자수익은 미래의 위험에 대한 대가의 성격을 지니고 있다. 미래에 많은 위험을 져야 하는 투자의 경우 대가가 높고, 위험을 적게 지는 투자의 경우 기대수익도 낮아지는 것이 당연하다. 그런데 정보의 왜곡이나 잘못된 집단적 믿음으로 인해 시장의 모든 참여자들이 동시다발적으로 위험에 비해 수익이 엄청나게 높다고 기대하는 현상이 발생할 수 있다. 특정 자산에 대한 막연하고 낙관적인 상상력이 희망 섞인 자기충족적 예언●과

● 자기충족적 예언
어떤 기대나 예언이 실현되리라는 믿음을 강하게 가지고서 하는 행동이, 그 기대나 예언을 실제로 이뤄지게 만드는 현상을 말한다. 한 회사의 주식이 상승할 것이라는 소문이 퍼지면, 투자자들이 그 주식을 구매할 것이다. 그러면 실제로 주가가 올라게 된다. 이런 것이 자기충족적 예언이다.

결합하여 상호작용하면서 시장에서 거품을 불러일으키는 것이다.

투기에 참여하는 대중들의 낙관과 자기최면, 열병과도 같은 맹목적 믿음은 오랜 역사적 뿌리를 갖고 있다. 가장 황당하고도 대표적인 사례로 자주 인용되는 사건이 17세기 네덜란드에서 발생한 튤립 뿌리에 대한 투기 열풍이다.

원산지가 터키인 튤립은 1630년대 네덜란드로 건너오면서 일거에 네덜란드 사람들의 관심과 흥미를 독점했다. 튤립의 이국적인 아름다움과 희귀성에 매료돼 아무런 흠이 없는 완벽한 튤립을 찾는 일에 빠져 전재산을 날리고 마는 사람들이 늘어나기 시작했다. 일부 부유층 사이에선 희귀한 튤립 품종을 소유하는 것이 명예가 되고 자랑이 되다 보니 희귀종種 튤립을 입수하려는 경쟁이 붙었다. 수요가 늘면 가격이 오르는 확실한 시장의 법칙에 따라 튤립의 가격도 오르기 시작했다.

튤립을 잘 재배하거나 희귀종을 입수해서 팔면 큰돈을 벌 수 있다는 사실을 알게 되면서 많은 사람이 튤립 거래에 뛰어들었다. 땅속에 묻혀 있는 희귀한 튤립 구근球根이 몇 차례나 거래됐고, 그때마다 가격이 올라갔다. 당시 희귀종 튤립 한 구근의 가격은 암스테르담 최고의 저택을 살 수 있을 정도였다.

사태가 이쯤 되자 돈 많은 사람들뿐만 아니라 기술자·농부·선원·굴뚝청소부까지 온갖 사람들이 튤립에 투자하기 시작했다. 튤립을 거래하기 위한 시장이 암스테르담·로테르담·할렘·레이든·알크마 등 6개 도시에서 개설됐으며 튤립 거래 질서를 바로잡기 위한 법 제정의 필요성까지 제기됐다.

결코 꺼지지 않을 것 같았던 이 튤립 투기 열풍은 그러나 2년도 안 돼서 막을 내렸다. 뭔가 심상치 않은 징후를 느끼자 영리하고 눈치 빠른 사람들이 먼저 시장에서 빠져나왔으며, 이들의 이탈에 동요를 느낀 시장은 즉시 여기에 반응했다. 이제는 너도나도 튤립을 팔겠다고 사람들이 아우성치기 시작했다. 팔려는 사람만 있고 사려는 사람은 없으니 튤립 시장은 결국 대폭락과 붕괴로 이어졌으며, 그 후유증은 네덜란드 경제에 오래도록 엄청난 타격을 주었다.

일견 황당하고 어처구니없어 보이는 이런 투기 열풍은 그러나 시대나 장소에 따라 대상을 달리할 뿐 끊임없이 되풀이된다. 미래에 대한 근거 없는 낙관, 어리석은 기대가 제어를 모르는 시장의 무한한 욕망과 결합되는 상황에서 투기붐은 늘 다시 등장하기 마련이다. 한국에서도 변형된 현대판 튤립 투기를 얼마든지 볼 수 있다. 2019년 벌어진 부동산투기 광풍 역시 튤립 투기와 여러 가지 면에서 비슷한 양상을 보이고 있다.

구하기 힘든 희귀종 튤립에 각종 스토리를 내세워 주된 투기대상으로 만들었던 것처럼, 투기세력들은 해당 지역에 사실 여부를 확인하기 어려운 각종 개발'재료'를 공급하여 투기붐을 일으켰다. 또 튤립 투기꾼들이 담합하여 자전매매自轉賣買를 하고 가격을 올린 것처럼 전문투기꾼들이 갭 투자를 유도하고 자전

매매를 하기도 하면서 가격조작을 하기도 했다.

부동산투기를 부추기는 데는 또 한 가지 요소가 존재한다. 관련자 모두의 묵시적인 담합 카르텔, 이른바 '침묵의 카르텔'이다. 우선 전문 투기꾼들이 나서면 아파트 주민들은 가만히만 있어도 수억 원의 시세차익이 생기기 때문에 아파트 가격의 담합에 가담한다. 주변의 다른 아파트 주민들도 일제히 환영한다. 약간의 시차를 두고 주변 아파트의 시세도 따라 오르기 때문이다. 주택건설업체도 당연히 두 손 들어 환영한다. 여러 가지 옵션을 붙여서 분양가격을 얼마든지 올릴 수 있기 때문이다.

투기꾼들이 일단 '재료'가 있는 특정 지역에 불을 지피자 주변에 일종의 묵시적인 담합 분위기가 생겨나고, 일부가 투기적 이익을 얻는 것을 지켜본 대다수의 사람들이 '선행자 따라하기 follow the leader'에 동참하면서 전체 서울지역의 아파트 가격이 달아오르게 된 것이다.

경제학자 찰스 킨들버거의 『광기, 패닉, 붕괴』에 따르면 20세기의 투기적 광기는 저금리 유동성이 풍부한 환경에서 과도한 차입에 의존하여 부동산과 주식에 집중되었다는 것이 특징이다. 한국의 부동산투기 역시 정부의 저금리정책과 풍부한 유동성이라는 환경에서 최소자본으로 최대한의 은행 빚을 내서 보유 주택수를 늘리는 갭 투자라는 기형적인 형태로 전개되었다. '부동산 불패'라는 과거 경험에 근거한 막연한 낙관과 자기충족적 예언이 상호작용하고 특정 재화에 대한 엄청난 기대가 형성되면서 시장에 급격히 거품이 형성됐다. 서로가 서로를 부추기는 과열 속에서 '부동산 가격이 앞으로도 계속 오를 동인이 정말 있을까?'라는 합리적 의심은 끼어들 여지가 없었다.

과거 한국의 부동산 불패신화는 1955년부터 시작된 베이비부머들의 급격한 인구확장 및 성장, 결혼, 자녀양육과 함께 생겨난 것이다.(생산가능연령의 증가가 경제성장을 가져오는 현상을 '인구 보너스'라고 한다) 그런데 현재 진행되는 세계 최악의 저출산 고령화 추세와 1년에 생산가능인구가 30만 명씩 사라지는 상황에 비추어볼 때 앞으로의 주택수요 및 가격상승 여부는 확실히 의심의 여지가 있다.(급격한 인구감소는 장기적으로 경제불황과 주택경기 하락을 부추긴다. 이런 현상을 '인구 오너스'라고 한다.)

투기의 가장 큰 문제는, 처음 투기붐에 불을 붙인 사람들이나 부유층은 쉽게 빠져 나가는데 투기붐의 가장 마지막 단계에서 감당하기 어려운 부채를 얻어 뛰어든 '보통 사람들'이나 전세입주자들이 거품 붕괴의 가장 큰 피해를 입는다는 점이다.

가령 부동산 갭 투자의 위험구조를 분석해보자. 갭 투자는 최대한의 은행 빚을 내서 아파트를 사고 이 집을 전세로 내주어 자기돈 얼마 들이지 않고 아파트를 보유하는 형태이다. 가령 10억 원짜리 아파트를 계약한 후 4억 원의 은행 빚을 얻고, 이집에 6억 원의 전세 입주자를 들이면 투자자는 자기 돈이 거의 없이 아파트의 소유주가 된다. 투기붐이 계속되어 집값이 계속 오를 경우는 문제가 없는데, 어떤 사건을 계기로 투기붐이 꺼져 아파트 가격이 8억 원으로 하락할 경우는 어떤 일이 벌어질까?

우선 은행은 LTV*규제에 따라 은행 빚 추가 상환을 요구할 것이다. 그런데 도처에 갭 투자를 벌여놔서 돈을 갚을 능력이 없는 집주인이 제때 상환을 하지 못하면 은행은 곧바로 이 주택을 경매에 넘기게 될 것이다. 부동산 경기가 꺼진 후 경매로 넘겨진 집은 시가보다 훨씬 싼 가격에 팔릴 수밖에 없다. 팔린 가격에 각종 세금과 경매비용을 제외하고 은행이 4억 원을 가져간 후 남는 얼마 안 되는 돈이 전세입주자의 몫이 된다. 투기 붐이 꺼진 후 최대 피해자는 서민들인 것이다.

경제 전체를 들여다보기—거시경제학

대공황이 불러온 모순적인 상황과 혼란, 절망의 와중에서 '경제의 성장과 순환'이라는 큰 문제를 들여다보는 거시경제학이 경제분석의 주류로 떠올랐다.

거시경제학을 뜻하는 매크로 이코노믹스macro-economics라는 말에서 '매크로'는 '크다'는 뜻의 그리스어에서 연유한다. 따라서 거시경제는 특정 생산품이나 시장, 개개인의 경제적 선호나 선택에 대해 다루기보다는 한 나라 경제 전체의 문제를 다루는 분야로 이해하면 된다. 여기서는 최종 생산물의 거래를 다루는 시장뿐만 아니라 그 생산물을 만들어내기 위해 투입되는 각종 요소들, 즉 자본이 거래되는 '자본시장'과 노동이 거래되는 '노

● LVT
Loan to value의 약자로, 주택의 가치에 따른 대출 한도의 비율을 말한다. LTV가 40%라면 시가 10억 원짜리 아파트를 담보로 4억까지만 대출이 가능하다.

동시장' 등을 종합적으로 보고 각 시장의 연결효과에 관심을 갖고 연구한다. 생산물시장과 요소시장은 모두 긴밀하게 상호 연결되어 있고, 이 연결고리 속에서 임금이나 이자율 등의 요소 가격과 생산물가격 등이 결정된다.

가령 어떤 이유로 생산물시장에서 소비가 크게 줄면 물가가 낮아지고 기업은 생산을 줄여 고용과 투자를 기피하게 된다. 그에 따라 실업이 늘어나고 임금수준이 낮아지며, 동시에 자본 시장에서는 기업의 자본수요가 줄어들어 이자율이 하락한다.

이처럼 생산물시장과 노동시장, 자본시장이 약간의 시차를 두고 동시에 움직여 임금·이자율·물가 등이 결정되는 것이다. 그리고 그 최종적 결과로 거시경제의 가장 중요한 목표, 즉 '빵'의 크기(국내총생산GDP)와 고용수준 등이 결정된다.

거시경제는 또한 경제를 이루는 각 부문들의 효율성은 물론 각 부문들의 결합체인 전체 경제의 문제를 종합적이고 효율적으로 생각하고 연구해야 하는 분야이기도 하다. 한 나라의 경제는 생산·유통·서비스·금융·수출 등 수많은 부분집합으로 이뤄져 있다. 따라서 부분집합의 최적화local optimization 행위나 정책이 다른 부문의 최적화other local optimizations 등에 미치는 영향, 그리고 최종적으로 경제 전체의 최적화global optimization 에 미치는 영향을 동시에 고려해야 한다.

가령 기업에 대한 특정 정책을 결정하면서 그 정책이 노동계에 미치는 영향을 생각해야 하고, 노동정책을 펴면서 동시에 그

정책이 경제 전체의 효율성에 미치는 각종 파급효과를 고려해야 한다. 경제자원은 희소하기 때문에 어떤 부분집합을 만족시키기 위해서는 다른 부분집합이 희생될 수도 있고 전체도 영향을 받기 때문이다. 따라서 거시경제 전체의 입장에서는 어떤 부문을 더 중요시해야 하는가 하는 '선택과 집중'의 고민에 직면하게 된다.

가령 2004년 2월 진통 끝에 통과된 한국과 칠레 간의 자유무역협정FTA* 체결 문제를 둘러싼 논쟁을 예로 들어보자. 농촌부문을 위한 최적화 행위는 당연히 FTA 체결을 맺지 않는 것이다. 그러나 중남미 수출의 교두보 확보를 노리는 전기전자와 자동차 등 공산품업계 입장에서 보면 칠레와의 FTA를 추진하는 것이 최적화 행위가 된다. 이 두 가지 상반된 최적화 행위 가운데 경제 전체를 위해서는 어떤 최적화를 우선해야 하는가를 고려하여 선택하는 것이다.

실업문제도 그렇다. 가령 18세기 산업혁명이 유럽을 휩쓸면서 증기기관을 동력으로 한 대량생산 기계가 급격히 도입돼 노동자들의 일자리를 빼앗는 상황이 벌어졌다. 이때 실업의 공포에 내몰린 단순노동 종사자와 수공업자들이 기계파괴운동(러다이트운동Luddite Movement)에 나섰다. 이들에게는 자신들의 일자리를 빼앗는 기계를 파괴하는 것이 최적화 행위였겠지만, 생산성 혁명이 가져온 경제발전이 기존에는 존재하지 않았던 새로운 분야에서 완전히 다른 직업군을 더 많이 만들어낸다는 점에서 보면

● **자유무역협정**
국가간 상품의 자유로운 이동을 위해 모든 무역 장벽을 제거시키는 협정. 자유무역협정은 협정에 가입한 국가에게만 배타적 통상혜택을 주는 등 철저한 호혜주의에 바탕을 두고 있기 때문에, 강대국 중심의 지역적 통상블록이 형성된다. 가령 미국이 중미국가들과 자유무역협정을 맺었다면, 해당 국가들의 제품이 관세없이 자유롭게 국경을 넘나들 때 한국 상품은 높은 관세를 물고서야 미국시장이나 중미시장에 진출할 수 있다.

1811~1817년 사이 영국의 직물공업지대에서 노동자들이 기계를 파괴하기 시작했다. 이들을 지도자인 네드 러드(Ned Ludd)의 이름을 따서 러다이트(Luddites)라고 불렀다. 오늘날 시대착오의 대명사처럼 일컬어지기도 하지만, 이들의 싸움은 생존권을 지키기 위한 불가피한 것이었다.

그것이 경제 전체를 위한 최적화 행위는 분명 아니었던 셈이다.

산업혁명과 비슷한 현상이 지금의 디지털혁명, AI혁명기에도 나타나고 있다. 전통산업에서는 일자리가 줄어드는 반면 기존에는 없던 다른 부문에서는 일자리가 창출되기 때문이다. 기술개발과 생산성 향상으로 새롭게 생겨난 일자리의 혜택을 입는 사람이 존재하는 반면 피해를 입는 사람도 존재한다. 아무리 디지털 기술혁명이 새로운 직업군을 창출한다고 해도 그 기술을 받아들이지 못하는 노년층이나 기술교육으로부터 소외된 이들은 사회의 낙오자·실업자로 남게 된다.

이처럼 자원은 희소하고 부분의 최적화와 전체의 최적화가 달라 갈등을 일으키는 상황이 자주 발생하기 때문에, 국가는 '거시경제 전체'의 최적화를 추구하면서도 그로 인해 희생당하는 '부분'에 대해 합리적 보상을 하는 시스템과 방식을 마련하는 데도 많은 노력과 연구를 기울여야 한다.

실업문제를 예로 든다면, 기술혁명과 산업변화를 추구해 경제 전체의 효율을 높이는 동시에 부분적으로는 변화의 그늘에서 소외된 실업자들의 생활을 안정시킬 방안과 다시 노동시장에 진입시킬 수 있는 재교육 프로그램도 연구해야 하는 것이다.

거시경제가 다루는 영역은 엄청나게 다양하고 넓고 복잡하지만 거시경제 정책의 가장 핵심적인 키워드는 '성장, 고용, 인플레이션' 세 가지로 압축된다. 이 몇 가지 단어에는 경제학이 풀어야 할 영원한 숙제인 '성장과 분배'의 문제가 함축적으로 요약되어 있다. 인류가 살아남기 위해서는 빵을 좀더 크게 많이 만들어내고(경제성장과 생산성) 빵 생산에 기여한 만큼 공정하게 분배(고용, 배당)하고, 분배된 빵이 자기도 모르는 사이 감쪽같이 사라지는 일(인플레이션)을 방지하는 것보다 중요한 일은 없다고 단언할 수 있다.

그런데 빵의 크기는 어떻게 측정되는가? 측정하는 방식은 정확한가? 어떻게 하면 빵의 크기가 커져서 고용과 분배를 늘릴 수 있는가? 빵의 크기를 늘리는 효율적인 방법, 즉 생산성은 어떻게 높일 수 있는가? 경기와 통화량은 어떻게 조절하고 물가는 어떻게 해야 안정시킬 수 있는가? 이 과정에서 정부의 재정

정책과 통화정책은 어떤 영향을 미치게 되는가? 거시경제는 이런 다양한 의문을 국가 전체의 단위에서 고민한다.

'빵'의 크기 측정하기

한 국가가 생산하는 '빵'의 크기는 국내총생산GDP: Gross Domestic Product이라는 개념을 통해 하나의 숫자로 나타내진다. GDP를 한눈에 파악할 수 있는 대표적인 것이 다음의 수식이다.

Y= C+I+G+(X-M)

이 식에서 Y는 GDP를 뜻하는 것으로 GDP는 '특정 기간 동안 한 나라 경제에서 생산된 최종 재화와 서비스가 시장에서 거래되었을 때 이를 시장가격으로 환산한 합계'로 정의된다.

여기서 특정 기간이란 분기별, 반기별, 1년 등이며 일반적으로 1년 동안을 주요 기준으로 한다. 최종 재화는 집과 가구, 컴퓨터와 핸드폰, 각종 전기전자제품, 매일 식탁에 오르는 각종 농산물과 식품, 의류, 가방, 신발 등 수많은 상품들을 뜻한다. 단 GDP를 계산할 때는 최종 재화(자동차)를 생산하기 위해 들어가는 중간재(자동차 조립에 들어가는 각종 부품 등)는 계산에서 제외해야 한다. 최종 생산물인 자동차의 시장가치에 모든 중간재의 가격이 이미 반영되어 있기 때문이다. 또 우리는 매일 출근할 때 버스와 지하철을 타고(교통서비스), 때때로 미용실에 가서 머리를 자르며(미용서비스), 반려견을 병원에 데려가는(의료서비스) 등의 경제활동도 한다. 이런 서비스 부문도 GDP를 구성하는 중요산업이다.

GDP에는 해외부문도 포함된다. 특히 우리나라의 경우 세계 10위권 안팎의 수출국으로, 수출이 국가경제에서 차지하고 있는 비중이 크기 때문에 수출과 통상문제는 언제나 비상한 관심의 대상이 된다.

그런데 이 같은 재화와 서비스는 시장에서 거래되며, 시장에서 상품과 서비스를 구입하는 경제주체에는 가계·기업·정부가 있다. GDP는 가계소비(C)와 기업소비인 투자(I), 정부소비(G), 그리고 수출(X)에서 수입(M)을 뺀 순수출의 합으로 계산할 수 있다.(순수출로 계산하는 이유는 수입품은 이미 소비자나 기업, 정부에 의해 시장에서 구매되어 2중 계산되기 때문이다.) 앞의 수식이 의미하는 바가 바로 이것이다.

빵의 크기를 측정할 때 생각해봐야 할 또 하나의 요소는 실제 생산된 GDP가 한 나라의 잠재적 생산능력을 최대한 반영한 것인가이다. 시험에서 90점을 받을 충분한 능력이 있는 학생이 60점을 받았다면, 이 학생의 몸 상태가 안 좋거나 우울하거나 하는 등의 문제가 있어서일 것이다. 이 문제점을 잘 잡아주면 이 학생의 성적은 금방 오르게 될 것이다.

이처럼 국가경제의 최대 잠재능력과 현재의 성과의 차이를 측정하기 위해 만든 지표가 '잠재 국내총생산'이다. 이 잠재 GDP는 한 나라가 보유하고 있는 노동과 기계 등 생산설비로 상징되는 자본을 완전히 활용했을 때 인플레이션 없이 이룩할 수 있는 최대 GDP를 의미한다고 볼 수 있다.

그렇지만 GDP를 측정하는 데는 적지 않은 오류와 한계가 있다. 오류가 발생하는 대표적인 원인으로 화폐가치 평가방식에 따른 문제점을 들 수 있다. 예를 들어 재선에 출마하는 어느 나라 대통령이 4년 전 GDP와 현재의 GDP를 비교한 후, "지금의 GDP가 훨씬 더 높으니까 내가 집권한 후 경제가 훨씬 좋아졌다"라고 주장할 때, 국민들은 이 말을 액면 그대도 믿어도 좋을까?

이미 짐작하고 있겠지만 대답은 물론 "아니다"다. 바로 인플레이션 때문이다. GDP는 시장가격에 의해 측정되므로 만약 인플레이션이 많이 돼서 시장가격이 높아졌다면 '빵의 크기'가 커지지 않았는데도 GDP가 자동으로 따라 오르는 것이다.

따라서 GDP를 비교할 때는 물가상승분에 따라 자동적으로 오르는 명목GDP로 해서는 안 되며, 현재의 물가를 기준년도의 물가수준과 비교해 통일시켜주는 작업이 필요하다. 그래야 진짜 빵의 크기를 비교할 수 있다. 물가상승분을 빼고 측정한 것을 '실질GDP'라고 하는데, 우리가 한 나라 경제의 실제 크기를 측정하기 위해 필요한 숫자는 바로 이 실질 개념에 바탕을 둔 것이다.

'빵'을 갉아먹는 '유령 쥐'의 정체

인플레이션은 집 천장 속에 숨어 있다가 나도 모르는 사이에 내 빵을 갉아먹는 유령 쥐와 비슷하다. 지난 4년 동안 대통령이 돈을 두 배쯤 더 찍어내 아낌없이 시중에 풀었다고 하자. 갑자기 월급봉투가 두 배로 두툼해졌다고 좋아한다면 당신은 바로 '화폐환상'의 덫에 걸린 것이다. 왜냐하면 돈이 많이 풀려 돈의 가치가 대폭 하락한 만큼 시장에서 거래되는 상품과 서비스의 가격도 따라서 올라가기 때문이다.

똑같은 비율로 두 배만 올라가면 그나마 다행인데 실제로는 그보다 훨씬 더 많이 올라간다. 돈이 시장에 많이 풀릴 경우 돈의 가치가 하락할 것을 예상한 사람들이 물건값이 오르기 전에 사재기를 시작할 것이고, 반대로 상인들은 물건을 팔지 않으려 할 것이기 때문이다.

동시에 대통령은 안 보이는 곳에서 슬그머니 미소 짓고 있을 것이다. 통화발행을 남발하여 정부가 인플레이션을 야기시킬 경우 단기적으로는 시뇨리지seigniorage가 발생하고, 높아진 인플레이션 때문에 세금수입이 대폭 늘어나며, 정부부채가 줄어드는 등 정부에게 여러 가지 점에서 아주 유리하기 때문이다.

왜 그럴까? 시뇨리지는 '정부가 화폐발행을 했을 때 화폐의 실질가치에서 발행에 든 비용을 제외한 금액'으로 정의된다. 5만 원짜리를 찍어내는 데 든 아주 소액의 비용을 빼고 남는 거의 대부분이 정부 몫으로 돌아가는 것이다. 또 사람들이 내는 소득세는 소득구간에 따라 세금이 크게 늘어나는 누진 방식인데, 어떤 사람의 월급이 인플레이션 때문에 같이 올랐다면 이 사람이 내는 세율도 '누진적으로' 껑충 뛰어 훨씬 많은 세금을 내야 한다.(한국의 경우 소득세 누진세율은 연소득 1200만 원 이하는 6%이며 소득구간별로 9%씩 추가로 증가하여 3억 원 초과시 40%, 5억 원 초과시 42%이다.) 소득이 올랐다고 하더라도 인플레이션으로 물건값이 올라 실제로는 비슷한 수준인데도 소득세는 훨씬 더 내야 하는 셈이 된다.

높은 인플레이션은 또 국채를 남발하여 이자를 많이 지급해야 하는 정부에게 유리한 반면, 소득이 일정한 연금생활자나 저소득층에게 특히 불리하다. 또한 성실한 월급쟁이나 서민들을 고통과 절망으로 몰아넣는다. 부지런히 일해서 번 돈을 아껴 열심히 은행에 저금을 해도 소용이 없어지기 때문이다. 생필품 가격과 집값이 은행이자보다 몇 배나 높이 뛰어버리니 말이다. 화폐가치 하락 때문에 집이나 부동산가격은 천정부지로 뛰기 마련이다.

● 하이퍼 인플레이션
단기간에 엄청난 물가상승이 이뤄지는 경우를 말한다. 주로 전쟁이나 혁명 이후의 혼란기나 정부가 화폐 발행을 무분별하게 늘릴 때 발생한다.

만약 하이퍼인플레이션hyperinflation●이 발생하면 화폐는 금세 아무 쓸모도 없는 종잇조각으로 변해버린다. 물건값은 천정부지로 치솟아 천문학적 숫자를 동원해야 할 판이다. 예를 들어 1922년 여름부터 1923년 가을까지 독일에서는 매달 300% 이상의 인플레이션이 발생해, 물가가 100배도 넘게 뛰었다. 필요한 현금을 찍어내려면 인쇄기를 밤낮으로 돌려도 모자랄 지경이었다. 월급봉투의 잉크가 채 마르기도 전에 물가는 성큼 월급을 앞서갔고 고용주들은 한 달에도 몇 번씩 월급을 올려주어야 했다. 레스토랑 손님들은 식사를 주문하자마자 계산부터 했고 술집을 찾은 사람들은 술을 마시는 그 순간에도 물가가 계속 올라갔기 때문에 아예 술 한 통을 미리 시켜놓아야 했다. 한번은 독일 주부가 가방에 지폐를 수북이 넣어서 시장으로 달려갔다가 고기를 사기 위해 잠시 한눈을 파는 사이에 돈이 든 가방을 도둑맞았다. 가방을 찾아 헤매다가 가게 옆 쓰레기통에 보니 가방은 사라지고 돈만 남아 있었다. 도둑이 부피만 나가는 돈은 쏟아버리고 장바구니만 가져갔던 것이다!(토드 부크홀츠, 『유쾌한 경제학』, 43~45쪽)

지폐보다 장바구니가 더 귀중했던 심각한 하이퍼인플레이션 상황에서 독일 노동자들의 괴로움은 상상을 초월했을 것이다. 도탄에 빠진 경제는 국민들의 분노를 자극하고 희생양을 요구한다. 그 분노의 배출대상이 된 것이 유대인들이었고, 심리적 혼란을 교묘하게 파고들어 음습한 악의 그늘을 만든 것이 히틀러 정권이었다. 그늘과 습기 속에서 빠르게 자라나는 독버섯처럼 나치의 선전구호는 출구를 모르는 분노와 증오를 자양분으로 독일 국민들에게 확산되었다.

주부의 가사노동은 GDP에 포함되지 않는다

GDP는 진정한 삶의 질이나 만족도를 측정해내는 완벽한 지표는 물론 아니다. 생산량과 화폐라는 단순한 숫자로는 사람들의 주관적 만족도를 절대로 측정할 수 없기 때문이다.

삶의 질 개념에는 물리적 재산의 개념뿐 아니라 적절한 휴식의 개념도 포함되어야 하는데, GDP는 이 같은 휴식의 개념을 반영하지 못한다. 우울증으로 자살하는 사람이 갈수록 늘고 있는 서유럽 국민들보다 GDP가 훨씬 낮은 저개발국가 국민들의 삶에 대한 만족도가 훨씬 높다는 한 조사 결과는 GDP 측정이 사람들의 진정한 만족도를 반영하지 못한다는 사실을 보여주고 있다.

GDP를 측정하는 데 있어 또 다른 문제점은 시장에서 거래되지 않는 재화는 계산에 포함되지 않는다는 점이다. 측정할 수 있는 객관적인 '물량'과 '시장가격'이 없기 때문이다.

여기서 질문을 던져보자. 범죄 증가와 오염 증가는 GDP를 높이는 데 도움이 될까, 안 될까? 주부들의 가사노동은 GDP를 높이는 데 도움이 될까, 안 될까?

답은 범죄나 오염물질 증가는 경제성장률을 늘리는 데 적지 않은 도움이 된다는 것이다. 범죄가 증가하면 이들을 체포하기 위해 경찰서비스가 함께 늘어날 것이며 범죄를 예방하기 위한 각종 안전장치나 보안장치, CCTV 카메라 등의 판매가 급증할 것이다. 이들은 시장에서 거래가 되기 때문에 GDP 측정에 포함이 된다.

　환경오염도 마찬가지다. 환경오염이 늘어날수록 호흡기 관련 의료서비스나 공기청정기 판매가 증가할 것이며, 기업들의 환경오염방지 장치 생산도 늘어나지만, 자주 더러워지는 셔츠 때문에 세탁서비스 매출 역시 급증할 것이다.

　반면 시장에서 거래가 되지 않는 서비스, 가령 주부의 가사노동이나 가정에서 이루어지는 교육은 삶의 질과 어린이 교육의 질을 높이는 최고의 서비스지만 GDP에 포함되지 않는다. 민간학원에서 수학을 강의하는 강사의 월급은 GDP에 잡히지만 수학과를 나와서 집에서 아이를 가르치는 엄마아빠의 '가내 수학 공부'는 GDP에 잡히지 않는다. 직장에 다니는 여성이 자녀를 어린이집에 보내면 이 여성이 받는 월급과 어린이집 비용은 GDP에 포함되지만 그 여성이 회사를 그만두고 자녀들을 직접 돌보기 시작하면 GDP가 줄어드는 셈이다.

　GDP의 측정이 1년 단위라는 것도 문제가 있다. 가령 어느 나라가 대규모로 숲을 파괴해 나무를 목재나 가구로 만들었다면 당장 그 해의 GDP는 늘어나겠지만 그 숲이 모두 사라진 몇 년 후 경제는 어떻게 될까? 환경을 파괴해가면서 무리하게 경제성장을 늘려가는 방식의 GDP는 장기적으로 지속적인 성장을 담보할 수 없다.(이 같은 문제점을 보완하기 위해 UN은 녹색국내총생산Green GDP 이라는 새로운 통계를 만들었다.)

● **녹색국민총생산**
녹색국민총생산은 환경오염에 따른 비용을 제대로 반영하고자 다음 세 가지 사항을 고려한다. 첫째, 오염을 방지하기 위한 비용과 오염으로 인한 의료비 지출 등의 비용은 국민총생산에서 제외되어야 한다. 둘째, 비용이 발생하지는 않았으나 국민의 복지를 감소시킨 환경오염과 자연파괴는 그 피해의 정도를 금전적으로 추정하여 국민총생산에서 제외시킨다. 셋째, 자연자원도 생산에 이용되어 감소되었다면 그 감소된 만큼 감가상각시켜야 한다.

흔히 국가간에 빵의 크기를 비교할 때는 달러 가치로 표준화하여 비교한다. TV를 대량생산하는 나라가 엄청나게 고가인 항암제를 생산하는 국가나 관광수입으로 먹고사는 국가보다 빵의 크기가 더 큰지를 판단하기 위해서는 각 생산물의 시장가격을 동일한 화폐단위, 예컨대 달러로 표준화하여 1인당 GDP를 산출해야 한다. 따라서 한국처럼 수입과 수출 등 교역비중이 높은 나라는 GDP 산정의 표준이 되는 달러의 외환거래 시장가격이 중요할 수밖에 없다.

가령 1995년을 전후해서 달러당 환율은 800원선으로 원화가 지나치게 고평가되어 있었다. 그러자 국민소득이 금세 1인당 1만 달러를 넘었고, 사람들은 부자가 된 것으로 착각하여 해외로 나가 물 쓰듯 돈을 쓰기 시작했다. 원화 환율을 인위적으로 고정하는 바람에 수출은 급감하는데 수입이 대폭 늘어나 해외 수입명품족이 탄생하기 시작한 것도 이 시점부터다. 그 결과 1996년 한국 경제는 사상 최대의 경상수지 적자를 냈다. 환율의 의도적 고평가는 1997년 말 외환위기가 발생하는 계기 가운데 하나로 작용하기도 했다. GDP 산정에 관련된 가격을 왜곡한 부작용이었다.

'빵'의 크기가 37배나 커진 이유

경제 규모를 진정으로 키우기 위해서는 인플레이션이나 환율 등 가격적 요인이 아니라 실질GDP가 높아져야 한다. 실질 GDP를 높이기 위해서는 어떻게 해야 할까?

한 나라의 경제 생산이 어떻게 이루어지는지를 한눈에 보여 주는 식이 있다.

$$GDP = z \times K^{\alpha} \times L^{1-\alpha} \quad (L=Q.H)$$

이 간단한 식은 국가 단위의 경제가 생산해내는 빵의 크기가 어떤 요소들로 결정되는지를 보여준다.

여기서 K는 자본을, L은 노동을 의미하고(여기서의 노동은 Q로 표시되는 노동 투입량뿐만 아니라 H로 표시되는 노동의 숙련도와 교육수준도 포함한다), z는 총요소생산성TFP: Total Factor Productivity을 나타낸다. 기술혁신과 서비스혁신, 선진적 제도, 국가시스템의 효율성이나 사회적 자본의 엄정성 등이 z를 구성한다.

그렇다면 총요소생산성이 경제발전에 기여하는 몫은 어느 정도일까? 현대 경제의 관심과 궁금증은 이 생산성 측면을 향해 있다. 이를 통계적이고 과학적으로 검증 가능한 방법으로 접근한 경제학자가 로버트 솔로R. Solow였다. 솔로는 경제성장의 동인을 요소별로 자세하게 분석한 결과, 생산의 기본 요소는 노동과 자본이지만 '빵'의 크기를 키우는 데는 생산성의 기여도가 큰 역할을 한다는 사실을 발견했다.

그의 연구에 따르면, 1874년 이후 1970년까지 미국은 매년 평균 1.4%씩 노동량과 자본량을 늘려 투입했다. 그런데 같은 기간 생산은 매년 2%씩 증가했다. 즉 투입한 요소 이외의 '어떤 요인' 때문에 매년 0.6%포인트의 추가 성장이 발생한 것이다. 솔로는 그 차이를 일으킨 '어떤 요인'을 생산성 향상으로 봤다. 눈에 보이지도 않고 그 자체로는 측정도 잘 안 되지만 총생산에서 노동과 자본 투입량을 제외한 '나머지residual'는 생산성이 기여한 몫으로 봐야 한다는 것이다.

노동과 자본 투입만으로는 설명하지 못한 추가적 증가분을 총요소생산성, 혹은 '솔로 잔차Solow's Residual'라고 한다. 즉 자본·노동·천연자원 등의 투입량을 전년도에 비해 두 배 늘렸는데 생산이 고스란히 두 배가 늘었다면 생산성은 제로가 되지만, 투입량을 두 배 늘렸는데 생산량이 3배로 증가했다면 투입량과 생산량의 차이만큼이 총요소생산성이 되는 것이다.(총요소생산성의 향상률은 투입증가분에 대한 산출증가분의 비율로 계산된다. 즉 앞서의 경우라면 투입증가분은 2배인데 산출에서는 1배만큼이 더 증가했으므로 총소요생산성 향상률=1/2=50%가 되는 것이다.)

[도표 5]를 보면 미국 경제가 1930년을 전후한 대공황 때를 제외하고는 지속적으로 크게 성장했다는 사실을 알 수 있다. 실질GNP가 1820년부터 1986년까지 매년 평균 3.7%씩 착실하게 성장했다. 또한 미국의 경제성장률은 2000년대로 가까워지면서 훨씬 더 빠르게 상승하는 패턴을 보인다. 이 같은 경제성장의 결과 1986년 한 해 동안 미국 경제가 생산해낸 빵의 크기는 1875년의 빵의 크기에 비해 무려 37배나 커졌다. 빵의 크기를 이처럼 기하급수적으로 늘린 주인공은 다름 아닌 기술 등

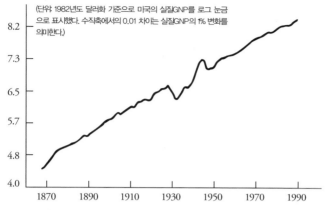

[도표 5] 미국의 경제성장추이(1870~1990)

(단위: 1982년도 달러화 기준으로 미국의 실질GNP를 로그 눈금
으로 표시했다. 수직축에서의 0.01 차이는 실질GNP의 1% 변화를
의미한다.)

자료: Olivier Jean Blanchard, Stanley Fischer, 『Lectures on Macroeconomics』, The MIT press, p.2

의 진보에 따른 생산성 향상이었다. 유럽에서도 제2차 세계대전
이후 20여 년간 기술 진보가 경제성장의 35% 이상을 설명하는
주요 요인으로 관찰되었다.

지나친 의과대학 선호가 문제가 되는 이유

그렇다면 국가의 성장궤도를 바꾸고 생산성을 높이기 위해서
는 무슨 노력이 필요할까? 여러 가지 요소가 필요하겠지만 대
체적으로 ① 저축과 투자 ② 교육과 노동력의 질 ③ 연구개발
R&D 투자 ④ 사회적 자본의 구축 등 네 가지가 생산성을 높일
수 있는 주요 요인인 것으로 알려져 있다.

[도표 6] 생산성 증가에 따른 새로운 성장경로

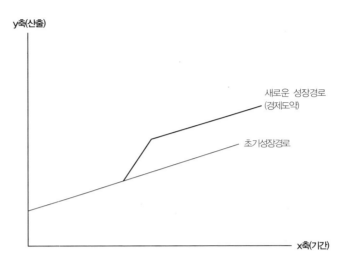

우선 저축과 투자 요인을 보자. 한 나라의 총소득에서 기계나 설비에 대한 투자가 늘어나면 노동자 1인당 자본비율이 높아진다. 경제학에서는 이를 '자본 심화'라고 부른다. 이는 저축을 많이 해서 자본을 축적하고 기계와 설비 투자를 늘리면 노동자 한 사람당 산출량이 증가하는 것을 의미한다. 자본, 즉 K의 절대크기가 커져서 일정한 시간이 지난 후에는 생산가능곡선이 [도표 6]에서 보는 것처럼 상향 이동하여 한 나라의 경제는 완전히 새로운 경로로 접어들게 된다. 경제의 도약이 일어나는 것이다.

이 때문에 어느 나라나 경제개발 초기에는 저축을 많이 하도록 유도한다. 미국이나 일본 모두 대량의 자본축적이 일어나면서 생산성이 꾸준히 늘어났고 한국도 비슷한 경제성장의 길을 걸어왔다. 생산성을 높일 수 있는 두번째 원천은 노동자에 대한 교육과 노동생산성이다. 단순히 노동량을 늘리는 것만으로는 부족하고 자본투자에 의해 도입된 기계를 다룰 수 있는 지식수준과 숙련도가 필요한 것이다.

더 결정적으로 생산성에 기여하는 요소는 기술의 변화이며, 기술혁신의 속도와 깊이를 결정짓는 지표는 연구개발R&D이다. 미국의 경우 1973년 이전까지 생산성의 2/3 이상은 새로운 기술 진보에서 비롯된 것으로 추정된다. 전기·통신·철도 등 온갖 새로운 기술혁신이 일상생활 속으로 파고들어 생산성이 비약적으로 증가한 것이다. 또 1980년대부터는 컴퓨터와 인터넷 등 디지털 기술의 급속한 보급과 확산이 생산성을 높이는 데 결정적으로 기여하여 인플레이션을 야기하지 않는 고도의 경제성장이 장기간 지속됐다.

한국 역시 1990년대 초반 이후 인터넷과 초고속통신망이 보급되면서 생산성이 크게 높아졌다. 현대 경제에서 신기술은 엄청난 자본투자를 필요로 한다는 특징이 있다. 따라서 기업들에게 연구개발 투자를 촉진하는 경제적 인센티브를 제공하는 것이 정부의 경제정책에서 중요할 수 있다. 연구개발의 효과, 즉 지식의 사회적 분산효과spillover effect를 고려하면 연구개발 투자가 가지는 유형무형의 효과는 훨씬 더 높아진다.

여기까지 설명하고 나면, 최근 한국의 학생들이 의대를 선호하고 이공계를 기피하는 현상에 대해 왜 국가 전체가 고민하지 않으면 안 되는지가 명백해진다. 생산성을 높이기 위해서는 연구개발 투자와 인력 양성이 필수적인데 의대가 우수한 이과 인재를 빨아들이는 블랙홀이 되고 있기 때문이다. 그나마 이공계로 진출한 우수 인재들조차도 미국 등지로 유학을 간 후 돌아오지 않는 경우가 적지 않다. 신기술 개발과 생산성 향상을 위해 정부가 이공계생에 대한 혜택을 대폭 높이지 않으면 안 되는 이유이다.

마지막으로 중요한 생산성 향상 지표는 법과 제도, 행정의 공정성을 포함한 사회적 자본이다. 사회적 자본은 피에르 부르디외P. Bourdieu, 제임스 콜먼J. Colman, 알레잔드로 포르테스A. Portes 등 학자들에 따라 다양한 개념으로 이해되지만 일반적으로 '사회 구성원 간 협력과 사회적 거래를 촉진시키는 일련의 신뢰·규범·네트워크 등 모든 사회적 자산'을 뜻한다.(황진영, 『경제성장의 정치경제학』, 174쪽) 중진국이 선진국으로 진입하는 마지막 관문이 사회적 자본이라는 사실이 주목을 받으면서 성장과 분배, 인적자본 등과 등가等價의 무게를 갖는 개념으로 등장했다.

사회적 자본은 법과 규제의 적정한 설계와 집행의 공평성으로 보장받기 때문에 정치적 민주화와도 관련이 높은 개념이다. 정권이 누구로 어떻게 바뀌더라도 법에 따라 자신의 권리를 보장받을 수 있다는 믿음이 확고해야 사회 구성원들이 자연스럽게 상호 신뢰를 가지고 규칙을 따르게 되는 것이다.

경기순환의 원인을 찾아라!

장기적이고 안정적으로 '빵'의 크기를 키우기 위해 생각해봐야 할 또 하나의 중요 개념은 경기순환business cycle 이다. [도표 7]은 한국의 경제성장(실질GDP) 형태인데, 경제성장률의 움직임이 일직선이 아니라 변동성이 있는 높낮이를 기록하면서 우상향하는 패턴을 보인다는 것을 알 수 있다.

[도표 7] 한국 GDP 추이(2005~2019년)

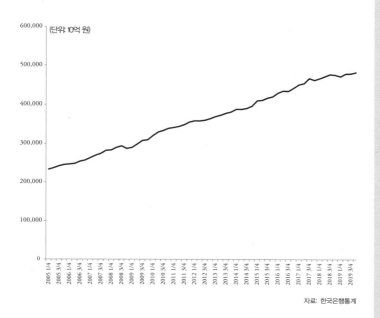

자료: 한국은행통계

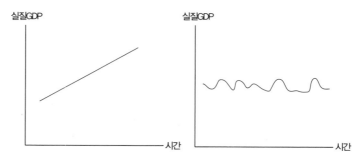

[도표 8] 경제성장과 경기순환

실질GDP

실질GDP

시간

시간

이 경제성장 패턴을 다시 분할해보면 우상향하는 직선과 들쭉날쭉한 형태의 곡선 두 가지로 나뉘게 된다. 우상향하는 직선이 경제성장의 추세선을 의미한다면 들쭉날쭉한 곡선은 무엇을 의미하는 것일까? 이런 변동을 거시경제학에서는 경기순환이라고 부른다. 상승국면을 호황이라 하고 하강국면을 불황이라고 한다. 정부의 과제는 통화정책과 재정정책 등을 동원해, 경기가 지나치게 상승국면이 되어 인플레이션 우려가 있을 경우 이를 다소 억제하는 방향으로 거품이 가라앉게 해주고 지나치게 하강국면일 때는 소비와 투자를 촉진해 바닥까지 가지 않도록 하는 것이다.

경기의 '순환주기'라고 하면 과거에는 일정한 규칙성이 있을 것으로 생각했다. 경기변동의 원인과 기간에 주목하여 분류한 순환주기는 키친순환과 쥬글러순환, 쿠즈네츠순환, 콘트라티예프순환 등이 있다.•

과거와 달리 현대 경제학과 정책당국이 직면한 최대 문제는 경기순환주기에 규칙성이 없고 높낮이에도 규칙성이 없어 적시에 적정한 대처를 하기가 어렵다는 점이다. 경제가 상승한 후에 하강하는 것만은 분명하지만 하나의 저점(불황의 바닥)과 저점 사이의 기간, 그리고 하나의 정점(호황의 꼭대기)과 정점 사이의 기간을 도저히 사전에 예측하기 어렵다는 것이다. 경기가 바닥을 친 것처럼 보여도 그것이 본격적인 회복세에 접어들었다는 표시라는 보장은 없다. 바닥을 치고 회복되는 듯했던 경기가 다시 바닥을 치게 되면 거꾸로 된 N자형이 될 수 있고, 회복되는 듯하다가 다시 고꾸라져 일본의 장기불황과 비슷한 상태가 된다면 L자형 경기 패턴이 될 것이기 때문이다.

경험적으로 볼 때 불황이나 호황은 단기간에 끝나기도 하지만 장기에 걸쳐 계속될 수도 있다. 미국 경제의 경우 1961년과 1970년, 1975년, 1982년, 그리고 1991년에 각각 경기가 밑바닥까지 떨어지는 불황을 경험했지만 이후 10년이 넘도록 장기호황을 누렸다.

지난한 작업임에도 불구하고 경제학자들은 호황과 불황의 원인이 되는 기술혁신과 금융정책, 재정정책, 부동산정책, 투기붐, 외부적 충격, 구조조정 등 온갖 요소들이 어느 정도로 경기순환에 영향을 미쳤는지를 실증적으로 분석하려 노력하고 있다. 경기불황의 시기를 예측할 수 있다면 적정한 정책을 미리 집행해 불황의 골을 얕게 할 수 있고, 반대로 경기가 너무 달아

오르는 것 같을 경우 과열을 방지할 수 있기 때문이다.

이 때문에 경제학의 역사는 경기를 예측하려는 노력과 추론으로 가득 차 있다. 최초로 경기순환에 대한 예측을 시도한 경제학자는 19세기의 제번스W. S. Jevons였다. 그는 약 10년 주기로 나타나는 태양의 흑점이 거의 같은 기간 동안 계속되는 경기순환의 원인이라는 결론을 내렸다.

제본스는 "만약 태양의 흑점들이 태양을 지배하고 태양은 포도나 농작물의 수확과 추수에 영향을 미쳐 식량과 원료의 가격, 금융시장의 상태를 지배한다고 보면 그 흑점들이 지구를 원격조정하고 있다는 가정이 성립하고, 따라서 그것들이 경제적 재앙의 근원이라 할 수 있다"고 분석했다. 지금은 다소 황당하게 들리지만 당시는 농업이 주력산업이었던 만큼 과학에 근거한 나름대로 합리적인 추론이기도 했던 셈이다.

컴퓨터와 빅데이터가 발전한 요즘에는 엄청나게 축적된 경기순환 경로의 과거 데이터를 사용해 조직적인 통계분석이 이뤄지고 있다. 그러나 과거의 통계를 통해 미래의 경기를 예측하는 데는 한계가 있기 때문에 예측기관들은 통계를 사용한 추계분석에 더해 기업인들이나 소비자들의 직관과 감각적 예측이 보완된 기업실사지수나 소비자신감지수 등을 개발해 단기 경기예측에 사용하고 있다. 또 기업들은 특징적인 몇 가지 선행지표들을 보고 경기회복을 예측하기도 한다. 가령 상품 유통에 많이 사용되는 지게차 생산주문이 늘어나면 전반적인 경기가 회복되는 징후로 보는 것이다.

그러나 경제가 발전하고 글로벌화로 자본과 노동 측면에서 경제의 상호작용이 급격히 진행되면서 경기순환에서 일정한 규칙이나 시간적 패턴을 발견하기 점차 어려워지고 있다. 가령 R&D는 이스라엘에서, 핵심부품은 한국에서, 기타부품은 중국에서, 핵심유통은 미국에서 이루어지는 등 대부분의 주요 산업이 글로벌 가치사슬 생태계 속에 자리 잡고 있기 때문에 하나의 약한 고리가 끊어지면 다른 모든 고리가 위협을 받는 상황이다. 이 때문에 '검은 백조black swan *'의 출현처럼 과거의 경험과 데이터로는 도저히 예측하지 못하는 새로운 형태의 경제위기가 갑자기 덮쳐오기도 한다. 2008년 미국발 글로벌 금융위기는 쓰나미처럼 세계 경제를 덮쳤으며, 2020년 코로나19 바이러스의 팬데믹 현상은 전세계에 장기적으로 어두운 경기하강을 예고하고 있다. 두 가지 경우 모두 과거에는 전혀 상상하지 못했던 사건이었다.

● **검은 백조**
미국 월가의 투자분석가이자 수학자인 나심 탈레브가 언급한 개념으로 "과거 경험에 비춰볼 때 도저히 일어날 것 같지 않지만 만약 발생할 경우 시장에 엄청난 충격을 주는 사건"을 뜻한다.

'운전사' 대 '자동항법장치'

경제가 불황국면에 들어서면 임금이 하락하고 일자리가 줄면서 경제 전체가 음울한 골짜기에 접어들게 된다. 따라서 불황을 어떻게 타개할 수 있느냐가 학계에서든 실물경제에서든 뜨거운 쟁점이 된다. 불황 타개와 관련된 정책을 놓고 오래도록 지속적인 논쟁을 벌이고 있는 이들이 케인스주의자들과 통화주의자들이다.

앞서 설명한 것처럼 경제학자 케인스로부터 이론적 세례를 받은 학자들은 불황의 골이 깊어지면 정부가 적극적으로 돈을 풀거나 대규모 사업을 통해 정부소비를 늘려야 한다고 주장한다. 대공황 때 적극적인 정부소비로 위기를 벗어나면서 케인스주의자들의 기세가 오른 후 한동안 경제정책에서는 케인스주의자들의 독주가 계속됐다.

반면 통화주의자들은 정부에게 자동차 핸들을 쥐어줘서는 안 되며, 적절한 통화 공급이야말로 해답이라고 주장한다. 통화주의의 대표주자인 밀턴 프리드먼*은 정부의 부적절한 개입 타이밍이 오히려 국가경제를 위험에 빠뜨린다고 봤다. 가령 정부가 경기 후퇴를 알아차리고 어떤 조치를 취하려 해도 관료적 의사결정체제의 비효율 때문에 정작 필요한 시점에 개입하지 못해 불경기 치유에 아무런 도움이 되지 못한다는 것이다. 오히려 경기가 회복하고 있는 시점에 뒤늦게 개입해, 호황인 경기를 거품으로 밀어올리는 부작용이 우려된다는 논리였다. 따라서 프리드먼은 정부가 적극적인 통화정책이나 재정정책을 사용해서는 안 되며, 통화 공급을 장기적 경제성장과 일치하는 비율로 서서히 '자동증가'하도록 해야 한다고 주장했다. 정부라는 '서툴고 어설픈 운전사'가 경제를 잘못 조정했다가 대형사고를 치도록 두지 말고 아예 '자동항법장치'를 사용하라는 것이다.

● **밀턴 프리드먼**
미국의 경제학자. 신화폐수량설로 통화정책의 중요성을 주장했으며, 케인스학파의 재정 중시책에 반대했다. 자유방임주의와 시장제도를 통한 자유로운 경제활동을 주장했다. 1976년 노벨경제학상을 받았다.

프리드먼은 또 정부가 소비를 늘려 경기를 활성화시킨다고 하는데, 그 돈이 어디서 나오느냐고 반문한다. 어차피 정부가 민간으로부터 세금을 받아 쓰는 건데, 정부소비를 늘린다는 건 세금이 많아진다는 의미고 그러면 민간소비를 줄이는 구축효과를 낼 뿐이라는 주장이다.

첨예하고 복잡한 경제정책 논쟁과 계속되는 상호비판 속에서 경험이 축적되어 정리된 통화정책과 재정정책의 차이점은 대체로 다음과 같이 요약할 수 있다.

첫째, 재정정책은 공공부문과 민간부문 간 국가자원의 배분을 결정하고, 소비·저축·투자의 인센티브를 변화시킴으로써 경제 전체의 산출량에 영향을 미친다. 그러나 재정정책은 총수요를 항구적으로 변화시킬 수도 없고, 특히 그 충격의 정도와 충격이 미치게 될 시점을 사전에 예측하기 어렵다는 단점이 있다. 따라서 재정정책은 1930년을 전후해 나타난 대공황 등 극단적인 상황을 제외하고는 단기 안정화 수단으로서는 적절치 못하며, 장기 경제성장을 유도하는 데 더 적합한 것으로 여겨지고 있다.

둘째, 통화정책은 통화량을 조절하여 총수요에 영향을 미치지만, 생산성과 산출량을 항구적으로 변화시킬 수는 없는 것으로 판단된다. 약간의 시차를 두고 단기적 경제활동에 영향을 미칠 뿐이다. 통화정책의 문제점은 총생산능력production capacity에 대비한 초과수요나 과소過少수요를 창출함으로써 인플레이션이나 디플레이션을 유발할 수 있다는 점이다. 인플레이션과 디플레이션은 경제주체들의 경제행위를 왜곡하고 성장의 발목을 잡는다. 따라서 통화정책은 경기안정화보다는 물가안정과 단기 경기조절 수단으로 더 적절한 것으로 평가된다.

각 나라 정부는 상이한 효과를 갖는 통화정책과 재정정책을 혼합해 장기적인 성장정책을 세우고, 경기를 조절하고, 인플레이션·디플레이션과 싸우는 것이 일반적이다. 또 과거의 경험을 바탕으로 경제 시스템 내부에 모기지 대출(부동산을 담보로 하는 장기주택자금대출)이나 누진세 등의 제도에 경기의 미세조정fine tuning을 위한 완충장치들을 일부 심어두기도 한다.

예를 들어 한국에서도 2004년 3월부터 시작된 모기지 대출은 대출기간이 최장 30년이나 되는 장기대출이다. 이 같은 장기대출의 이자에 정부가 소득공제를 해주면 경제 시스템 내부에 어떤 현상이 발생할까? 집을 사는 것은 큰돈이 필요한 어려운 결정이다. 거액의 현금을 보유하고 있어야만 집을 살 수 있다면, 불황일 때는 당연히 아무도 집을 사려 하지 않을 것이기 때문에 주택경기는 얼어붙고 불황의 골은 더 깊어질 것이다. 그러나 은행에서 장기 모기지 대출을 얻어서 집을 사고 이자를 낸 후 그 이자에 대해 소득공제까지 받을 수 있다면, 불황이라도 크게 무리하지 않고 집을 살 수 있기 때문에 저절로 경기를 활성화시키는 효과가 있다.

또 집 사느라 빌린 돈을 단기간에 갚지 않아도 되기 때문에 일반 가계가 소비를 급격하게 줄일 필요가 없다. 경기가 나빠져도 주택가격이 급락할 위험이 적고 소비가 비교적 꾸준하게 지속되는 효과가 있는 것이다. 이것은 어떤 외부 충격으로 경기가 나빠지더라도 일단 최악의 상황만은 면할 수 있는 자동 경기안정장치를 설정해둔 것이라고 할 수 있다.

반면 경기가 좋아져 고용이 늘고 소득이 늘면 모기지 대출을 받은 사람들이 매달 이자를 지출하기보다는 뭉텅이 현금으로 대출을 조기 상환할 수 있다. 이렇게 집값을 갚으면 가처분소득*이 줄어들어 지나친 소비를 억제하는 효과가 발생해 자연스럽게 경기가 억제된다.

소득이 높아지면 세율도 따라서 더 높아지는 누진세 역시 모기지 대출과 같은 경기안정장치 가운데 하나라고 할 수 있다. 경기가 호황이면, 개인이든 기업이든 누진세율에 따라 세금을 많이 내기 때문에 저절로 가처분소득이 낮아져서 경기과열을 억제한다. 반대로 경기가 불황이면, 소득이 줄어들지만 동시에 내는 세금이 더 큰 폭으로 줄기 때문에 실제 가처분소득은 별 변동이 없어 적정 수준의 소비를 할 수 있게 돼 불황을 어느 정도 저지할 수 있다.

● **가처분소득**
전체 소득에서 비소비지출(세금이나 연금 및 의료보험료 등)을 빼고 실제로 쓸 수 있는 돈을 말한다.

'헬조선'과 실업의 문제

거시경제가 경제성장과 생산성 문제에 집착하고 경제학자들이 불황을 치유하는 방법에 대해 치열하게 자신의 주장을 고집하는 것은 단순한 지적 호승심 때문이 아니다. 경제성장과 생산성 향상, 불황의 차단은 '고용'이라는 경제의 핵심 문제, 즉 우리 개개인의 생존 문제와 직결되기 때문이다.

실업 문제를 둘러싼 고민은 세계 어느 나라 정부나 마찬가지이다. 고용 증가와 실업 감소가 시대와 공간을 막론하고 모든 정부 경제정책의 최종 목표인 까닭은, 실업률이 지나치게 높아질 경우 경제나 국가 시스템 전체를 붕괴시킬 정도로 그 파괴력이 심각하기 때문이다. 경제성장의 속도가 줄어들고 생산성이 둔화되는 시점에서는 실업이 특히 심각한 문제가 된다.

한국도 최근 몇 년 동안의 경제성장 둔화와 생산성 감소, 기업들의 해외 생산기지 이전, 일부 전자업종의 나홀로 성장 등의 요인 때문에 기업 채용이 줄어들면서 청년실업률이 만성적으로 높고 비정규직이 많아 '헬조선' 같은 용어가 일상이 되었다. 아예 직장 문턱조차 밟아보지 못한 장기간 실업 상태의 청년들은 사회로부터 격리되고 희망을 잃어버려, 범죄 등 반사회적 행동에 쉽게 빠져들 수 있다. 이들은 직업훈련을 받아 노동의 질을 향상시킬 수 있는 기회를 처음부터 박탈당하기 때문에 영원히 비정규직이나 주변부에서 맴돌게 된다. 이 때문에 어느 시대, 어느 국가, 어느 정부건 실업을 줄이는 것이 경제정책의 최우선 목표가 되고, 지속적인 경제성장과 생산성 향상을 고민할 수밖에 없다.

물론 실업에도 여러 가지 유형이 있다. 단순히 경기순환에 따른 실업이 있는가 하면 산업구조의 변화에 따라 발생하는 구조적 실업이 있다. 실업의 유형을 파악하는 것이 중요한 이유는 경기 요인에 의한 실업의 경우 적극적인 경기정책이나 실업대책이 필요하고, 구조적 실업은 교육훈련이나 생계지원 등의 정책적 지원을 해야 하는 등 해결을 위한 접근방식이 서로 다르기 때문이다.

먼저 구조적 실업부터 알아보기로 하자. 앞에서 설명한 것처럼, 다른 원인이 없다면 경제성장과 생산성 향상은 기존에는 존재하지 않았던 전혀 새로운 분야에서 고용을 창출한다. 그러나 동시에 새로운 변화에 적응하지 못하는 이들의 실업을 양산한다는 것이 경험적 결론이다.

러다이트운동이 벌어졌던 때와 비슷한 현상이 21세기 디지털 혁명기에도 나타나고 있다. 디지털 네트워크의 다양한 활용으로 매장 직원이 감소하고 있고, 딥러닝deep learning 인공지능인 '알파고'가 바둑에서 인간을 누른 이후 각종 산업분야와 업종에서 인간을 대체하는 지능형 로봇이 출현하는 4차 산업혁명이 일어나고 있다.

문제는 아무리 새로운 기술이 새로운 산업과 직업군을 창출한다고 해도 기술을 받아들이지 못하는 노년층과 저소득층, 기술적 낙오자 계층이 분명히 존재한다는 것이다. 이처럼 산업의 구조적 변화에서 발생해 6개월 이상 지속되는 실업을 '구조적 실업structural unemployment'이라고 한다. 구조적 실업은 기업의 규모 및 학력별 인력수급 불균형에서도 나타난다. 중소기업에서는 사람을 구하지 못해 외국인 노동인력까지 구해 쓰고 있는데 대기업에는 구직지원자가 넘쳐나는 등 대학 진학률이 크게 높아지면서 고학력의 구조적 실업이 만성화되는 추세다.

실업 가운데 정부가 거시경제 정책을 통해 즉시 개입할 수 있는 건 경기변동에 따른 실업이다. 보통 경기가 하강할 때 증가하고 경기가 좋아지면 감소하는 등 경기순환에 따라 달라지는 실업 형태이기 때문에, 이를 '순환적 실업'이라고 부른다. 순환적 실업은 적시에 적정한 경기대책을 동원할 경우 어느 정도 치유가 가능하다. 실업자들을 대상으로 실업급여가 자동 집행되어 최소한의 생계유지를 해주는 한편 적정 소비를 유도해 최악의 불황을 막는 것이다. 이는 불황으로 치닫는 경기라는 차량에 자동브레이크 시스템을 장착하는 것 같은 효과이다. 또 정부가 적극적으로 소비를 늘리고 공공부문을 확충하거나(재정정책), 이자율을 낮춰 돈을 푸는 등(통화정책) 상황별로 정책 수단을 찾아나갈 수 있다.

가장 큰 문제는 그 끝을 알 수 없는, 꼬리가 긴 L자형 장기위축으로 인한 실업의 경우다. 일본의 경우 저출산·고령화와 생산성 하락으로 인해 이미 1990년대부터 장기불황이 시작되었다. 한국도 만성적인 청년실업은 경기에 따른 일시적 현상이라기보다는 생산성이 한계에 달하고 기업이 해외로 빠져나가는

로봇이 일자리 대체… "韓國도 직업 50% 사라질 가능성"

'4차 산업혁명'에 미래 달렸다

- 1부. 한국의 현주소 ❶

11일 서울 중구 정동에 위치한 맥도날드 정동점. 이는 햄버거 매장과 달리 고객들과 주문을 받는 점원들이 없다. 사람(대)이 4대의 무인형상 단말기가 손님들에 주문을 받는다. 정보 단말기를 통해 접한 손님들은 사람대면이 이상하지 않아 당황해 하기도 했지만, 터는 사람들 때문 고객들은 손쉽게 주문을 끝냈다. 매장에는 단말기 사용을 안내하는 아르바이트생과 주방에 음식을 내보내는 종업원 정도만 일하고 있다.

'혁명의 그늘' 고용불안

미국 샌프란시스코에 있는 건축 및 가공업 유통업체 로스(Lowe's)사에는 첨단 로봇이 손님들을 맞는다. '로봇 (LoweBot)'이라는 이름의 이 로봇은 매장 가운데에 있으며 고객이 오면 고객의 요구를 듣는다. 고객의 중심흥미에 파악해 오이들 우리 주문 공간에 조용히 코킹물어 인간의 일자리를를 위협하고 있다. 지난 1월 세계경제포럼(다보스포럼)에서 발표된 '일자리의표'에 이 나라에 4차 산업혁명으로 일반불을 넘어 받고 있다. 생산공정, 3D 인쇄기술이 널리 발전하면서 오는 2020년까지 신흥 노동 주요선진국에 712만 개의 일자리가 사...

미래 고용 시장에서는 동구리·네정관리, 핥일 등의 근로 분야에서 제도의 여만이 없어지고 것이야 '대화무 일자리에 대체 생산성이 계속 높아지며면 대신 일에 노동 바키고 생겨나고 이는 일맥빠른 (Job share)...

AI가 배달·안내·피자 배달
2020년 주요 15개국 일자리
710만 개 없어진다는 예측도

로그노트(노키아)가 지난 3일 공개한 자율주행 퍼자 배달 로봇인 '도우(DRU)'가 시범운행으로 최저임금 배달하고 있다.

미국의 건축·가정용품 유통업체 로스(Lowe's)사에서 자동 안내 로봇인 '로봇(LoweBot)'이 고객을 안내하고 있다.

등 경제에 변화가 일어나면서 생겨난 것이다. 고용 없는 나홀로 성장과 저출산·고령화에 따른 경제 활력의 상실로, 한국 경제는 이미 2000년대 후반부터 장기불황 국면에 접어들었는데 특단의 돌파구가 없는 한 벗어나기 쉽지 않은 상황이다.

장기적 안목에서 큰 방향 설정과 투자가 이루어져야 하지만, 경기순환에 대처하는 단순 정책개입과는 달리 미래 생산성을 높이기 위한 각종 조치는 정치적으로 훨씬 민감하고 사회적 갈등을 야기시킬 우려가 있다는 데 문제해결의 어려움이 있다. 때문에 해답을 알면서도 적절한 방법을 동원할 수 없기도 하다. 생산성을 높여 경제성장을 자극하려면 기존의 법과 제도, 방식 등을 바꿔야 하지만 집단 간 이해의 차이와 문화지체*, 낙후된 시스템의 경로의존성, 이익집단의 저항 등으로 쉽게 바꿀 수 없기 때문이다.

기술의 발달은 산업구조의 변화를 가져오며, 이는 기존 노동자들을 몰아내는 결과로도 이어진다. 4차 산업혁명이 진행되면서 새로운 산업의 성장과 함께 실업도 일어나고 있는데, 이런 피해자들에 대한 구제 조치가 없다면 사회 갈등은 불가피하다.(문화일보, 2016년 10월 11일)

● **문화지체**
급속히 발전하는 물질문화와 비교적 완만하게 변하는 비물질문화 간의 변동속도 차이에서 생겨나는 사회적 부조화를 말한다.

경계에 선 사람들

　그런데 경제가 나빠지고 일자리는 줄어드는 데도 이상하게 정부가 발표하는 실업률을 보면 큰 변동이 없고 별다른 위기감이 느껴지지 않는다. 한국의 실업률은 2000년 이후 늘 3% 안팎이었고 코로나19 사태로 직격탄을 맞은 2020년 2월에도 4.1%에 불과했다. 심지어는 취업자 수가 급격히 감소했다는 통계가 나올 때도 실업률 자체는 큰 변동이 없다. 청년 취업이 어렵고 고령자 취업도 어려운데 왜 실업률은 낮게 나타날까?

　이 같은 미스터리가 벌어지는 것은 실업률 통계의 함정에 있다. 우리나라에서는 실업을 했는데도 실업자 통계에 포함되는 것이 쉽지 않다. 그 이유는 무엇일까? 우선 실업자로 분류되기 위해서는 다음의 세 가지 질문을 모두 통과해야 한다.

　① 당신은 지금 고용되어 있습니까? (예, 아니오)

　이 질문에 '아니오'라고 답변하면 다음과 같은 두번째 질문이 나온다.

　② 그렇다면 지난 1주일 동안 단 한 시간이라도 일을 한 적이 있습니까? (예, 아니오)

　여기에 대해서도 '아니오'라고 대답하면 세번째 질문이 등장한다.

　③ 최근 몇 주일 동안 일자리를 열심히 찾아봤습니까? (예, 아니오)

즉 열심히 일을 찾아봤지만 1주일간 단 한 시간도 일한 적이 없고, 현재도 일자리가 없어야 실업자로 분류되는 것이다.

취업이 감소하는데 실업률은 변동이 없는 미스터리의 해답은 바로 두번째와 세번째 질문에 숨어 있다. 직장을 찾지 못해 임시직 '알바'를 한다면 본인은 실업자로 느껴도 실업률 통계에는 포함되지 않는다. 또 너무 오래 일자리를 구하지 못해 실망한 구직자들이 일자리 찾기를 포기해도 실업자 통계에 포함되지 않는다. 특히 여성의 경우 결혼하여 자녀를 양육할 때 자녀 양육에 드는 비용보다 월등히 많은 봉급을 받지 않는 경우 구직을 쉽게 포기하는 경우가 많다. 이 경우 '열심히 일자리를 찾지 않았기 때문에' 실업자 자격(?)이 사라진다.

또한 아르바이트로 생계를 유지하거나 비정규직으로 1~2년 짜리 일자리를 떠도는 사람들은 실업자 통계에는 들어가지 않지만 자신을 취업자라고 생각하지도 않는다. 이들을 '불완전 취업자'라고 한다. 경기가 좋지 않아도 큰 변동이 없는 실업률에는 이 같은 경계에 선 불완전 취업자들의 처지가 반영되지 않는 것이다.

그렇다고 정부가 실업을 해결하고 기업들에게 고용을 강제할 수 있는가? 공기업들이 정부 눈치를 보면서 비정규직을 정규직으로 전환해주면 해결이 되는 걸까? 실업이 그렇게 쉽게 해결될 문제라면 모든 국가의 최대 고민이 되지도 않았을 것이다. 고용은 장기적이며 지속적으로 유지되어야 한다. 똑같은 비정규직인데 우연히 특정 시점에 공기업에 있었다는 이유로 정규직이 되는 것이라면 이는 경제현상이라기보다는 '로또 당첨'에 가깝다. 또 한 번 비정규직을 정규직으로 전환한 공기업은 한동안 사람을 뽑지 않는다. 공기업에 입사하기 위해 노량진 학원가에서 고생한 사람들이 그 피해를 입는다. 비정규직을 양산하고 있는 근원적 시스템 개선 없이는 한두 차례 선심성 비정규직 전환을 해준다고 해결될 문제가 아닌 것이다.

상당수 경제학자들은 "실업을 줄이기 위해서는 기업들이 얼마든지 자유로운 구조조정을 할 수 있도록 하라"는 다소 극단적으로 들리는 주장을 지지하기도 한다. 기업의 부담이 없어지고 노동시장이 유연해지면 오히려 고용이 늘어날 것이라는 주장이다. 이들은 해고요건을 지나치게 까다롭게 하기 때문에 부담을 느낀 기업들이 채용을 꺼려 비정규직이 늘어난다고 보고 있다. 기업의 상황에 따라 자유로운 구조조정을 보장해준 미국에서 오히려 실업의 고통이 적다는 모순적 사실을 적시한 주장이다.

고용은 경제의 핵심 문제이면서 서로의 이해관계가 엇갈려 가장 풀기 어려운 문제이기도 하다. 정부와 정치권 및 기업의 노사 등이 사회적 합의를 이뤄내지 않는 한 실업자도 아니면서 취업자도 아닌 불완전취업의 회색지대가 더 커질 것으로 우려된다.

정치인들의 무거운 책임

정부의 실업대책과 관련해 상황을 더 꼬아서 어렵게 만드는 요인 가운데 하나가 바로 정치와의 '순수하지 못한 관계'다. 가령 단기적으로는 어려워도 장기적으로는 일자리를 늘릴 수 있는 경제정책이 있다고 하자. 5년 단임 대통령제에서 이런 경제정책을 사용할 수 있는 '간 큰' 정치인이 있을까? 단기적으로 사회에 충격과 고통을 줄 경우 그 정치인은 심각한 정치적 곤경에 처할 것이며, 장기적으로 고용시스템이 안정되는 것을 보지도 못한 채 자리에서 물러나야 할 것이다.

반대로 장기적으로는 경제에 큰 어려움을 주지만 단기적으로는 선거 전에 경기호황을 불러오는 경제정책이 있다고 하자. 정치인들은 나중이야 어떻게 되든 당장 선거국면에 유리한 경제정책을 쏟아내고 싶어할 것이다. 따라서 거의 모든 정치인들에게는 단기적으로 인심을 얻을 수 있는 무리한 경기진작 정책을 사용하고 고용을 늘리려는 정치적 동기가 존재한다.

경제를 잘 알지 못하는 정치인들이 선거철만 되면 경제정책에 대해 참견하기 좋아하는 이유는 경제정책이 선거 결과에 결정적으로 작용하는 경우가 많기 때문이다. 예를 들어 대통령선거나 국회의원선거가 있는 해에는 대개의 경우 경기확장정책을 쓰는 경우가 많다. 선거 직전의 경기와 고용 상황, 낙관적인 경제 전망이 집권당에게 유리하게 작용하기 때문이다. 그리고 당선이 되고 나면 잘못 사용한 경기확장정책의 뒷수습을 하는 데 임기의 대부분을 보낸다.

미국의 경우 대통령선거가 있는 해에는 1인당 실질국민소득이 대통령선거가 없는 해보다 두 배나 더 성장했다는 통계분석이 있다. 대통령선거가 있으면 정부가 아낌없이 재정과 금융을 통해 경기확장정책을 쓰는 것이 일반적이기 때문이다. 실제로 1964년, 1972년, 1984년에 재정 및 금융정책이 가져온 경제적 호황은 당시 현직 대통령이었던 존슨과 닉슨, 레이건의 압승을 가져왔다.

1992년 미국 대통령선거에서도 경제가 결정적인 역할을 했다. 1차 미국-이라크전쟁(걸프전)을 승리로 이끌면서 미국의 '건재'를 세계에 과시해 인기를 끌었던 부시 대통령(아버지 부시)은 병역기피자, 바람둥이 의혹을 받았던 아칸소주 시골 주지사 클린턴 후보에게 비참하게 패배하고 만다.

당시 미국은 쌍둥이 적자에 시달리는 데다 경기가 극도로 나빠 실업사태가 갈수록 악화되고 있었다. 머리가 좋았던 클린턴 후보는 정치·외교적으로는 좋은 평가를 받고 있던 부시 대통령을 단 한마디의 선거구호로 물리친다.

"멍청아, 문제는 경제야It is economy, stupid!"

이처럼 경제적 이슈가 정치적 결과에 미치는 힘을 경험적으로 잘 알고 있는 정치인들은 대통령선거나 총선을 앞두고 대규모 재정지출을 하거나 세금을 내려서 경기를 부양하려는 유혹에 끊임없이 시달린다. 그러나 정치 일정에 맞춰 급조된 경기정책, '따뜻한 가슴'으로 위장된 정치적 구호는 예외 없이 심각한 후유증을 동반한다.

가령 정치 일정 때문에 경기확장기에 경기를 부추기는 정책을 쓸 경우 몇 달, 혹은 1년 정도의 시차를 두고 경기가 과열될 것이며, 다소 부대끼고 힘이 들더라도 허리띠를 졸라매고 근본적인 구조조정을 해야 할 시점에 무리하게 경기를 부양할 경우 그 후유증이 몇 년 후 심각하게 발생할 것이다. 경기정책의 시차성time lag 때문에 정작 사고를 친 정치인이나 정부가 이미 바뀐 상태에서 사태 수습의 책임이 엉뚱하게도 다음 정부나 정치인에게 돌아간다. 그리고 후유증으로 나중에 돌아오게 될 경제적 어려움은 물론 국민들의 몫이다.

장밋빛 통계수치로 가득한 정치인들의 열정적 경제정책과 고용정책에 대해 일단 그 의도를 의심해봐야 하는 불행한 시대에 우리는 살고 있다. 현실적 수단을 담보하지 못한 정치적 구호들 가운데서 진짜 유효한 경제정책을 가려내는 안목을 갖는 것, 수많은 거짓말과 현란한 수사들 가운데서 진실을 꿰뚫어보는 지적 사고와 훈련을 하는 것이 바로 이 책의 목적이기도 하다.

7장

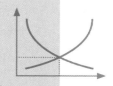

분배의
이상과 현실

한 나라의 국민들이 생산과 교환활동에 참가해서 1년 동안 발생한 소득을 국민총소득GNI: Gross National Income이라고 한다. 일반적으로 한 나라의 국민이 잘사는지 못사는지를 따질 때 '1인당 GNI' 개념을 사용하지만, 이는 평균개념일 뿐 누구는 1인당 평균 국민소득보다 훨씬 많이 가져가고 누구는 거기에 한참 못 미치는 쥐꼬리만한 소득을 분배받는다.

앞에서 설명했듯이 경제학은 수많은 학문 가운데 가장 인간의 생존에 가까운 학문이라고 할 수 있다. 당장 눈앞에 닥친 빵의 문제, 굶주림을 해결하는 문제보다 더 절실하고 정직한 문제는 없다. 그런데 실제로 사람들에게 경제학은 인간의 삶을 걱정하는 따뜻한 학문으로 인식되어 있지 않다. 경제학의 본질이 인간 자체와 인간 삶의 질을 높이는 방법을 '연구대상'으로 삼고 있는 것은 분명하지만, 냉정하고 차가운 학문으로 인식되고 있는 것이다.

이유가 뭘까? 먼저 경제학이 부분보다는 전체를 우선하는 학문이라는 데서 그 이유를 찾아 볼 수 있다. 경제학은 정부가 사회의 소외계층이나 영세 소상공인, 영세기업을 지원하고자 할 때 그 돈이 어디서 나올 것인지 재원을 먼저 생각해야 하고 장기적으로 지속가능한지를 냉정하게 살펴야 한다.

소비자를 염려할 때도 생필품 가격을 정부가 억제했을 때 동태적으로 어떤 부작용이 나올 것인지를 함께 생각해야 한다. 중소제조업을 살리기 위해 은행이 보다 많은 금융지원을 해야 한다고 모두가 목소리를 높일 때, 특정 부문에 대한 금융자원의 강제 배분이 경제 전체는 물론 해당 부문에 미칠 장기적 효율과 비효율을 따져봐야 하는 골치 아픈 학문이 경제학이다.

따뜻한 가슴으로 인간의 본질과 삶을 연구하는 인문학이나 다른 사회과학으로부터는 차가운 숫자를 맹신하는 '음울한 학문dismal science'이라며 모욕적인 대우를 받는다. 또 명제의 '확실한 증명'을 위해 복잡한 수학과 통계학을 내세우고 효율성을 이야기하다보니 경제학의 주된 연구대상인 '사람'이 완전히 배제되는 문제가 발생하기도 한다.

인간의 생존을 핵심 연구대상으로 하는 경제학에서 인간의 삶과 체온이 사라진 이상한 경향의 중심에 바로 분배 문제가 놓여 있다.

현대 경제학 연구의 주류는 빵의 크기 키우기에 집중한 나머지, 빵을 누구에게 얼마만큼 나눠줘야 하는가를 생각하는 분배 문제는 상대적으로 소홀히 취급해왔다. 어떤 당위에 따라 얼마를 분배할지에 대한 기본 이념이나 가치판단의 정립이 어렵고, 분배의 정의니 공평성이니 하는 모호한 개념은 수학이나 통계학을 통해 객관적으로 증명하기 어렵다는 이유로 분배에 관한 연구가 주류 경제학에서 외면되어온 것이다.

이는 경제학이 과학적 외피에 집착하기 시작하면서 과학적 객관성이 증명되지 못하는 논제에 대해 불안증을 보이기 시작한 경향과 무관하지 않다.

실제로 분배의 기본 이념은 왕왕 총론적이며 주관적이다. 분배를 이야기할 때 흔히 '최대다수의 최대행복'이라는 공리주의* 원칙이 거론되기도 하고 '평등과 공정의 원리'를 내세우기도 한다. 그런데 총론으로는 누구나 동의하는 분배의 이념이, 각론으로 들어가면 합의를 도출하는 것이 어려워진다. 평등이나 공평이라는 개념은 상당히 철학적이고 가치함축적인 동시에 대단히 주관적이기 때문이다. 사람마다 생각하는 평등이나 공평의 잣대가 다른 것이다.

이 때문에 분배 문제는 과학적 논증과 합의로 나아가지 못한 채 대기업과 중소기업, 제조업과 서비스업, 가진 자와 가지지 못한 자, 노인과 청년, 고용주와 피고용자, 현세대와 미래세대 간의 대립적 시각에 갇혀 갈등으로 비화되는 경우가 많다.

우선 '공정'과 '평등'이라는 말부터 적지 않은 논란을 예고한다. 평등은 모든 사람이 생산물과 최종 소득을 똑같이 나눠 갖는 절대적 평등인가, 아니면 상대적 평등인가? 얼핏 생각해봐도 절대적 평등은 현실적으로 불가능하며, 그 평등이 진정한 의미의 평등이 될 수 없다는 데 동의할 것이다. 새벽부터 일어나 부지런히 일한 사람과 실컷 게으름 피우다 아침 늦게 일어나서 대충 일한 사람이 그날의 소득을 똑같이 나눠 갖는 것이 진정한 평등은 아닐 것이다. 또 사람마다 선호가 달라 어떤 사람은 사

● 공리주의
18세기 말부터 19세기 중엽까지 영국을 지배했던 사회사상. 사회의 효용과 행복을 증진시키는 것을 행위의 목적과 선악 판단의 기준으로 삼는다. 제러미 벤덤에 의해 체계화되었고, 제임스 밀과 그의 아들 존 스튜어트 밀을 중심으로 한층 발전했다.

과를 좋아하고 어떤 사람은 배를 좋아하는데, 모두에게 똑같은 양의 배와 사과를 나눠주는 것도 진정한 공정이라고 할 수 없을 것이다.

따라서 어떤 경제 시스템이든 '절대적 평등'을 추구하는 것은 '절대적 불가능'이라고 정의를 내려도 무방하다. 모든 사람이 똑같이 노력하여 똑같이 분배받고 모두가 만족하며 사는 불만 없는 세상, 그런 유토피아는 철학자와 소설가의 상상 속에서만 존재한다. 따라서 경제적 분배 문제에서 실현가능한 평등은 각자의 역할·능력·노력·필요·선호 등을 모두 고려해 최대한 공정의 원리를 충족하는 상대적 평등, 혹은 기회의 평등을 의미한다고 봐야 할 것이다.

그러나 이 같은 상대적 평등 역시 복잡하고 미묘한 문제이다. 상대성에 대한 평가 역시 주관적이며, 상대적 평등을 확보하기 위해 사회가 지불해야 하는 비용에 합의하기가 쉽지 않기 때문이다.

각자의 분배 몫은 이미 정해져 있다?—고전학파

분배 문제에 대한 고전경제학적 사고의 단초는 애덤 스미스나 존 스튜워드 밀 등의 저서에 잘 나타나 있다. 애덤 스미스 등 고전학파 학자들은 시장이 잘 작동한다면 정부가 굳이 나서지 않더라도 이해관계자 간의 갈등과 교환이 잘 조정되어 최적의 분배가 이뤄진다고 생각했다. 고전적 임금론은 심지어 토지는 공급이 더 이상 늘어나지 않는 희소한 자원인 반면 노동인구는 풍부하다는 전제 아래, 노동자에게 돌아가는 몫이 적은 것을 당연시하기도 했다. 그 결론은 노동력이 풍부한 상황에서는 임금이 늘 최저생계비 수준에 머물러 있게 된다는 것이었다.(이 같은 고전경제학자들의 임금론을 임금철칙iron law of wage •이라고 한다.)

분배 문제를 좀 더 이념적이고 정치적인 관점에서 파악했던 사람은 존 스튜어트 밀이었다. 그의 분배에 대한 관점은 저서 『정치경제학 원리』에서 찾아볼 수 있는데, 그는 경제학의 두 가지 주요 법칙을 생산과 분배로 구분했다. 생산은 자연법칙처럼 연구되고 탐구될 수 있는 데 비해, 분배는 인간의 제도에 의해서 따로 규정돼야 한다는 것이 그의 주장이었다. 밀이 살았던 당시의 영국은 잔인하고 효율적인 산업자본주의가 맹위를 떨치고 있었다. 저임금노동자들은 비정한 자본주의 체제 하에서 비참한 가난과 중노동에 신음했다. 밀은 이런 문제를 해결하기 위해서는 생산의 결과물을 분배하는 데 있어 정책적 배려와 판단이 필요하다고 생각했다.

그러나 분배에 대한 그의 생각은 전체 생산의 결과물 중에는 '일정한 노동 몫'이 존재한다는 임금기금설 등 기본적인 문제제기에 그쳤을 뿐 구체적인 분배의 방법론이나 정치한 분배이론으로는 연결되지 못했으며, 구조적 측면의 분배론은 더 이상 완

● 임금철칙
리카도 이래 고전경제학자들은 임금은 노동자와 그 가족이 생계 유지에 필요한 최저 수준으로 환원된다고 주장했다. 만약 임금이 상승하면 생활 여건 향상에 따라 출산이 증가해 노동 공급이 늘어날 것이며, 그러면 노동자들끼리의 경쟁에 따라 임금은 다시 최저 수준으로 하락하게 될 것이라는 논리였다. 이런 고전경제학의 임금 이론은 나중에 '임금철칙'으로 정식화된다.

성을 보지 못한 채 소외되어갔다. 그리고 시장이 알아서 적정 분배를 해줄 것이라는 고전학파적 분배관이 주류 경제학의 중심으로 뿌리내렸다.

케임브리지 VS 케임브리지

시장이 그 존재 자체만으로 효율적이고 완벽하게 노동자의 몫이나 분배를 약속한다는 고전학파의 믿음은 ① 시장이 완전경쟁이고, ② 생산과 소비에서 긍정적 외부성이나 부정적 외부성이 존재하지 않는다는 가정을 전제로 한다. 그러나 현실에서 이처럼 완벽한 시장이 존재할까? 모든 경제주체가 100% 동일한 정보를 공유한 채 합리적으로 최적화 행동을 하며, 완전경쟁을 할 것이라는 가정은 누가 보더라도 비현실적이다.

예를 들어, 큰 자동차회사가 수없이 많은 군소 부품업체에 하청을 주고 이 하청업체가 또다시 다른 업체에 재하청을 주는 한국 같은 시장구조인 경우, 군소 부품업체와 큰 자동차회사 사이는 경쟁적인 힘이 작용하는 쌍방관계가 아니라 일방적이고 불공정한 관계다. 따라서 먹이사슬의 맨 아래 단계에 있는 영세 소기업에 근무하는 노동자가 받는 임금이 경쟁적 시장에서 합리적으로 결정된 적정배분이라고 말할 수는 없다.

마찬가지로 노동조합의 힘이 아주 강한 대기업에서의 임금/노동 몫과 노동조합이 생기면 곧바로 회사 문을 닫게 되는 영세 중소기업에서의 임금/노동 몫은 결정되는 방식이 전혀 다를 것이다.

시장의 분배기능에 대한 고전학파의 맹목적 신앙에 대한 이같은 비판은 주로 후기케인스주의자post-Keynsian들에 의해 제기되었다. 여성 경제학자인 조안 로빈슨J. Robinson(1903~1983)은 "경제학은 항상 과학적 도구의 방법이었던 동시에 다른 한편으로는 각 시대에 있어 지배적 이념의 전달수단이었다"면서, "소득분배 문제 같은 공정성과 평등성에 대한 최선 방안은 시장경제의 자율조정에서 찾아낼 수 없는데도 신고전학파는 이를 맹목적으로 추종해 경제학의 위기를 불러왔다"고 비판했다.(Joan Robinson, 「The Second Crisis of Economic Theory」, 『American Economic Review』, 1972.) 조안 로빈슨을 비롯한 후기케인스주의자들은 경제이론만으로 해결될 수 있는 순수한 경제문제는 존재하지 않으며, 정치적 이해관계와 편견이 모든 현실 경제문제에 개입되어 있다는 현실론을 폈다.

이 논쟁을 둘러싼 재미있는 사실 하나는 논쟁에 참여했던 학자들이 어떤 형태로든 '케임브리지'라는 이름과 관련되어 있었다는 사실이다. 후기케인스주의자들은 영국의 '케임브리지'대학을 주축으로 하고 있었던 반면, 고전학파의 분배이론에 기초하여 이론을 전개해나간 신고전학파 경제학자들 중에는 폴 사무엘슨과 로버트 솔로 등 미국 동부의 도시인 '케임브리지'에 위치한 MIT대학의 교수들이 많았다. 그래서 분배이론을 둘러싼

이 논쟁은 '케임브리지 대 케임브리지' 논쟁이라고 불린다.

그러나 치열했던 이 논쟁에서는 어느 쪽도 승자가 되지 못했다. "신고전학파의 가정이 비현실적이다. 비현실적인 가정을 통해 나온 결론은 아무리 정교한 방식으로 논증이 되었더라도 오류이며 비현실적이다"라는 비판에는 누구나 공감했지만, 그렇다고 해서 후기케인스주의자들이 이를 대신할 정도의 합리적인 분배이론을 만들어내지는 못했기 때문이다.

신고전학파의 분배이론은 실증적positive 명제로서 나름대로의 유용성과 합리성을 가지지만 분배가 제도와 규범의 문제로 전개될 경우, 과학적 논증을 기초로 하는 경제학으로선 별로 보탤 말이 없었다. 그 결과 경제학은 노동과 자본 등 생산요소에 귀속되는 소득의 분배비율 등 실증적 연구에 집중한 반면, 계층적·비수량적·규범적 분배이론은 사회학이나 정치학에서 주로 다뤄지는 등 전혀 다른 형태로 분화하게 된다.

빵의 크기가 커지면서 분배 갈등이 심화된다

분배의 공평성에 대한 사회적 합의가 어려운 이유는 공평의 척도가 사람마다 다르기 때문이기도 하지만 인간은 '합리적으로 이기적'이라는 본성과도 맞닿은 문제다.

『뉴욕타임스』는 대부분의 사람들이 복지정책이나 따뜻한 나눔의 모습에는 적극적으로 찬성하고 공감하면서도, 정작 나눔을 위해 자신이 세금을 내는 일에는 거부감을 가지고 있다는 흥미로운 조사결과를 게재했다. 이 조사에서 사람들은 "한쪽 부모가 없는 저소득층 가정의 아동들에 대해 정부가 지급하는 재정보조에 찬성하느냐"는 질문에는 81%가 찬성한다고 응답했다. 또 "저소득층이 싼값으로 식량을 구입할 수 있도록 식량 쿠폰을 지급하는 정책"에 대해서도 81%가 찬성했다. 또 82%의 응답자는 빈민계층을 위한 의료비 지원에 찬성했다.

그러면서도 동시에 '복지'라는 단어에는 상당히 부정적인 반응을 보인 것으로 나타났다. 조사대상 1447명 가운데 58%가 정부가 시행하고 있는 거의 모든 복지정책에 찬성하지 않는다고 답했고, 54%는 복지정책의 혜택을 입는 사람들은 대부분 노력만 하면 정부보조금 없이도 살 수 있다고 응답했다.(『New York Times』, August 3, 1977)

왜 사람들은 이 같은 이중적 태도를 보이는 것일까? 불우한 이웃을 정부가 돕는 행위는 좋게 보지만 복지를 위해 '내 주머니에서 세금이 나가야 한다'는 사실을 본능적으로 싫어하기 때문이다. '공평과 평등이라는 이념은 찬성하지만 이를 실천하기 위해 내가 비용을 지불하는 것은 싫다'는 이중성 때문에, 역사적으로 어떤 사회든 경제행위의 성과물 배분을 둘러싼 갈등을 겪어왔다. 이런 갈등은 사실상 경제 시스템 내부에 생래적으로 잉태되어 있다 해도 과언이 아니다. 이것이 19세기에 본격적으로 정립된 사회적 갈등론의 기본 줄거리이다.

갈등론은 인간은 혼자서는 살 수 없고 반드시 서로 관계를 맺고 살아야 하는 사회적 동물인데, 경제적 자원은 언제나 결핍되어 있기 때문에 언제나 서로 갈등을 겪을 수밖에 없다고 단언한다. 갈등에서 해방되는 유일한 길은 인간이 자원의 희소성에서 완전히 벗어나는 길뿐인데, 이는 사실상 불가능하기 때문에 갈등이 합의나 화해보다 훨씬 더 보편적인 사회 현상이라는 것이다. 희소자원을 둘러싼 사회적 갈등에 대한 인식은 마키아벨리Nicola Machiavelli(1469~1527)에 의해 구체화되고 홉스에 의해 정교한 논리로 이론화되었다.

빵의 크기 확대를 위해 아예 축적된 것이 없는 원시시대에는 협력적 공산 사회가 가능하다는 것이 많은 인류학자들의 관찰이다. 볼리비아 시리오노족의 경우를 보자. 사냥꾼이나 채취자가 대부분인 시리오노족은 별로 가진 것이 없다. 기껏해야 사냥용 활과 화살, 조잡한 칼, 물을 담는 데 쓰는 동물의 방광, 짐승 가죽이 소유물의 대부분이며 대부분 그날 사냥이나 채취를 해서 그날 먹고 사는 생활을 계속한다. 사냥이 잘된 날은 배부르게 먹고 잘 안 된 날은 굶는다. 냉장시설이나 훈제기술이 없어 남는 고기를 보관하지 못하기 때문이다. 그러나 이 부족은 먹을 것이 많거나 적거나, 남을 때나 부족할 때나 음식물을 구성원들에게 공평하게 나눠준다. 경제적으로 모두가 평등한 것이다.

그러나 빵의 크기가 본격적으로 커지면서 계급과 계층이 분화되고, 빵의 분배를 둘러싼 갈등이 심각해진다. 실제 유럽에서도 경제성장이 본격화되었던 18세기를 전후해 분배를 둘러싼 계급갈등이 가장 첨예해졌다. 한때는 봉건권력에 대항해 싸우던 동지였던 시민계급 내부에서 분배를 둘러싼 갈등이 커져서 결국 공산주의 혁명이라는 역사적 대폭발로 이어졌던 걸 앞에서 이미 서술한 바 있다.

빵의 크기가 아주 작을 때는 오히려 괜찮다가 어느 정도 경제성장이 이루어져 빵의 크기가 커질수록 갈등이 급격히 커지는 이유가 무엇일까? 앨버트 허시먼A. Hirschman은 이를 터널효과Tunnel Effect로 설명했다. 경제성장의 과정을 2차선 터널을 통과하는 것으로 가정해보자. 처음에는 한쪽 차선만 움직여도 나머지 차선 운전자들이 참고 기다린다. 곧 자신들 차선도 움직이리라 생각해서다. 그처럼 초기 발전단계일 때는 사람들이 언젠가 경제발전이 이루어졌을 때(즉 터널을 빠져나가게 되었을 때) 자신도 잘 살게 되리라는 희망을 가지고 불균형전략을 감내한다. 그러나 터널을 빠져나간 뒤에도 여전히 한쪽 차선만 움직인다면 그동안 참았던 불만이 폭발하고 이에 따른 사회적 갈등비용이 높아져서 결국은 경제성장을 저해시킨다는 것이다.

채권자는 있는데 채무자는 없다?—경제성장의 그늘

한국 사회에서도 분배 요구가 높아지고 사회적 갈등이 본격화된 것은 온 국민이 절대빈곤 상태였던 1950년대나 1960년 대가 아니라, 자본축적이 이뤄지고 압축 고도성장을 경험했던 1970년대와 1980년대였다.

개발도상국 경제성장의 가장 큰 비극과 문제점은 빵의 크기를 키우기 위해 지속적으로 희생을 강요당한 계층과 커지는 빵의 혜택을 받은 계층이 전혀 다르다는 데 있다. 계층만 다른 것이 아니다. 부문도 다르고 세대도 다르다. 그리고 더 큰 문제는 희생을 강요당한 계층이나 부문의 경우 본인들이 희생됐다는 사실을 정확하고 지속적으로 인식하는 반면, 이들의 희생을 통해 성장의 혜택을 누리게 된 계층은 자신들이 남의 희생을 토대로 혜택을 받았다는 사회적 부채의식이 전혀 없다는 데 있다. 채권자는 엄연히 존재하는데 자신이 채무자라고 생각하는 사람은 아무도 없는 이상한 상황, 이것이 특히 한국처럼 빠른 속도로 성장한 개발도상국 경제가 겪게 되는 비극이다.

예를 들어 한국의 경제 현실을 보자. 일제강점기 당시 일본의 전쟁수행 전초기지로 전락했던 한국은 자연스러운 근대화의 기회를 빼앗기고 일본식민지 전쟁경제의 유산을 그대로 물려받은 채 1945년 해방을 맞았다. 얼마 안 되는 공장들은 일본인 엔지니어들이 한꺼번에 한국을 철수하자 고철덩어리나 다름없었고, 1948년 북한이 남한으로 보내던 전력을 끊어버리자('5·14 단전 사태') 그나마 가동되던 공장의 가동률이 10~20%로 하락했다.

미·소 냉전의 패권다툼으로 남북이 갈라졌으며, 1950년대 초에는 6·25전쟁의 후유증으로 온 나라가 전쟁의 잿더미 속에 있었다. 미국과 유엔의 원조를 받았지만 이는 한국의 자생적 경제 발전을 지원하기 위한 원조가 아니라 전쟁복구 원조의 성격이었기 때문에, 1950년대 말까지 우리는 지구상에서 가장 가난한 나라 중 하나에서 벗어나지 못했다.

따라서 개발 초창기에 한국 경제는 '빵의 크기'를 키우는 것이 지상 최대의 목표였다. 한 국가가 사용할 수 있는 가용자원은 늘 부족하기 때문에, 이를 가능한 한 생산성이 높고 빵의 크기를 키우는 데 더 유리한 분야에 사용해야 사회 전체의 기회비용을 줄일 수 있다.

이 때문에 1960년대 정부는 조세·금융 등 국가의 모든 가용자원을 수출공업화 분야로 집중했고, 1970년대에는 중화학공업에 모든 정책 역량을 쏟아붓는 불균형성장 전략을 채택했다. 당연히 1960년대에는 농업부문과 내수부문이 지속적으로 소외되었고, 1970년대에는 중화학 대기업 육성에 모든 자원이 집중되어 경공업과 중소기업은 장기적으로 소외되었다. 계층별로는, 기업의 육성에 모든 정책적 혜택이 주어진 나머지 생산현장의 노동자들은 처절한 소외를 당했다. 근로기준법은 제정되었으나 있으나마나였다. 1980년 들어 소규모 폐쇄경제였던 한국 경제가 수출과 수입 중심의 개방형 경제로 이행되면서 생산성과 효율성의 잣대는 더욱 강화되었다.

따라서 수십 년 동안 자원 배분의 혜택에서 소외되었던 농업

부문와 내수부문, 그리고 중소기업들은 자신들이 불균형 경제 성장 전략의 피해자이며 성장의 그늘에서 소외되었다고 생각했다. 너무 오랜 소외에 지치고 절망한 나머지 때로는 파업과 죽음이라는 방식으로 강력한 항의 표시를 하기도 했다. 1970년 11월 "노동자는 기계가 아니다"라고 외치며 분신한 전태일은 내수산업인 청계시장 피복 노동자 출신이었으며, 박정희정권의 오랜 독재를 무너뜨린 계기가 된 'YH사건'의 주인공들은 경공업에 속하는 가발생산 중소기업의 여성 노동자들이었다. 압축 고도성장의 주된 희생자가 어느 부문 어느 계층에서 주로 발생했는지를 보여주는 대표적 사례라고 할 수 있다.

그런데 성장 과정에서 전적인 혜택을 받은 채무자들은 자신들이 전혀 채무자라고 생각하지 않는다. 경제성장에 따른 최대의 혜택을 입은 수출 제조업, 비즈니스 서비스업(서비스업 가운데 음식료·도소매 서비스가 아닌 물류·법률·회계 등 비즈니스 생산성과 관련된 서비스업을 뜻한다), 중화학공업(전자산업 포함), 대기업에 종사하는 사람들은 그저 자신이 열심히 노력해서 정당한 혜택을 누리고 있다고 생각할 뿐, 누구도 자신들이 희생당한 계층·분야·세대에 빚을 지고 있다는 의식 자체가 없다. 장기적 소외에 분노하는 채권자들은 있는데, 책임의식을 가진 채무자는 없는 상황인 것이다.

빵의 크기를 늘리는 데 필수적인 기술개발과 혁신 역시 마찬가지로 소외의 그늘을 만들어낸다. 아무리 기술이 발달해도 그 비참한 노동현실을 고발하기 위해 분신한 전태일(위)과 회사의 부당한 폐업에 저항하며 시위에 나선 YH무역 노동자들(아래). 성장의 과실이 불평등하게 분배되고, 일방적으로 한쪽만 희생하는 사회는 오래 지속되지 못한다. 빵의 크기를 키우는 것만큼 제대로 나누는 것도 중요하다.

혜택을 받지 못한 채 소외되는 사람들이 있기 때문이다. 1800년대 초 기계파괴운동에 참여한 노동자들을 '산업혁명과 기술혁신이 만들어내는 새로운 직업, 기하급수적으로 증가하는 빵의 크기를 이해하지 못하고 단순히 기술혁신의 미래에 대해 무지했던 사람들'이라고 간단히 치부하기도 하지만, 문제는 그렇게

단순하지 않다. 설령 이들이 산업혁명과 기술혁신의 폭발적 효과와 미래를 사전에 알았다고 하더라도 이 운동은 계속됐을 것이다. 이들은 나이가 들고 교육훈련을 받을 수도 없어 새로운 기술문명에 도저히 적응할 수 없었던 단순기술자, 나이 든 저임금 노동자들이었던 것이다.

이 같은 기술과 성장의 소외현상은 디지털 시대에 들면서 더욱 심각해지고 있다. 디지털 기술은 산업의 차원을 바꿀 정도의 혁명적인 기술이며, 디지털 기술을 소유한 사람과 그렇지 못한 사람 사이의 소득과 분배 격차는 심각하게 벌어지고 있다. 이른바 '디지털 디바이드Digital Divide' 현상이다. 왜 그럴까?

디지털 기술 관련 산업은 여러 가지 특성상 공급 측면에서나 소비자 측면 모두에서 승자독식의 불평등한 분배구조가 극단적으로 심화되는 경향이 있다. 디지털 기술 가운데 상당 부분은 경로의존성과 네트워크 외부성*, 그리고 글로벌화라는 몇 가지 특징이 있으며, 그 결과 시장 선점적·독점적 경향이 나타난다. 한번 대표적인 검색엔진으로 자리 잡자 모두가 '구글'을 사용하듯이, 일단 경로의존성이 결정되거나 네트워크화에 성공하면 수확체증**이 발생해 장기적인 글로벌 시장독식으로 이어지는 식이다. 또한 토지나 기계, 노동 등 물리적·지리적 요소를 지녔던 과거 제조업과 달리 인터넷은 시공간을 넘어서기 때문에 글로벌 선두그룹이 생겨나고, 여기에 편승한 쪽과 그렇지 못한 쪽 사이에 극명한 격차가 발생한다.

● 네트워크 외부성
특정 제품을 사용하는 소비자가 많아질수록 해당 상품의 가치가 더욱 높아지는 현상. 예를 들어 메신저나 SNS, 검색엔진의 경우 사용자가 늘어날수록 그 서비스를 이용하는 데 따른 이점이 많아진다.

●● 수확체증
본래 토지, 노동, 자본과 같은 생산요소는 투입량이 늘어날수록 그에 따른 산출량 증가량은 감소하는 '수확 체감의 법칙'이 적용된다. 그러나 지적자본의 경우는 반대로 투입량이 늘면 산출량은 그보다 더 많이 증가하는 수확체증현상이 나타난다.

이처럼 극단적인 승자독식의 디지털 산업구조가 분배 문제와 관련해 의미하는 바는 시사적이다. 산업구조 간 불평등의 심화는 당연히 기업에 고용되는 노동자들의 극단적인 소득분배 불평등으로 이어진다. 어린 시절부터 컴퓨터 등 각종 첨단기기를 접하고 일상생활 속에서 교육받아 능숙한 기술력을 보유한 계층과 그렇지 못한 계층, 디지털 세대와 아날로그 세대 간의 직업이 극단적으로 차별화되고, 그 결과 역시 심각한 소득 불균형으로 나타난다.

디지털 기술을 보유한 계층 간에도 첨단교육을 지속적으로 받은 계층과 적당히 익힌 계층 간의 소득 불평등도 적지 않을 것이다. 죽을 때까지도 디지털이 무슨 말인지조차 모르고 살아갈 만큼 기술로부터 소외된 채 성장한 사람들에게 눈부신 기술 진보가 무슨 의미가 있을까?

기술혁신과 진보에 따른 생산성 향상과 그 이익이 사회 전체로 크다고 해도 소외되고 고통받는 사람은 언제나 존재한다. 사라지는 일자리보다 늘어나는 일자리가 훨씬 많더라도 과거 환경에 익숙해진 이들이나 어린 시절부터 적정한 교육을 받지 못한 사람들에게는 신기술에 따른 일자리 창출이 아무 의미가 없다. 성장과 혁신이 커지더라도 그 그늘에서 소외된 계층에 대한 일자리 창출이나 합리적 분배 문제를 정부나 사회가 언제나 고민해야 하는 이유이며, 영국 철도가 IT의 발달에도 불구하고 재래식 티켓 발행과 검표시스템을 유지하면서 고령자들을 위한 일자리 마련에 애쓰는 이유이기도 하다.

분배의 갈등과 불만이 임계치 이상으로 커지면 경제성장의 시스템 자체가 붕괴할 가능성이 있다. 성장과 기술혁신의 그늘에서 소외된 계층, 나이가 많아 더 이상 생산성의 속도를 따라잡지 못하는 계층을 지원하고 돕는 일은 사회적 갈등비용을 크게 줄일 수 있다.

불평등의 정도를 측정하는 방법

한 사회의 분배가 어느 정도 이루어졌는지, 그 분배를 둘러싸고 사회 구성원·계층·조직 사이의 갈등이 사회적 폭력과 약탈로 발전할 정도의 수준인지 아닌지, 다른 나라와 비교해 어느 정도 수준인지 등을 어떻게 판별할 수 있을까? 대부분의 국가들은 분배의 불평등 정도를 지속적으로 측정해 분배정책을 위한 가늠자로 사용한다. 소득을 기준으로 불평등도를 측정하는 방법 가운데 경제학 교과서에서 많이 가르치는 것은 로렌츠곡선과 지니계수 등이다.

로렌츠곡선Lorenz Curve은 한 사회의 구성원을 소득이 가장 낮은 사람으로부터 높아지는 순서에 따라 차례로 배열한다고 할 때, 전체 소득 가운데 하위 몇 %에 속하는 사람들이 몇 %의 부를 차지하고 있는지를 파악해 연결해놓은 곡선을 의미한다. 가령 하위 10%의 사람이 국가 전체에서 생산된 부의 10%를, 하위

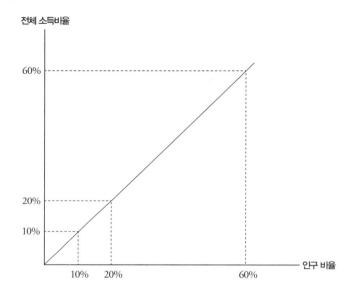

[도표 9] 완벽한 평등 상태의 로렌츠곡선

전체 소득비율

60%

20%

10%

10% 20%   60%   인구 비율

20%에 속한 사람들이 20%의 부를, 30%에 속한 사람들이 30%의 부를 가져간다면 이는 소득이 완벽하게 균등분배되고 있는 것이며, 사람과 전체 소득의 비율을 잇는 선은 직선이 될 것이다.

현실의 통계로 그려본 로렌츠곡선의 형태가 대각선에 가깝게 위치할수록 평등한 분배 상태인 것이고 멀어질수록 불평등도가 심각하다는 것을 의미한다. 이 때문에 불평등한 분배곡선일수록 직선에서 멀어져 개구리 배처럼 아래로 볼록하게 쳐진 형태가 된다. [도표 10]에서 보면, a와 같은 로렌츠곡선을 가진 나라가 b와 같은 곡선을 가진 나라보다 소득분배가 더 잘 이뤄지고

[도표 10] 로렌츠곡선에 의한 분배 상태 비교

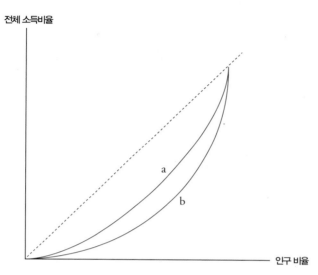

[도표 11] 분배의 교차이동

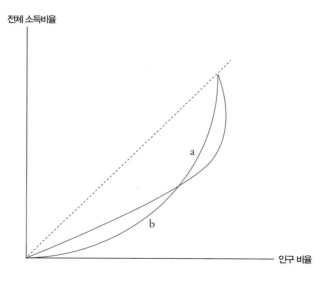

있는 것이다.

로렌츠곡선은 단일한 그래프 하나로 부의 분배 정도를 나타내는 유용성이 있지만 치명적인 한계도 있다. 즉 소득분포에 변화가 생겨서 볼록한 선이 [도표 11]과 같이 곡선 a에서 b로 교차이동하게 된 경우, 분배 왜곡의 정도가 더 개선된 것인지 악화된 것인지 판단하기 어렵다. 이 때문에 현실적으로는 지니계수나 십분위분배율, 애트킨슨계수Atkinson Index 등 수치로 비교가 가능한 평가방법에 의존하게 된다.

지니계수는 로렌츠곡선과 관련된 면적의 비율을 통해 구할 수 있으며, 보다 구체적으로는 완전평등 상태를 나타내는 대각선의 로렌츠곡선과 실제 로렌츠곡선 사이의 면적을 대각선 아래 전체 삼각형의 면적으로 나눈 것으로 이해하면 된다. 지니계수는 0과 1 사이의 값을 가지는데, 0에 가까울수록 소득분배의 불평등 정도가 낮다는 것을 뜻한다. 보통 0.4를 넘으면 소득분배의 불평등 정도가 심한 것으로 평가된다. 그렇다면 한국의 소득 불평등 정도를 지니계수로 파악해보면 어떤 결과가 나올까?

노동연구원과 한국개발연구원에 따르면, 우리 경제는 고성장기에는 소득분배가 다소 개선되지만 경기침체기에는 다시 악화되는 경향을 보인다.(이는 다른 나라에서도 비슷한 현상을 보인다. 하버드대학의 로버트 바로 교수는 100여 개 국가를 분석한 결과, 경제발전의 초기에는 소득불평등도가 높으나 경제발전이 진행될수록 소득불평등도가 개선된다는 것을 밝혔다. 이는 지속적인 경제성장으로 경제발전 단계가 높아지는 경우 소득불평등도가 점차 개선될 수 있다는 것을 의미한다.) 특히 1980년 중반 이후 1997년 외환위기 이전까지의 고성장기에는 임금소득이 늘어나면서 중산층이 두터워지기 시작해 지니계수가 상당한 하락 추세를 나타냈다. 한동안 개선되는 듯했던 분배 불평등은 그러나 1997년의 외환위기를 겪으면서 다시 악화되기 시작했다. 외환위기가 발생하면서 기업 연쇄부도와 대량 실업사태가 일어났고, 이때 급속도로 붕괴된 중산층이 저성장-양극화 추세의 장기화로 거의 회복되지 못한 채 소득불평등이 심화된 것이다.(한국개발연구원이 통계청 자료로 분석한 결과에 따르면, 지니계수는 가처분소득 기준으로 1996년 0.298에서 외환위기 후인 2000년 0.358로 증가했다.)

통계청에 따르면, 2017년 기준 지니계수는 0.355로 2015년 이후 좀 더 악화되는 경향을 나타냈다. 고령화되어 소득이 없는 노인인구가 증가한 데 따르는 인구적 요인이 큰 것으로 분석되는데, 그만큼 고령화된 계층에 대한 복지체계가 선진국에 비해 부족하다는 뜻이기도 하다. 게다가 한국은 공적연금 가운데 일반 국민들에게 적용되는 국민연금을 비교적 최근인 1987년에 도입해 국민연금 혜택을 전혀 받지 못한 채 고령에 진입한 노인인구가 많으며, G7 국가들에 비해 공적연금을 통한 재분배가 크게 뒤지고 연금의 사각지대가 큰 것으로 나타나고 있다. OECD회원국의 경우 국민연금이 소득재분배 효과의 50%를 차지하며, 특히 이탈리아는 80% 이상을 차지한다. 이렇게 연금제도가 미비한 것이 분배 불평등을 악화시키는 요인으로 지적되고 있다.(김낙회,『세금의 모든 것』)

지니계수를 계산할 때 또 한 가지 주목해야 할 점은 시장소득으로 계산한 지니계수와 세금·연금 등을 포함한 가처분소득으로 계산한 지니계수의 차이다. 이 차이가 경제학적으로 중요한 것은 시장소득분배 측면에서는 지니계수가 높게 나타났더라도 국민들이 세금을 떼고 연금을 받은 후 지니계수가 낮아졌다면 정부의 정책이 부의 불평등을 어느 정도 해소하고 있다고 볼 수 있기 때문이다.

지니계수와 함께 흔히 이용되는 또 하나의 불평등도 측정법은 십분위분배율+分位分配率, Deciles distribution ratio이다. 이는 전체 소득 중 소득계층의 최하위 40%가 차지하는 점유율을 최상위 20%가 차지하는 점유율로 나누는 방식이다. 가령 최하위 소득자 40%가 차지하는 소득점유율이 15%이고 최상위 소득자 20%가 차지하는 소득점유율이 45%라면 십분위분배율은 0.33(15/45)이 되는 셈이다. 이 방식은 지니계수와 달리 수치가 높을수록 분배가 평등한 것이다.

그러나 지니계수와 십분위분배율 등의 방식은 단순히 평균적인 소득분배 불평등이 어느 정도인지만을 보여줄 뿐이다. 이 수치만 보고는 그 불평등의 정도가 사회가 합의하거나 감내할 수 있는 수준인지 여부를 알기 어렵다. 예컨대 지니계수가 0.378에서 0.3으로 되었다면 불평등이 개선된 것은 분명하지만, 개선의 정도가 해당 사회 전체의 합의 수준이나 경제 역량에 비춰봤을 때 바람직한 정도인지 여부는 판단하기 어려운 것이다.

이런 단점을 보완해 사회가 합의한 분배철학과 가치에 따라서 부의 불평등 정도를 측정할 수 있도록 한 모델이 애트킨슨계수이다. 분배보다는 빵의 크기를 먼저 늘리는 것이 시급하다고 생각하는 사회(주로 저개발국이나 개발도상국)와, 분배가 제대로 이루어지지 않았기 때문에 사회적 후생이 크게 떨어진다고 판단하는 사회(주로 선진국)는 적정한 분배의 기준이 크게 다를 것이다. 애트킨슨계수는 사회가 선택하는 분배철학의 가중치를 미리 선택하도록 해서 분배의 결과로 나타나는 사회적 후생이 달라지도록 설계한 것이다.

이러한 방식들은 각자 나름대로의 유용성이 있지만, 그럼에도 불구하고 종합적이고 정확하게 빈부격차를 측정하기는 어렵다. 또 불평등의 구조적 측면을 반영하지 못하며 주관적 요소가 많아 객관적이고 정밀한 측정이 불가능하다는 한계가 있다. 한 사회의 불평등은 단순한 소득 차이뿐만 아니라 여러 가지 형태의 부, 기회, 여가, 심리적 요인이 복합적으로 얽혀 있는 현상이기 때문이다.

어떤 단일 모델으로도 사회의 복합적 불평등 정도와 불만의 정도에 대해 정확히 측정하기는 불가능하다. 따라서 지니계수 등은 전반적인 소득분배 경향이나 추세를 개략적으로 판단하기 위한 자료 정도로 참고하는 것이 타당할 것이다.

시장경쟁과 분배의 정의가 양립하려면?

경제가 장기적으로 효율성을 유지하고 혁신을 통해 성장을 이룩하기 위해서는 시장이 언제나 경쟁적이어야 한다는 것은 역사적 경험으로 입증된 사실이다. 정부가 공정거래법의 제정과 집행을 통해 신생 중소기업을 대기업의 횡포로부터 보호하는 이유도 사회적 약자로 간주되는 중소기업 자체를 보호하기 위해서라기보다는 신생 중소기업이 성장해 언젠가는 대기업의 경쟁자가 되도록 하기 위해서다. 대기업이 하도급 중소기업에 원가부담을 전가하여 이익 착취를 하지 못하도록 하는 이유도 하도급 중소기업의 적정 마진을 보장해주는 것 자체가 목적이 아니라 이익을 낸 중소기업이 부지런히 R&D 투자를 해서 대기업을 뛰어넘는 신기술을 개발할 수 있도록 유도하기 위해서다. '시장'이라는 공간에서는 경쟁이 치열할수록 효율이 높아지기 때문이다.

그런데 경쟁에는 반드시 탈락자가 존재한다. 경쟁에서 밀려나거나 성장의 그늘에서 소외되는 사람들의 숫자가 늘어나고 이들의 고통과 불만이 오랜 기간 축적될 경우, 효율적으로 급격하게 성장하는 듯 보이는 경제라도 중장기적으로는 내부 붕괴를 일으켜 무너져버릴 수 있다. 누적된 소외계층의 불만이 경제

붕괴의 뇌관으로 작용하는 것이다.

이 때문에 '지속가능한 성장Sustainable Growth'이라는 개념이 진지하게 모색되고 있다. 이 개념은 유엔이 제안하여 도입된 것으로, 한쪽 부문의 성장만을 우선시하는 단기적 경제성장 전략에 대비해 현세대는 물론 미래세대에까지도 지속적으로 발전할 수 있는 형태의 발전양식을 의미한다.

경제학은 지속가능한 경제발전을 위해 다음과 같은 세 가지 방향에 대체로 동의한다. 첫째, 환경적으로 지속가능한 규모Environmentally sustainable scale를 유지하고, 둘째, 사회적으로 균등한 분배Socially fair distribution가 이뤄져야 하며, 셋째, 경제적으로 효율적인 배분Economically efficient allocation을 동시에 달성해야 한다는 것이다.

그렇다면 어떻게 시장의 경쟁성을 유지하면서도 사회적으로 공정한 분배 문제를 논리적으로 양립시킬 수 있을까? 어떤 계층이나 사람이 태어나면서부터 불공정한 상황에 노출되어 아예 시장에 진입하지도 못하는 경우는 어떻게 해야 할까? 또 시장에서 나름대로 치열하게 경쟁했지만 일시적으로 실업자가 되는 경우나, 나이가 들거나 건강이 나빠져서 더 이상 시장경쟁이 불가능해진 사람들은 어떻게 해야 하는가?

일반적으로 근대국가의 경제발전 과정에서 확립된 경험지나 암묵지暗默知는, 정부는 시장이 더욱 경쟁적이 되도록 촉진하는 대신 시장의 전前 단계와 후後 단계에서 소득재분배에 적극 개입해야 한다는 것이다.

첫째, 시장 전단계에서 국가가 할 일은 시장 진입을 위한 기회의 균등을 모두에게 보장하는 것이다. 누구나가 경쟁력을 갖추고 시장에 진입할 수 있도록 지원해야 한다. 대표적인 시장 전단계의 기회균등이 바로 교육이다. 시장을 통한 소득분배의 정당성을 설명할 때 쓰이는 논거가 '능력이론'이다. 사람마다 제 각기 다른 정신적·육체적 능력이 그 사람의 생산성을 결정하며, 따라서 각자의 소득은 각자의 능력에 따라 달라져야 한다는 것이다. 그런데 능력의 유전적 측면에 대해서는 논란이 있더라도, 한 가지 분명하게 합의된 사항은 개개인의 능력이 출생 이후 주어진 상황이나 환경과 교육에 의해 상당 부분 결정된다는 점이다.

교육이나 환경이 개개인의 능력과 시장에서의 소득 차이를 결정짓는 중요한 요인이라면, 정부는 분배의 공평성 관점에서 의무교육이나 무상교육 등에 더욱 적극적으로 개입해야 할 것이다. 적어도 초·중·고 교육을 무상으로 해주고 저소득층에 대한 장학금을 늘려 돈이 없어도 대학교육을 받을 수 있는 기회를 주어야 한다.

둘째, 시장 후단계에서는 병이 있거나 신체적 장애를 겪는 사람들, 빈곤노인층, 일을 할 수 없는 영유아 등 시장경쟁 참여 자체가 불가능한 사람들이나 시장의 경쟁에서 일시적으로 탈락한 사람들에 대해 국가가 복지를 제공해야 한다. 신체장애를 겪거나 건강하지 못한 사람들이 적정한 치료를 받을 수 있도록 최대한 의료보장을 해주어야 하고, 고령자나 은퇴자에 대해 적정 국민연금이나 기초노령연금 등을 지급해야 한다. 일할 능력이 있는 사람이라도 잠시 동안 불가피하게 일자리를 잃을 수 있기 때문에 그 사이에 실업급여를 줘야 한다. 대한민국에서 태어난 사람이라면 누구나 국민으로서 최소한의 존엄을 누릴 수 있도록 국가가 보장해야 한다는 정신이 헌법이 규정하는 행복추구권이며, 1998년 제정된 국민기초생활보장제도의 기본 정신이기도 하다.

앞서 1장에서 논의했던 거대 다국적 제약회사의 항암제 독점 판매 문제도 이 관점에서 생각해보면 답이 나온다. 생명의 가치와 재산권을 동시에 보장하기 위해서는 항암제 가격을 내리라고 강제할 것이 아니라, 국가가 재정으로 항암제를 구입하고 돈이 없어 암 치료를 받지 못하는 계층에게 값싸게 공급해줘야 할 것이다.

이 같은 정신에 따라 각종 사회보장 제도와 소득재분배, 공공부조제도 등 사회안전망을 종으로 횡으로 가능한 한 촘촘하게 만들어 망에서 탈락하는 국민들이 없도록 해야 한다.

'세금의 주권'은 어디에 있을까?

이 같은 사회안전망을 만들 수 있는 재원은 어떻게 조성될까? 정부는 단 1원도 스스로 만들 수 없는 조직이므로 개인과 기업으로부터 세금을 징수해 이를 충당한다. 세금은 '국가가 수입을 조달할 목적으로 사私경제로부터 징수하는 화폐 또는 재화'로 정의되는데 '세금을 부과할 수 있는 권한이 누구에게 있는가?' 하는 문제와 '이 세금을 사용하는 대상이 과연 누구인가?'를 구체적으로 정의하는 문제는 근대적 시민국가의 확립과 밀접히 연관돼 있다.

과거에는 황제와 귀족 등의 봉건적 지배계층들이 자신의 이해관계에 따라 세금을 마음대로 부과했고 세금을 써서 발생하는 혜택도 자신들이 누렸다. 과세의 권리와 세금을 사용할 권리모두가 지배계층에 있었던 것이다. 그러다보니 때때로 과도한 세금으로 인해 피폐하고 궁핍한 삶에 내몰린 피지배계층의 격렬한 저항이 발생하곤 했다. 역사적으로 발생한 대부분의 혁명이 세금 문제와 관련이 있다.

세금의 국민주권주의에 대한 생각이 막연하게나마 싹트기 시작한 것은 1215년 영국에서 제정된 대헌장 마그나카르타Magna Carta로부터였다. 마그나카르타는 '정부가 세금을 거둬갈 때 국민의 동의를 얻어야 한다'는 생각이 최초로 담긴 일종의 국민권리장전이었다. 이때부터 본격적으로 시작된 세금의 주권에 대한 이슈는 이후 각국의 역사적 발전 단계에 따라 수많은 굴곡을 거치게 된다.

영국의 경우 세금의 국민주권 원칙이 점차 구체화되면서 1689년 명예혁명의 권리장전에 "의회의 승인 없이는 과세할 수

없다"는 명시적인 내용이 포함되었고, 1789년 7월에 발발한 프랑스대혁명은 "주권자는 국민이며 세금은 국민의 대표를 통해 과세와 조세의 배분을 결정한다"고 하여 시민계급의 권리를 선언했다.

차에 대한 과도한 세금부과에 반발하여 발생한 1773년의 보스턴 차 사건을 계기로 영국으로부터 독립한 미국 정부는 독립선언문에서 "의회로 상징되는 국민의 동의 없이는 국가가 과세할 수 없다"는 조세법률주의를 표방했다.

이 같은 조세저항을 거쳐 근대국가로 이행되는 과정에서 세금을 부과할 때 몇 가지 경험적 원칙이 확립되었다.

첫째는 소득이 있는 곳에 반드시 세금이 있어야 한다는 세금의 수평적 원칙이다. 임대소득·근로소득·사업소득 등 종류와 무관하게 모든 소득에는 세금이 부과되어야 한다. 둘째는 세금의 수직적 원칙으로, 소득의 합산액이 높아지면 높아질수록 세율을 더 높여서 과세한다는 누진세율의 원칙이다.

예를 들어 어떤 사람이 부동산임대료를 받고, 장사를 해서 사업소득을 얻으며, 은행에 맡긴 돈에서 이자를 받고 있다면 임대소득·사업소득·이자배당소득 등 소득의 원천과 무관하게 모든 소득이 과세 대상이다. 그리고 모든 소득을 합산한 종합소득이 높아지면 세율이 따라서 올라간다.

가령 연소득이 1200만 원 이하의 영세가계에 적용되는 세율은 6%지만 4600만 원 미만 소득자는 세율이 15%로 오른다. 이후 소득이 증가할수록 각 구간마다 세율이 9%포인트씩 더 올라 최고세율은 42%까지 된다. 여기에 종합소득세액의 10%를 지방세로 과세하기 때문에 실제 세금 부담은 그보다 더 높아지며 소득의 거의 절반 정도를 세금으로 낸다.

소득이 많을수록 세율이 더 높아지는 '누진세제'를 도입하는 것은, 특정 계층에 부가 집중돼 빈부격차가 심화되면 여기에 불만을 가진 사람들이 늘어나 사회적·정치적 제도를 유지하는 데 천문학적인 비용이 들고 최악의 경우에는 국가체제 자체가 붕괴할 수도 있다는 역사적 경험 때문이다.

누진세제는 또한 자동 경기안정 장치 역할을 한다. 경기가 좋아져서 모든 사람들의 소득이 높아지면 누진세율이 적용되어 세금을 많이 내게 되는 반면, 경기가 나빠져서 소득이 하락하면 세금도 자동 하락하는 것이다.

그렇다면 정부는 어떤 근거로 국민에게 세금을 물리는 것일까? 기본 이론은 이렇다. 가령 빌 게이츠 같은 사람들이 천문학적으로 돈을 많이 버는 것이 전적으로 빌 게이츠 개인의 노력과 능력 때문만일까? 아무리 극단적인 시장주의자라도 그렇지 않다는 데 동의할 것이다. 빌 게이츠가 컴퓨터 운영체계인 윈도우 시스템으로 억만장자가 된 것은 특허법을 만들어 그 법을 행정력으로 강제하고 안정적인 시장제도를 통해 판매할 수 있도록 정부와 사회가 일정한 역할을 수행했기 때문이다. 법과 제도, 조직, 시스템의 충분한 보호가 있었기 때문에 개인이나 기업이 마음 놓고 상품을 개발하고 생산하여 판매하는 것이 가능해지는 것이다.

가령 치안이 극도로 안 좋은 국가라면 개인이 자신의 부를 보호하기 위해 사병을 고용해야 하는 등 엄청난 비용을 들여야 할 것이다. 또 특허를 법으로 만들고 보호해주지 않는 나라라면 아무리 뛰어난 아이디어가 있다고 해도 불법복제가 판을 쳐서 그 아이디어는 이익을 만들어내지 못할 것이다. 따라서 기업이든 개인이든 경제행위를 할 때는 사회시스템과 일종의 사업 파트너십이 형성되어 있다고 보고, 국가에 세금이라는 형태로 소득을 배당한다는 것이 조세의 기본 정신이다.

도망가는 세금을 잡아라

과세를 통한 소득재분배에 대한 기본 개념을 정립했다면 그 다음으로 생각해야 하는 문제는 과세집행의 공평성이다. 소득이 많은 사람이 더 많은 세금을 내야 하는데, 현실에서 과연 소득이 많은 사람들에게 실제로 더 많은 세금이 부과되고 있을까?

흔히 봉급생활자들을 '유리지갑'이라고 한다. 월급에서 세금을 원천징수(소득이 내 손에 들어오기 전에 사전에 세금을 떼는 것)하기 때문에 고소득자건 저소득자건 봉급생활자들은 세금을 피할 수 있는 방법이 없다. 반면 돈을 많이 버는 기업이나 고소득 자영업자나 자산가, 전문직 종사자 가운데는 정부가 소득을 제대로 파악하지 못해 엄청난 액수의 탈세가 발생하는 경우가 많다. 부자 자영업자가 저소득 월급쟁이보다 세금을 덜 내는 일이 생기는 것이다.

특히 컴퓨터가 발달하지 않았던 과거에는 탈세가 엄청난 기승을 부렸다. 데이터화된 전산기록이 없다보니 기업이 매출과 이익을 속이더라도 적발하기 쉽지 않았다. 부동산과 금융자산 및 관련 소득에 대해 파악하기 어려웠고 여러 종류의 소득을 합산할 수도 없어 과세의 정확한 근거를 포착할 수 없었다.

가령 지난 2000년의 경우 자영업자 가운데 54%가 면세점 이하 신고를 한 것으로 나타났는데, 당시 일반 월급생활자의 면세점 소득이 월 38만 원이었던 점에 비춰볼 때 우리나라 자영업자의 절반 이상이 월 38만 원도 안 되는 소득밖에 올리지 못했다는 사실은 쉽게 납득이 안 된다.(현재 봉급생활자의 면세점이 되는 월소득은 106만 원이다.)

상속세나 증여세 탈세도 공공연히 이루어졌다. 재벌기업 오너들은 "세법에 열거된 구체적인 내용에 의하지 않고는 과세할 수 없다"는 열거주의 세법의 허점을 이용하여 세법에 구체적으로 언급되어 있지 않은 금융상품이나 방식을 찾아내 변칙 상속을 일삼았다. 몇조 원 가치의 기업을 상속받으면서도 몇십억 원, 몇백억 원의 세금을 내고 마는 것이다. 정부의 자의적 과세권 남용을 방지하기 위해 만들어진 열거주의 법 취지가 탈세수단으로 악용된 것이다.(지금은 세법이 포괄주의로 바뀌었다.)

기업의 세금 포탈수법도 다양하게 진화해왔다. 비용을 과대 계상해 수익을 줄이고 회계를 조작하는 고전적인 방식은 물론 바하마나 케이만군도, 라부안섬 같은 정부의 간섭이나 세무조사를 전혀 받지 않는 조세피난처●를 이용해 돈을 빼돌리는 등 다양한 수법을 활용해 탈세를 했다.

조세피난처를 이용하는 수법은 이들 섬에 유령회사나 역외펀드를 만들어, 수출로 얻은 돈을 국내로 들여오지 않고 빼돌린 후 마치 외국인 투자자인 것처럼 위장해 이 돈을 국내로 다시 들여오는 것이다. 이 돈으로 주가를 올리고 거액의 시세차액을 챙긴 뒤 환차익까지 남기면서 세금을 내지 않고 한국을 빠져나

● 조세피난처
법인의 소득 전부나 상당 부분에 세금이 면제되거나 세율이 현저히 낮은 국가나 기업. 2014년 말 기준으로 우리나라 33개 기업이 237개의 페이퍼 컴퍼니를 조세피난처에 세웠으며, 2014~2018년 사이 국내 거주자가 국외 조세피난처로 송금한 금액이 7602억 달러에 이르는 것으로 나타났다.

기업 오너 일가 등 일부 부유층이 조세피난처를 이용한 탈세에 나선 것이 알려지면서 국민적 공분이 일었다. 조세정의가 실현되지 못하면, 정부는 신뢰를 잃고 성실한 납세자들은 허탈감을 느끼게 된다.(국민일보, 2013년 9월 4일)

기업 오너와 일가족 96명 최다… 30대 재벌도 포함

페이퍼컴퍼니 탈루 혐의 면면

최은영·이수영 회장, 김우중 아들 자료도 담겨
400기가바이트 분량의 원본 자료 6월초 확보
신원 확인안된 138명 정밀분석 끝나면 대상 늘듯

장면근 국세청 국제조세관리관이 3일 서울 수송동 보리청에서 조세피난처를 이용한 역외탈세 조사 결과를 발표하고 있다. 연합뉴스

연도별 역외탈세 추정세액
(단위: 억원)
501억 / 963억 / 8258억 / 6016억
2010년 / 2011년 / 2012년 / 2013년(9월까지)

조세피난처 페이퍼컴퍼니 운용 한국인 직업별 현황
96 / 50 / 42 / 28 / 26 / 5 / 4 / 3 / 2
기업 임직원 및 일가족 / 기업 임직원 / 금융인 / 해외 이주자 / 무직 / 부동산 업자 / 회계·법무 기타
(자료: 국세청)

가는 '검은머리 외국인'들이 많았다.

한편 탈세수법이 고도화되는 것만
큼이나 이를 잡아내기 위한 정부의 조치도 점차 강화되고 있다.
초고속 금융전산망, 토지종합전산망을 활용하여 자금의 실시
간 흐름을 파악하고 있으며 FIU*의 도입에 따라 거액현금 거래
를 통한 불법 자금세탁을 단속할 수 있는 근거도 만들었다. 국
세청의 전산 기능이 발전하면서 탈세 가능성이 줄어들고, 매입
자와 매수자 간 거래가 교차 체크되는 부가가치세 제도가 정착
되는가 하면, 신용카드 사용이 일반화되어 세정이나 자금거래
의 투명성도 많이 개선되었다.

그러나 아직도 제도적 허점을 이용하여 세금이 빠져나가는
경우는 얼마든지 있다. 액수가 큰 성형외과나 호화 유흥업소에
서의 탈세가 대표적 사례이다. 거래기록이 남는 신용카드 대신

● 금융정보분석원FIU
FIU(Financial Intelligence Unit)는 2001년 11월 '특정 금융거래 정보의 보고 및 이용에 관한 법률'의 제정에 따라 출범했다. 현재 금융위원회 소속의 중앙기관으로 국내 및 국제적 자금세탁 관련 혐의 거래 등을 금융기관으로부터 보고받고 분석하여 처벌한다.

현금을 내면 가격을 크게 깎아주는 방식이다. 소비자도 기꺼이 (?) 가담하는 이런 업소의 현금거래는 내부 고발이 없는 경우 단속할 방법이 별로 없는 것이 문제다.

가짜 상호를 이용한 탈세도 고전적인 수법이다. 유령술집을 이용한 카드결제로 탈세를 하는 것이다. 가령 '가을'이라는 상호의 술집에서 신용카드를 썼는데 신용카드계산서에는 '겨울'이라는 상호로 되어 있다. 국세청은 당연히 '겨울'이라는 상점에 세금을 부과할 것이다. 그러나 '겨울'이라는 가게는 탈세를 위해 만들어진 유령업소이기 때문에, 나중에 세금을 추징하러 가 보면 문을 닫은 것으로 되어 있다든지 하는 경우가 그렇다.

정부가 기업 활동을 장려한다는 명목으로 사실상의 탈세를 제도적으로 허용해주기도 한다. 대표적인 것이 기업의 법인카드나 세법상의 비용 인정 제도다. 그런데 대부분의 법인카드 사용은 무엇이 정상적 영업활동이고 무엇이 사적 활동인지 구분하기 어렵고, 기업공개가 되어 있지 않는 중소기업들의 경우는 사장 명의의 법인카드를 가족이 쓰는 경우도 얼마든지 있다.

정부의 단속이 강화되면 될수록 탈세 수법도 정교해진다. 소득이 없기 때문에 세금 낼 돈이 없다면서도 값비싼 외제 차를 몰고 다니는 사람들에 대해 국세청에서 조사를 해봤더니, 고소득 계층이 외제차를 사지 않고 장기 리스*를 해서 몰고 다니는 경우가 많았다. 외제차를 리스할 경우 리스료는 회사의 비용으로 처리하면 되고 세금 추적도 피할 수 있기 때문이다. 또 정부

● 리스
임차자(주로 기업)가 필요로 하는 각종 기계·설비 및 도구들을 장기간(통상 5~7년) 빌려주는 제도. 이 방식으로 설비를 조달한 기업은 임대료에 해당하는 리스료를 정기적으로 리스회사에 납부한다.

가 특정 상품에 대해 과세를 하면 해당 상품을 생산하는 기업이 가격을 올려서 세금을 소비자에게 전가해버리기도 한다. 세금은 이처럼 회피해버리거나 줄줄이 새거나 남에게 전가되기 쉽다.

따라서 자본주의 체제하에서 복지와 소득재분배 재원을 확보하기 위해서는 탈세나 세금의 이전을 방지할 수 있는 정교한 과세 시스템 구축과 부지런한 추적이 필수다. 과세 시스템이 잘못되어 있거나 세무당국이 게으름을 피우면 조직적인 탈세로 '도망가는 세금'의 문제가 생겨난다. 마치 영화 〈캐치 미 이프 유 캔Catch me if you can〉에서처럼 세금은 도망가려 하고 세무당국은 어떻게든 이를 잡아내려는 끝없는 게임이 지금 이 시간에도 벌어지고 있을 것이다.

예산 감시의 필요성

'세금을 내는 것도 국민, 세금을 쓰는 것도 국민'이라는 세금의 주권을 전제로 할 때 세금을 꼭 필요한 곳에 쓰기 위해서는 탈세를 잡아내는 문제 외에도 중요하게 다뤄야 할 것이 있다. 혹시 예산이 비효율적으로 사용되거나 엉뚱하게 새는 경우가 없는지 점검하는 일이다.

예산을 바라볼 때 생각해봐야 하는 세 가지 핵심 쟁점이 있다. 첫번째는, 정부가 징수한 세금을 낭비 없이 잘 관리하고 있는가에 대한 점검이다. 모든 정부와 정치인들은 "국민을 위해 세금을 쓴다"고 주장하지만 정치인이나 정책의 의도가 항상 선량한 것은 아니며, 설령 좋은 의도로 출발했다고 하더라도 그 정책이 장기적으로 반드시 효율적인 결과를 보장하는 것은 아니기 때문이다.

지난 1990년대 이후 정부가 농업부문에 엄청난 예산을 투여했음에도 농업부문의 낙후성이 개선되지 않고 오히려 농민들이 빚더미에 몰린 현실이야말로, 분배는 액수도 중요하지만 그 방법론이 더 중요하다는 사실을 웅변하고 있다.

한창 시중 이자율이 높을 때 농민들을 위해 낮은 이자의 농촌정책자금이 집행되었는데, 그러자 도시에 거주하면서 주민등록만 농촌으로 옮겨 '위장농민'이 되려는 사람들이 줄줄이 생겨났다. 도시에서 은행대출을 받으려면 이자가 높은데 농민이라는 이유만으로 이자가 낮거나 아예 무이자라면 당연히 농민으로 위장하려고 할 것이다. 이자 차익거래만 해도 돈을 벌 수 있기 때문이다. 머리 좋은 도시의 사기꾼들이 거창한 농업관련 사업계획서를 내고 거액을 융자받아서는 사업하는 시늉만 하다가 돈을 빼돌린 후 그야말로 '먹튀'하는 일도 종종 뉴스에 등장했다.

정부가 예산을 잘못 사용하는 데 따른 도덕적 해이 현상에는 양심 없는 일부 공무원도 한몫한다. 사업성도 없고 유치할 기업도 없는데 지역 건설업자들과 짜고 농공단지라는 이름을 그럴

듯하게 만들어 땅을 조성한다. 농공단지 가운데 상당수가 시간이 지난 후 점검해보면 애물단지로 버려져 있는 경우가 적지 않다. 농공단지를 조성하겠다고 중앙정부에서 예산을 받아낸 후 리베이트를 받고 지방 건설업체에 사업을 맡기거나 그 주변에다 치고빠지기식 부동산투기를 하는 것이 농공단지 조성의 주목적이기 때문이다. 폐허가 된 농공단지 조성에 들어간 예산 낭비의 책임은 누구도 지지 않는다. 그래서 정부의 특정 지원예산을 '눈먼 돈'이라고 부르기도 하는 것이다.

천문학적인 돈을 들이고서도 정책의 효과를 보지 못한 채 예산이 줄줄 새는 사례는 얼마든지 있다. 합계출산율이 지속적으로 낮아지면서 정부가 2000년대 초반부터 '저출산대책'이라는 이름으로 천문학적인 예산을 썼지만 현재도 세계 최악의 상황이 지속되고 있다. 2005년 대한민국 출산율은 1.19명에서 2019년 0.92명으로 더 떨어졌고, 2019년 신생아 수는 30만여 명에 불과하다. 특정 정책에 10년 넘게 엄청난 돈이 사용되었지만, 정책의 효과가 발생했는지를 파악하지 않은 채 관성처럼 예산이 집행되었다는 것이 예산 사용의 비효율을 단적으로 보여준다. 과연 출산장려금을 10만 원, 20만 원 받는다고 출생아 숫자가 더 늘어날까? 아이가 태어난 모든 가정에 이런 돈을 지급하는 것이 타당한 일일까? 예산 낭비를 하지 않고 출산율을 높일 수 있는 다른 대안은 없는 것일까?

예산 정책에서 점검해봐야 할 두번째 사항은, 시대적으로 필요성이 낮아진 사업부문에서 예산을 절약할 곳은 없는지 여부다. 특정 시점에는 반드시 필요했던 공공조직이나 사업이라도 시간이 지나면서 그 중요성이 대폭 줄거나 사라지는 경우가 많은데, 공공조직의 특성상 한 번 생긴 조직은 결코 잘 없어지지 않기 때문이다.(중요성이 대폭 줄어든 공공조직의 장으로 실세 정치인이라도 오게 되면 조직과 예산은 오히려 커지는 경향이 있다!)

마지막으로 세번째 사항은 소득재분배를 위한 사회적 설계가 효율적으로 잘 되어 있는가이다. 복지혜택이 높은 국가일수록 근로소득이 없는 가구의 비율이 높다는 국가간 연구가 있다. 대체로 공적연금의 소득대체율이 높은 나라에서 근로소득이 제로인 가구의 비율이 높은 것으로 나타났다.(윤희숙, 「최근소득분배추이가 국민연금개혁 논의에 갖는 시사점」, 4~5쪽, KDI Focus, 2016.)

이 같은 사실이 시사하는 것은 무엇인가? 잘못된 소득보장 설계가 일을 하고자 하는 인센티브를 줄이는 방향으로 작용할 수 있다는 뜻이다. 열심히 일한 사람이 세금을 내서 보장해줘야 하는 것은 '노동의욕'이 없는 사람이 아니라 '노동력'이 없는 사회 취약계층이 되어야 한다.

한국은 저출산·고령화가 본격화하면서 고령자를 위한 각종 공적연금과 의료비용이 천문학적으로 증가하는 반면, 세계 최저 출산율의 영향으로 세금을 낼 생산가능인구는 크게 줄어들고 있다. 예산수요는 끝없이 증가하는데 들어올 세금은 줄어든다는 뜻이다. 따라서 늘어나는 복지수요에 제대로 대응하기 위해서는 정부 예산이 혹시 엉뚱한 곳으로 새고 있는 것은 아닌지, 우선순위에 따라 예산이 잘 배분되고 있는지, 필요성이 없어진 공공부문이나 예산사업이 시의성 있게 정리되고 있는지, 복지제도가 효율적으로 잘 설계되고 집행되고 있는지를 꼼꼼하게 점검해야 할 것이다.

모든 시혜적 정책이나 정치적 행위에는 언제나 그럴듯한 복지와 분배의 명분이 달려 있기 마련이다. '세금의 주권자'로서 국민은 정부가 예산 비효율이나 낭비, 정책의 왜곡을 범하고 있지는 않은지 감시해야 할 책임과 의무가 있다. 분배나 복지라는 그럴듯한 이름이 붙어 있다는 이유만으로 그 집행과정이나 결과에 대해 책임을 묻지 않고 묵인하거나 대충 넘어가서는 안 된다는 뜻이다.

세대간 비용분담 논쟁

정부가 재정을 마련하는 방식은 크게 세 가지다. 첫째가 기금을 포함해 세금을 징수하는 것이고, 둘째가 중앙은행으로부터 돈을 빌리는 것이며, 셋째가 국채를 발행하는 것이다. 중앙은행 차입은 일시적인 것이므로 결국 정부 재정수입의 주 원천은 세금과 국채라고 할 수 있다. 이 가운데 세금은 현세대가 부담하는 것이며 국채는 미래세대가 부담한다는 특징이 있다.

모든 국가에서 복지비용 가운데 규모가 가장 크고 국가가 존속하는 한 반드시 유지되어야 하는 것이 공적연금이다. 한국에서는 공무원연금·군인연금·국민연금 등이 대표적인 공적연금이며 복지비용 가운데 가장 큰 규모를 차지한다.

공적연금은 어느 나라든 자신이 내는 돈보다 더 많이 받아가는 형태로 설계되어 있다. 가령 한국의 경우 1988년 국민연금이 최초 도입될 때 보험료율이 3%로 시작하여 9%까지 단계적으로 올라가게 되어 있었고, 60세 은퇴를 기준으로 연금의 소득보장율은 무려 75%나 되었다. 단적으로 100원을 내고서 280원을 연금으로 받아가도록 설계되어 있었던 것이다. 자, 그러면 여기서 의문이 생겨난다. 내가 100원을 내고 280원을 받아 가면 누가 차액을 지불하는 것일까?

우선 당장은 후세대가 내는 연금으로 감당하겠지만 이런 방식으로는 한계가 있을 것이다. 나가는 돈은 많은데 들어오는 돈이 적으면 연금이 곧 고갈될 것이기 때문이다. 공적연금이 고갈 위기에 직면하면 누가 이 차액을 내게 될까? 바로 정부다. 그런데 정부가 연금 지급에 필요한 차액을 만약 세금으로 전액 징수하려면 정치적으로 부담이 아주 커진다. 세금에 대한 불만이 커져 선거에서 불리해질 것이기 때문이다.

고령화가 크게 진전되어 연금재정이 고갈되자 대부분의 선진국들이 찾아낸 아주 손쉬운 정치적 해결책이 바로 국채를 발행하여 연금고갈의 위험을 다음 세대로 넘기는 것이었다. 현세대가 받아가는 연금의 재원을 조달하기 위해 정부는 미래에 갚아야 할 장기 국채를 발행했다.

그렇게 발행된 국채의 만기가 돌아왔을 때도 정부가 여전히 그걸 갚지 않고 또 새로운 국채를 발행하면 어떻게 될까? 국채 발행 누계액이 점점 커진 나머지 국채의 신용이 하락할 것이며 지불하는 이자는 갈수록 늘어날 것이다. 재정이 악화되면서 만성적인 외환위기가 발생하며, 코로나19 같은 국가적 재난이 생겼을 때 재정의 대응능력이 떨어지고, 후세대 경제성장을 위한 재투자도 어렵게 될 것이다. 이것이 국민연금제도가 성숙단계에 이른 유럽 선진국들에서 이미 일상적으로 벌어지고 있는 일들이다. 이들은 보험금 지급 연령을 70세로 낮추고 연금지급 액수를 줄이려 노력하고 있지만, 그때마다 전국적으로 파업이 발생하거나 폭동이 벌어져 연금개혁은 무위로 돌아가고 있다.

국채발행을 통해 후세대에게 재정부담을 떠넘기는 건 '현재 세대의 정부나 정치권'이 '현재 유권자'의 인심을 얻을 수 있는 손쉬운 방법인 반면, 현세대에 과세하여 현세대의 문제를 해결하는 것은 정치적으로 인기가 없는 방법이다. 재정이 파탄나는 몇십 년 후 먼 미래에는 현재의 정책 담당자들이나 정치인들이 이미 세상에 없거나 최소한 은퇴한 이후일 것이다.

현재의 정부가 발생한 약속어음을 누가 갚을 것인가? 정치적 표를 의식한 어른 세대의 책임회피 때문에 아이들은 태어나기도 전에 빚부터 지고 태어나고 있다. 『폴 크루그먼의 경제학의 향연』에 소개된 내용에 따르면, 미래의 미국 아이들은 현재 젊은 노동자들이 내고 있는 세금보다 70% 이상을 더 내게 될 것이라고 한다. 이 같은 현상은 현세대가 잘 먹고살기 위해 다음 세대에게 그 부담을 다 지우는 행위, 지금의 정치인이 생각하는 표 계산이 후세대의 고통과 사회적 비용으로 나타나는 것이라고 해서 '세대간 도둑질Intergenerational Theft'이라는 다소 과격한 표현으로 불리기도 한다.

한국 역시 현재의 공적연금 시스템이 계속되면 수십 년 후 연금은 바닥나도록 되어 있고, 그 부족분은 다음 세대로부터 쥐어짤 수밖에 없게 된다. 결국 국민연금은 같은 세대 내에서 이뤄지는 '진짜' 소득재분배가 아니라 미래세대의 돈을 지금의 기성세대에게 옮겨주는 세대간 부의 이전이 되어버린다.

국민연금 수령이 본격화되어 있지 않은 1990년대 중반부터 무책임한 국민연금 설계에 대한 전문가들의 지적이 높아지면서 정치적 논란 끝에 연금수령 시기를 65세로 낮추고 보험료율을 9%로 높이며 소득보장을 40%까지 낮추었지만, 현재도 일본의 보험료율인 17%보다 훨씬 낮다. 또 가장 많은 인구를 차지하는 베이비부머 세대(1955~1964년생)가 고령화되어 국민연금을 받아가기 시작하는 반면, 세금을 내야 할 경제활동인구는 한 해 30만 명씩 급감하고 있어 유럽 국가들이 겪고 있는 현재의 재정위기가 우리나라에도 곧 현실이 될 것으로 우려된다. 한국의 국민연금 고갈시점은 2057년이다. 만약 한국의 경제성장이 과거 몇 년처럼 지속적으로 느려져 저성장이 새로운 표준으로 고착될 경우 고갈시점은 더 앞당겨진다.

세수는 갈수록 줄어들 것이고 국민연금 등 복지에 필요한 재정수요는 천문학적으로 급증할 것이다. 우리는 이 문제를 후세대로 미뤄서는 안 될 것이다. 현세대에 지출되는 복지는 가능한 현세대 내에서 해결해야 하는 것이 책임 있는 오늘을 사는 우리들의 의무가 아닐까?

복지는 '따뜻한 가슴'이 아니라 '차가운 이성'이 필요하다

인간은 생각을 표현하고 상황을 묘사하기 위해 언어를 만들었지만, 일단 생겨난 언어는 스스로의 생명력을 가지고 확산되기 시작해서 거꾸로 인간의 생각과 상황을 규정해버리는 힘을 지니는 경우가 있다. 특정 단어가 그 자체로 상황을 '절대적으로 옳게' 혹은 '절대적으로 그르게' 단정해버리는 현상이 생겨나는 것이다.

가령 '정의'니 '개혁'이니 '애국'이니 등의 단어는 방법론적 합리성이나 절차적 타당성은 일절 논외로 한 채 그 단어가 가지는 힘으로 상황을 구속해버리곤 한다. '개혁'이라는 꼬리표를 달고 어떤 정책을 시행할 경우 그 정책에 반대하면 반개혁적인 사람이 되어버리는 것이 전형적인 사례다. 정치 선동가들이 '애국'이나 '정의' '개혁' 등의 목표나 구호를 설정한 후 자신들에게 유리한 방향으로 상황을 조종해나가는 것은 이 같은 단어들의 의미 구속성을 잘 알고 있기 때문이다. 만약 '애국'이라는 단어가 그 자체로 방법론적 정당성까지 담보하는 것이라면, 독일에서 히틀러만한 애국자는 찾기 어려울 것이다.

경제 분야에서 '애국'과 비슷한 사례로 이용되는 단어가 바로 '복지'나 '분배'라는 단어이다. 정부나 특정 정치집단이 복지나 분배라는 단어를 이용한 정책을 발표할 경우, 단어의 구속력이 너무 강해서 여기에 다른 의견을 제시하는 것 자체로 반분배주의자, 반복지주의자로 매도되어버릴 가능성이 높다. 사회 소외 계층을 위한 복지나 분배정책이 발표되었을 때 그 방법론이나 효율성 측면을 문제 삼더라도 그 순간 반분배주의자라는 '주홍글씨'의 낙인이 찍힐까봐 내심 불편하여 입을 닫아버리는 경우도 많다.

그러나 정의라는 단어 그 자체가 정의로운 상황을 보장해주는 것이 아닌 것처럼, 복지나 분배라는 단어 역시 그 자체로 합리적 복지나 분배상황을 담보해주지 않는다. 방법론상 잘못된 복지정책과 분배정책은 반복지·반분배적 상황을 영원히 고착시키는 역효과를 내기도 한다.

그렇다면 분배정책의 효율성을 따져보기 위한 기본 점검 원칙은 무엇일까? 우선 정부가 늘 선의의 관리자는 아니라는 사실을 염두에 두어야 한다. 정부는 복지라는 이름을 내세워 스스로의 조직과 예산을 키워나가는 자기확장적 속성이 있다. 따라서 복지예산으로 분류된 자원이 빈민과 서민층을 위해 쓰이는 것이 아니라 복지업무를 핑계로 늘어난 정부조직과 공무원에게 경직성 경비로 지급되는 경우가 많다. 노인복지정책이라며 내세운 '정년 60세 연장' 조치도 민간조직에서는 별 효과가 없고, 이른바 '철밥통'이라는 정부조직이나 공공기관에만 일방적으로 적용되는 것이 현실이다. 수많은 젊은 세대가 공기업 입사에 매달리는 이유가 무엇인지 생각해보면 답은 금방 나온다.

분배정책의 효율성을 점검하는 또 다른 원칙은 복지예산을 집행할 때 인간은 '합리적으로 이기적'이라는 점을 염두에 두어야 한다는 것이다. 정부의 돈이 엄격한 검증 없이 돌아다닐 경우 엉뚱한 사람들이 끼어들어 제도적 허점을 악용하거나 돈이 새는 일이 자주 발생한다. 가난한 이들을 위해 책정된 복지예산이 줄줄이 새는 바람에 정작 받아야 할 사람들의 몫이 줄어드는 것이다.

예컨대 주민등록상으로는 자녀 등 부양가족이 있지만 자녀들이 멀리 떠나버렸거나 해서 사실상 방치되고 외면당하는 노인들이 있다. 이들을 돕기 위해 '독거노인'을 위한 복지예산을 대거 편성해 최저생계비를 지원한다고 하면 어떤 일이 벌어질까? 가슴 따뜻한 좋은 법안처럼 보이지만 문제의 법안이 발표되는 순간부터 자녀들과 살고 있던 상당수 노인들이 정부보조금을 받기 위해 자녀로부터 독립하는(?) 일들이 벌어질 수도 있다.

그렇다고 이런 예상치 못한 부작용을 막기 위해 모든 독거노인들을 지원해주게 되면 정말로 지원이 필요한 저소득 노인들에게 돌아가는 몫이 거의 사라질 수도 있다. 그렇다고 일일이 사회복지사들이 모든 독거노인을 방문해 현장조사를 하고 숨겨둔 자산이 없는지를 확인하고 부자 자녀가 있는지를 조사한다면 사회복지사들이 정작 해야 할 일들을 하지 못하는 결과가 발생할 것이다. 자녀로부터 방치되어 생존이 어려운 독거노인을 지원하겠다는 '선량한 의도'의 법안이 인간의 이기심이라는 뇌관을 건드려 전혀 '선량하지 못한 결과'로 이어지는 것이다.

따라서 정부나 정치권이 정치적 구호나 생색이 아니라 정말로 독거노인을 돕고자 한다면, 무차별적인 법안과 정책을 내세울 것이 아니라 따로 행정비용을 들이지 않고도 문제를 자연스럽게 해결할 수 있는 방법을 사전에 고민하고 연구하여 집행해야 할 것이다.

또 노동의욕을 가질 수 있는 분배정책이 실시되어야 한다. 가령 최극빈층 가장이 임시직에 취업했다고 해서 얼마 안 되는 보조금 지급을 중단해 총소득이 비슷해진다면 노동의욕을 부추기기 어려울 것이다. 따라서 일정 소득 이하 임시직·한계직의 경우 적은 소득이 추가로 생기더라도 보조금을 일시에 끊지 말고 적정액을 지속해주는 정교한 정책이 필요하다.

제대로 된 분배, 돈이 엉뚱한 곳으로 새지 않고 정말로 필요한 사람과 필요한 부문에 도움이 주어지는 효율적 복지를 위해서는 맹목적인 '따뜻한 가슴'보다는 '합리적으로 이기적인' 사람들의 도덕적 해이를 차단할 수 있는 '차가운 이성과 방법론'이 더 중요하다는 점을 인식해야 할 것이다.

성장과 분배의 합리적
해결 없이는 미래가 없다

자유와 평등은 모든 사회과학의 기초 이념이며, 분배는 이 같은 자유와 평등 이념의 연장선상에 있다. 적정 분배는 출생이나 자연, 사회제도 등에서 기인한 부당한 불평등을 제거함으로써 동등한 기회를 주거나 불리한 계층에게 차별적으로 더 많은 정책적 혜택을 베풀어 평등 이념을 현실화할 수 있는 구체적 방법론이기 때문이다. 동시에 분배는 장기적으로 사적 자유를 유지시킬 수 있는 현실적 해법이 된다. 불평등은 계급적 갈등은 물론 조직·세대·지역적 갈등을 야기시켜 궁극적으로는 자본주의 시장경제의 기본이념인 사적 자유를 붕괴시킬 잠재적 위험을 내포하기 때문에, 적정 분배는 자유를 확보하기 위한 사회적 비용으로 이해해야 할 것이다.

기존 경제이론은 분배 문제에 대해 개념적 정의가 불분명하고 숫자나 통계로 증명하기 어렵다는 이유로 정면으로 대응하기를 꺼려하며 '가치중립'을 표방해왔다. 그러나 사회과학이 '가치문제'를 떠나서 존재할 수 있는가 하는 근본적인 문제가 제기된다. 또 분배 문제에 대한 합리적 해결책 없이는 장기적인 경제 성장도 없으며 자본주의 경제 시스템 자체가 유지되지 못하기 때문에, 방법론적 어려움이 있다고 해서 경제학이 외면해서는 안 된다는 당위론도 있다. 다만 경제학적 관점에서의 분배 연구는 분배의 합리성과 효율성 측면, 구체적인 분배수단의 연구에 집중되어야 할 것이다. 분배의 당위성이나 중요성을 강조하는 것보다는 구체적으로 분배의 몫을 어떻게 확보하고 집행해야 도덕적 해이를 막고 사회 전체의 효율성도 높일 수 있는지의 문제에 천착해야 한다.

지속가능한 복지정책을 위해서는 과세의 기술적 효율성과 분배의 합리성을 높이려는 노력이 훨씬 현실적이며 시급한 문제이다. 보다 구체적으로는 탈세를 엄정하게 적발해 분배를 위한 적정 재원을 마련해야 한다. 고소득 자영업, 유흥업소, 음식점, 임대사업 등에서의 탈세와 법인세 탈세, 상속·증여세 탈세 등을 제대로 적발하고, 역진적 구조로 되어 있는 각종 간접세와 기형적인 재산세제 등을 시가 기준으로 합리적으로 조정만 해도 분배재원을 놓고 "분배가 먼저냐, 성장이 먼저냐" 같은 소모적이고 정치적인 논쟁은 벌어지지 않을 것이다.

조세를 통해 분배 몫으로 책정된 재원을 효율적으로 집행하는 것도 경제학의 주요 연구대상이 되어야 할 것이다. 우선 분배 몫이 되어야 할 세금이 정부 부처의 힘 키우기나 조직 키우기에 낭비되지 않도록 감시하는 일이 중요하다. 또 효율적인 분배를 위해서는 무엇보다도 인간의 본성에 대한 고려가 있어야 한다. "분배의 결과에는 찬성하지만 분배의 방식을 위해 비용을 지불하기는 싫다"는 인간의 이중성과 '합리적으로 이기적인' 본성, 역선택과 무임승차, 도덕적 해이의 문제 등을 냉정하게 고려하지 않으면 안 된다. 일회성의 지원이 아니라 장기적이고 지속적인 분배와 복지, 정말 필요한 사람에게 많은 몫이 돌아가게 하는 복지가 되려면 감상적인 자비심보다는 인간의 이기적 본성을 고려한 냉정한 접근이 필수적인 것이다.

또 서민이나 노동자들을 지원한다는 명목으로 인기 있고 손쉬운 규제와 정치적 해결책을 남발하는 것도 경계해야 한다. 기존 정규직만 보호하다가 대부분의 사람들이 노동시장에 진입조차 못하게 되거나 일용직·계약직을 양산하는 사태가 벌어지지 않도록 장기적인 정책적 파급효과에도 관심을 기울여야 한다.

예를 들어, 경제성장 잠재력이 떨어져 일자리가 줄어들 경우 그 피해는 균등하게 돌아가지 않는다. 우선 노동시장 미진입자, 즉 청년들이 가장 큰 타격을 입게 된다. 다음으로 큰 피해는 임시직과 일용직 노동자들이 입게 된다. 왜냐하면 경기가 나빠지더라도 기업들이 직원들을 당장 해고하지는 않지만 신규 고용은 즉시 중단하기 때문이다. 경기가 나빠질 때 청년실업률이 늘

일반 실업률보다 높은 이유도 바로 이 때문이다.(극심한 내수불
황에 시달렸던 2004년 상반기 15세 이상 29세까지의 청년실업률은 일
반실업률의 두 배가 넘는다.)

또 경기가 나빠질 때 더 큰 피해를 입는 것은 대기업 노동자
들보다는 중소기업 노동자들이다. 가령 힘의 역학관계가 압도
적인 대기업-하청 중소기업 관계에서 기업 수익이 별로 좋지
않을 때 대기업 노조가 더 많은 분배 몫이나 고용보장을 주장
해 이를 확보할 경우, 대기업이 추가비용 부담을 하청 중소기업
에 전가시켜버리는 사태가 발생한다. 정부가 특정 업자에게 과
세할 경우 세금을 가격의 형태로 소비자에게 떠넘겨 버리는 것
과 똑같은 식이다. 고용조건이나 임금조건이 훨씬 열악한 중소
기업의 경우 이 피해를 떠넘길 데가 없고, 중소기업 노동자들은
노동조합 가입조차 안 되어 있는 경우가 많기 때문에 속수무책
으로 당할 수밖에 없다.

기업의 분배에서도 목소리 큰 사람, 힘센 조직이 우선하는 것
은 서글프지만 냉혹한 현실이다. 마치 중세 봉건시대의 암흑
을 함께 뚫은 시민계급이 자본의 축적과 함께 또다시 계층분
화를 일으켜 저소득 소시민 계급이 제3의 계층으로 추락한 것
처럼 말이다. 따라서 정부의 진정한 분배정책은 정치적으로 목
소리 큰 사람에게만 유리한 해결책이 되어선 안 되며, 목소리를
낼 수 있는 창구조차 없는 소외 분야에 더 큰 신경과 배려를 기
울여 실질적인 도움을 줄 수 있어야 한다. 그리고 경제학은 정

부가 집행하는 분배정책이 장기적인 후유증 없이 효율적으로 정말 필요한 곳에 적절한 몫이 돌아갈 수 있도록 과학적으로 검증해주는 노력을 기울여야 한다. 성장이냐 분배냐 하는 소모적 논쟁이 아니라, 낭비 없고 효율적인 분배·보상 시스템을 만들어 나가고 돈이 엉뚱한 곳으로 새나가지 않도록 정교한 감시망을 구축할 수 있는 이론틀과 실증적 연구를 보태주어야 하는 것이다.

이 같은 노력은 어느 학문보다도 밀접하게 인간의 생존문제를 연구하면서도 인간의 삶으로부터 유리돼 온기를 잃어버리고 '음울한 과학'으로 폄하되고 있는 경제학이 인간의 따뜻한 체온을 되찾아가는 방법이기도 할 것이다.

찾아보기